# 독학사

**2단계**

경영학과

## 경영정보론

**SD에듀**
㈜시대고시기획

# 머리말

학위를 얻는 데 시간과 장소는 더 이상 제약이 되지 않습니다. 대입 전형을 거치지 않아도 '학점은행제'를 통해 학사학위를 취득할 수 있기 때문입니다. 그중 독학학위제도는 고등학교 졸업자이거나 이와 동등 이상의 학력을 가지고 있는 사람들에게 효율적인 학점 인정 및 학사학위 취득의 기회를 줍니다.

본 도서는 독학사 전공 중 경영학과 학위를 목표로 하는 분들을 위하여 집필된 것으로 전공기초과정의 경영학과 2단계 과정을 다루고 있습니다. 경영학과 2단계에서는 경영정보론, 마케팅원론, 마케팅조사, 원가관리회계, 인적자원관리, 조직행동론, 회계원리 등을 학습하게 될 것입니다.

경영학과 2단계 시험에 응시하는 수험생들이 단기간에 효과적인 학습을 할 수 있도록 다음과 같이 구성하였습니다.

**01** 기출복원문제
기출복원문제를 수록하여 최근 시험경향을 파악하고 이에 맞춰 공부할 수 있도록 하였습니다.
→ 기출복원문제 해설 무료 동영상 강의 제공

**02** 핵심이론
독학학위제 평가영역과 관련 내용을 면밀히 분석하여 시험에 꼭 나오는 '핵심이론'을 수록하였으며, 이론 안의 '더 알아두기' 등을 통해 내용 이해에 부족함이 없도록 하였습니다.

**03** OX문제 및 실전예상문제
핵심이론의 내용을 OX문제로 다시 한 번 체크하고, '실전예상문제'를 통해 앞서 공부한 이론이 머릿속에 잘 정리되었는지 확인해 볼 수 있도록 하였습니다.

**04** 최종모의고사
최신 출제유형을 반영한 '최종모의고사(총 2회분)'로 자신의 실력을 점검해 볼 수 있습니다. 실제 시험에 임하듯이 시간을 재고 풀어본다면 시험장에서 실수를 줄일 수 있을 것입니다.

**05** 빨리보는 간단한 키워드
핵심적인 이론만을 꼼꼼하게 정리하여 수록한 '빨리보는 간단한 키워드'로 전반적인 내용을 한눈에 파악할 수 있습니다. → '빨리보는 간단한 키워드' 무료 동영상 강의 제공

시간 대비 학습의 효율성을 높이기 위해 이론 부분을 최대한 압축하려고 노력하였습니다. 문제들이 실제 기출유형에 맞지 않아 시험 대비에 만족하지 못하는 수험생들이 많은데 이 책은 그러한 문제점을 보완하여 수험생들에게 시험에 대한 확신을 주고, 단기간에 고득점을 획득할 수 있도록 노력하였습니다. 끝으로 본 도서로 독학학위 취득의 꿈을 이루고자 하는 수험생들이 반드시 합격하기를 바랍니다.

**편저자 드림**

BDES

# 독학학위제 소개

## 독학학위제란?

「독학에 의한 학위취득에 관한 법률」에 의거하여 국가에서 시행하는 시험에 합격한 사람에게 학사학위를 수여하는 제도

- ✅ 고등학교 졸업 이상의 학력을 가진 사람이면 누구나 응시 가능
- ✅ 대학교를 다니지 않아도 스스로 공부해서 학위취득 가능
- ✅ 일과 학습의 병행이 가능하여 시간과 비용 최소화
- ✅ 언제, 어디서나 학습이 가능한 평생학습시대의 자아실현을 위한 제도
- ✅ 학위취득시험은 4개의 과정(교양, 전공기초, 전공심화, 학위취득 종합시험)으로 이루어져 있으며 각 과정별 시험을 모두 거쳐 학위취득 종합시험에 합격하면 학사학위 취득

## 독학학위제 전공 분야 (11개 전공)

국어 국문학 · 영어 영문학 · 심리학 · 경영학 · 컴퓨터 공학 · 간호학 · 법학 · 행정학 · 가정학 · 유아 교육학 · 정보 통신학

※ 유아교육학 및 정보통신학 전공: 3, 4과정만 개설
　(정보통신학의 경우 3과정은 2025년까지, 4과정은 2026년까지만 응시 가능하며, 이후 폐지)
※ 간호학 전공: 4과정만 개설
※ 중어중문학, 수학, 농학 전공: 폐지 전공으로 기존에 해당 전공 학적 보유자에 한하여 응시 가능

※ SD에듀는 현재 4개 학과(심리학과, 경영학과, 컴퓨터공학과, 간호학과) 개설 완료
※ 2개 학과(국어국문학과, 영어영문학과) 개설 진행 중

# 독학학위제 시험안내

## 과정별 응시자격

| 단계 | 과정 | 응시자격 | 과정(과목) 시험 면제 요건 |
|---|---|---|---|
| 1 | 교양 | 고등학교 졸업 이상 학력 소지자 | • 대학(교)에서 각 학년 수료 및 일정 학점 취득<br>• 학점은행제 일정 학점 인정<br>• 국가기술자격법에 따른 자격 취득<br>• 교육부령에 따른 각종 시험 합격<br>• 면제지정기관 이수 등 |
| 2 | 전공기초 | | |
| 3 | 전공심화 | | |
| 4 | 학위취득 | • 1~3과정 합격 및 면제<br>• 대학에서 동일 전공으로 3년 이상 수료<br>  (3년제의 경우 졸업) 또는 105학점 이상 취득<br>• 학점은행제 동일 전공 105학점 이상 인정<br>  (전공 28학점 포함) ➜ 22.1.1. 시행<br>• 외국에서 15년 이상의 학교교육과정 수료 | 없음(반드시 응시) |

## 응시 방법 및 응시료

• 접수 방법: 온라인으로만 가능
• 제출 서류: 응시자격 증빙 서류 등 자세한 내용은 홈페이지 참조
• 응시료: 20,400원

## 독학학위제 시험 범위

• 시험과목별 평가 영역 범위에서 대학 전공자에게 요구되는 수준으로 출제
• 시험 범위 및 예시문항은 독학학위제 홈페이지(bdes.nile.or.kr) ➜ 학습정보 ➜ 과목별 평가영역에서 확인

## 문항 수 및 배점

| 과정 | 일반 과목 | | | 예외 과목 | | |
|---|---|---|---|---|---|---|
| | 객관식 | 주관식 | 합계 | 객관식 | 주관식 | 합계 |
| 교양, 전공기초<br>(1~2과정) | 40문항×2.5점<br>=100점 | – | 40문항<br>100점 | 25문항×4점<br>=100점 | – | 25문항<br>100점 |
| 전공심화, 학위취득<br>(3~4과정) | 24문항×2.5점<br>=60점 | 4문항×10점<br>=40점 | 28문항<br>100점 | 15문항×4점<br>=60점 | 5문항×8점<br>=40점 | 20문항<br>100점 |

※ 2017년도부터 교양과정 인정시험 및 전공기초과정 인정시험은 객관식 문항으로만 출제

## 합격 기준

■ 1~3과정(교양, 전공기초, 전공심화) 시험

| 단계 | 과정 | 합격 기준 | 유의 사항 |
|---|---|---|---|
| 1 | 교양 | 매 과목 60점 이상 득점을 합격으로 하고, 과목 합격 인정(합격 여부만 결정) | 5과목 합격 |
| 2 | 전공기초 | | 6과목 이상 합격 |
| 3 | 전공심화 | | |

■ 4과정(학위취득) 시험: 총점 합격제 또는 과목별 합격제 선택

| 구분 | 합격 기준 | 유의 사항 |
|---|---|---|
| 총점 합격제 | • 총점(600점)의 60% 이상 득점(360점)<br>• 과목 낙제 없음 | • 6과목 모두 신규 응시<br>• 기존 합격 과목 불인정 |
| 과목별 합격제 | • 매 과목 100점 만점으로 하여 전 과목(교양 2, 전공 4) 60점 이상 득점 | • 기존 합격 과목 재응시 불가<br>• 1과목이라도 60점 미만 득점하면 불합격 |

## 시험 일정

■ 경영학과 2단계 시험 과목 및 시험 시간표

| 구분(교시별) | 시간 | 시험 과목명 |
|---|---|---|
| 1교시 | 09:00~10:40(100분) | 회계원리, 인적자원관리 |
| 2교시 | 11:10~12:50(100분) | 마케팅원론, 조직행동론 |
| 중식 12:50~13:40(50분) | | |
| 3교시 | 14:00~15:40(100분) | 경영정보론, 마케팅조사 |
| 4교시 | 16:10~17:50(100분) | 생산운영관리, 원가관리회계 |

※ 시험 일정 및 세부사항은 반드시 독학학위제 홈페이지(bdes.nile.or.kr)를 통해 확인하시기 바랍니다.

※ SD에듀에서 개설되었거나 개설 예정인 과목은 빨간색으로 표시했습니다.

# 독학학위제 단계별 학습법

## 1단계 평가영역에 기반을 둔 이론 공부!

독학학위제에서 발표한 평가영역에 기반을 두어 효율적으로 이론 공부를 해야 합니다. 각 장별로 정리된 '핵심이론'을 통해 핵심적인 개념을 파악합니다. 모든 내용을 다 암기하는 것이 아니라, 포괄적으로 이해한 후 핵심내용을 파악하여 이 부분을 확실히 알고 넘어가야 합니다.

## 2단계 시험경향 및 문제유형 파악!

독학사 시험 문제는 지금까지 출제된 유형에서 크게 벗어나지 않는 범위에서 비슷한 유형으로 줄곧 출제되고 있습니다. 본서에 수록된 이론을 충실히 학습한 후 '실전예상문제'를 풀어 보면서 문제의 유형과 출제의도를 파악하는 데 집중하도록 합니다. 교재에 수록된 문제는 시험 유형의 가장 핵심적인 부분이 반영된 문항들이므로 실제 시험에서 어떠한 유형이 출제되는지에 대한 감을 잡을 수 있을 것입니다.

## 3단계 '실전예상문제'를 통한 효과적인 대비!

독학사 시험 문제는 비슷한 유형들이 반복되어 출제되므로 다양한 문제를 풀어 보는 것이 필수적입니다. 각 단원의 끝에 수록된 '실전예상문제'를 통해 단원별 내용을 제대로 학습했는지 꼼꼼하게 확인하고, 실력점검을 합니다. 이때 부족한 부분은 따로 체크해 두고 복습할 때 중점적으로 공부하는 것도 좋은 학습 전략입니다.

## 4단계 복습을 통한 학습 마무리!

이론 공부를 하면서, 혹은 문제를 풀어 보면서 헷갈리고 이해하기 어려운 부분은 따로 체크해두는 것이 좋습니다. 중요 개념은 반복학습을 통해 놓치지 않고 확실하게 익히고 넘어가야 합니다. 마무리 단계에서는 '빨리보는 간단한 키워드'를 통해 핵심개념을 다시 한 번 더 정리하고 마무리할 수 있도록 합니다.

COMMENT
# 합격수기

" 저는 학사편입 제도를 이용하기 위해 2~4단계를 순차로 응시했고 한 번에 합격했습니다.
아슬아슬한 점수라서 부끄럽지만 독학사는 자료가 부족해서 부족하나마 후기를 쓰는 것이 도움이 될까 하여
제 합격전략을 정리하여 알려 드립니다.

## #1. 교재와 전공서적을 가까이에!

학사학위 취득은 본래 4년을 기본으로 합니다. 독학사는 이를 1년으로 단축하는 것을 목표로 하는 시험이
라 실제 시험도 변별력을 높이는 몇 문제를 제외한다면 기본이 되는 중요한 이론 위주로 출제됩니다. SD
에듀의 독학사 시리즈 역시 이에 맞추어 중요한 내용이 일목요연하게 압축·정리되어 있습니다. 빠르게
훑어보기 좋지만 내가 목표로 한 전공에 대해 자세히 알고 싶다면 전공서적과 함께 공부하는 것이 좋습니
다. 교재와 전공서적을 함께 보면서 교재에 전공서적 내용을 정리하여 단권화하면 시험이 임박했을 때 교
재 한 권으로도 자신 있게 시험을 치를 수 있습니다.

## #2. 시간확인은 필수!

쉬운 문제는 금방 넘어가지만 지문이 길거나 어렵고 헷갈리는 문제도 있고, OMR 카드에 마킹까지 해야
하니 실제로 주어진 시간은 더 짧습니다. 1번에 어려운 문제가 있다고 해서 시간을 많이 허비하면 쉽게 풀
수 있는 마지막 문제들을 놓칠 수 있습니다. 문제 푸는 속도도 느려지니 집중력도 떨어집니다. 그래서 어
차피 배점은 같으니 아는 문제를 최대한 많이 맞히는 것을 목표로 했습니다.
① 어려운 문제는 빠르게 넘기면서 문제를 끝까지 다 풀고 ② 확실한 답부터 우선 마킹한 후 ③ 다시 시험
지로 돌아가 건너뛴 문제들을 다시 풀었습니다. 확실히 시간을 재고 문제를 많이 풀어봐야 실전에 도움이
되는 것 같습니다.

## #3. 문제풀이의 반복!

여느 시험과 마찬가지로 문제는 많이 풀어볼수록 좋습니다. 이론을 공부한 후 실전예상문제를 풀다보니
부족한 부분이 어딘지 확인할 수 있었고, 공부한 이론이 시험에 어떤 식으로 출제될지 예상할 수 있었습니
다. 그렇게 부족한 부분을 보충해가며 문제유형을 파악하면 이론을 복습할 때도 어떤 부분을 중점적으로
암기해야 할지 알 수 있습니다. 이론 공부가 어느 정도 마무리되었을 때 시계를 준비하고 최종모의고사를
풀었습니다. 실제 시험시간을 생각하면서 예행연습을 하니 시험 당일에는 덜 긴장할 수 있었습니다.

학위취득을 위해 오늘도 열심히 학습하시는 동지 여러분에게도 합격의 영광이 있으시길 기원하면서 이만 줄입니다. "

# 이 책의 구성과 특징

## 기출복원문제

### 기출복원문제

▶ 온라인(www.sdedu.co.kr)를 통해 기출문제
무료 동영상 강의를 만나 보세요.

※ 본 문제는 다년간 독학사 경영학과 2단계 시험에서 출제된 기출문제를 복원한 것입니다. 문제의 난이도와 수험경향 파악용으로 사용하시길
권고드립니다. 본 기출복원문제에 대한 무단복제 및 전재를 금하여 저작권은 SD에듀에 있음을 알려드립니다.

01  다음에서 설명하는 개념으로 알맞은 것은?

> 어떠한 사물이나 상태와 관련된 것으로 수신자에게 의미 있
> 는 형태로 전달되는 것

① 지식
② 데이터
③ 정보
④ 지혜

01  의미 있는 형태로 전달
보이다.

### 01 기출복원문제

'기출복원문제'를 풀어 보면서
독학사 경영학과 2단계 시험의
기출 유형과 경향을 파악해 보세요.

---

### 제 1 장 | 경영정보시스템의 소개

#### 제1절  정보의 개념

**1** 정보의 개념

(1) 정보 기출 중요
① 어떠한 사물이나 상태 등을 의미 있는 형태로 설명하고 불확실성을 감소시키며, 수신자가 의식적
행위 등을 취하기 위한 의사결정, 선택의 목적에 효과적으로 사용될 수 있도록 하는 데이터의
을 말한다.
※ 의사결정(Decision Making) : 기업 조직의 경영에 있어 추구하는 목적을 효과적으로 달성하기 위해 둘 이상의
체 가능한 방법 중 한 가지 방향을 과학적·효과적으로 결정하는 것을 말한다.
② 앞 수 없는 미래에 대한 불확실성을 감소시켜주는 모든 것을 말하며, 이를 위해 많은 자료들을

### 02 핵심이론

평가영역을 바탕으로 꼼꼼하게 정리된
'핵심이론'을 통해 꼭 알아야 하는 내용을
명확히 이해할 수 있어요.

---

### ○X로 점검하자 | 제1장

※ 다음 지문의 내용이 맞으면 O, 틀리면 X를 체크하시오. [1~7]

01  자료는 개인 또는 조직이 효과적인 의사결정을 하는 데 의미가 있으면서 유용한 형태로 처
자료들이다. (      )

02  필요한 정보를 산출하기 위해서는 경제성이 있어야 한다. (      )

03  데이터는 인간이 근본적으로 생활함에 있어 필요한 것을 의미한다. (      )

04  통상적인 시스템의 구성요소에는 입력·출력·피드백이 있다. (      )

05  확실성에 따른 시스템의 유형은 확률적 및 확정적 시스템으로 구분된다. (      )

06  경영정보시스템은 의사결정자에게 효율적인 정보를 제공하는 것으로, 인간과 인간과의 결합
템이다. (      )

07  H. Simon의 전략정보시스템의 의사결정단계는 정보탐색단계, 설계단계, 선택단계이다.

### 03 OX로 점검하자

핵심이론을 학습한 후 중요 내용을
OX문제로 한 번 더 점검해 보세요.

# 04 실전예상문제

제 **1** 장 │ 실전예상문제

01 다음 중 정보의 특성으로 옳지 않은 것은?
① 복잡성
② 적시성
③ 정확성
④ 결과지향성

01 정보는 단순해야 한다
잡할 경우 오히려 의
불필요할 수도 있다.

핵심이론에서 공부한 내용을 기억하며
'실전예상문제'를 풀어 보면서
문제를 해결하는 능력을 길러 보세요.

# 05 최종모의고사

제1회 │ 최종모의고사 │ 경영정보론

제한시간 : 50분 │ 시작 ___시 ___분 ~ 종료 ___시 ___분

코 정답 및 해설 ·

01 다음 중 정보의 특성에 해당하지 않는 것은?
① 정확성
② 경제성
③ 적절성
④ 복잡성

04 다음 내용이 의미하는 것은?

기업의 조직에서 일상적·반복적으로
수행되는 거래 등을 용이하게 기록·처
리하는 정보시스템으로 기업 활동의 근
간을 이루는 시스템이라 할 수 있다.

① 전략계획시스템
② 거래처리시스템
③ 관리통제시스템

핵심이론을 익히고 실전예상문제를
풀어 보았다면 이제 남은 것은 단 하나!
'최종모의고사'를 실제 시험처럼 시간을
정해 놓고 풀어 보세요.

+ P / L / U / S +

시험 직전의 완벽한 마무리!

## 빨리보는 간단한 키워드

'빨리보는 간단한 키워드'는 핵심요약집으로 시험 직전까지
해당 과목의 중요 핵심이론을 체크할 수 있도록 합니다.
또한, SD에듀 홈페이지(www.sdedu.co.kr)에 접속하시면
해당 과목에 대한 핵심요약집 무료 강의도 제공하고 있으니
꼭 활용하시길 바랍니다!

# CONTENTS
# 목 차

# CONTENTS
# 목 차

# 경영정보론

# 기출복원문제

출/제/유/형/완/벽/파/악/

홀륭한 가정만한 학교가 없고, 덕이 있는 부모만한 스승은 없다.

– 마하트마 간디 –

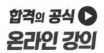

※ 본 문제는 다년간 독학사 경영학과 2단계 시험에서 출제된 기출문제를 복원한 것입니다. 문제의 난이도와 수험경향 파악용으로 사용하시길 권고드립니다. 본 기출복원문제에 대한 무단복제 및 전제를 금하며 저작권은 SD에듀에 있음을 알려드립니다.

**01** 다음에서 설명하는 개념으로 알맞은 것은?

> 어떠한 사물이나 상태와 관련된 것으로 수신자에게 의미 있는 형태로 전달되는 것

① 지식
② 데이터
③ 정보
④ 지혜

**01** 의미 있는 형태로 전달되는 것은 정보이다.

**02** 2차 자료에 대한 설명으로 옳지 않은 것은?

① 자료수집에 있어 시간과 비용, 인력이 적게 든다.
② 조사목적에 적합한 정확도, 신뢰도, 타당도 평가가 1차 자료보다 어렵다.
③ 현재의 조사목적에 도움을 주기 위해서 새롭게 조사해야 한다.
④ 기존에 기록된 자료인 논문, 간행물, 통계 등을 2차 자료로 활용할 수 있다.

**02** 2차 자료는 기존에 이미 발간된 자료이다.

**03** 다음 중 정보와 데이터의 특성에 대한 설명으로 옳은 것은?

① 정확성 - 데이터의 의미를 명확하게 하고 왜곡이 없어야 한다.
② 완전성 - 데이터의 수집 과정에서 오류가 없어야 한다.
③ 신뢰성 - 신뢰할 수 있는 정보가 되려면 그 원천자료와 수집방법 관련 지식을 배제해야 한다.
④ 단순성 - 정보는 다양한 내용을 담아야 하기 때문에 복잡해질 수밖에 없다.

**03** 완전성은 중요한 정보가 충분히 내포되었는지를 판단하며, 신뢰성은 원천자료와 수집방법을 알아야 하고, 정보는 너무 복잡해져서는 안 된다.

정답 ( 01 ③  02 ③  03 ① )

**04** 출력은 사용자에게 보여주는 단계이며, 처리는 일정한 결과를 얻기 위해 진행 중인 과정이다.

**04** 시스템의 구성요소를 설명한 것으로 옳은 것은?

① 입력 – 어떠한 시간 내에 들어온 에너지의 양이나 정보, 신호 등을 의미한다.
② 출력 – 일정한 입력이 기계적으로 처리되어 재입력된다.
③ 처리 – 일정한 결과를 얻어서 사용자에게 보여주는 단계이다.
④ 주기억장치 – 출력을 위해 사용하는 장치이다.

**05** 기업의 경영 목적을 달성하기 위한 컨트롤 매커니즘을 제공하는 것은 경영시스템, 또는 경영정보시스템이다.

**05** 상호작용의 관계에 있는 각 부분으로 이루어진 것으로 기업 경영 목적을 달성하기 위해 컨트롤 매커니즘을 가지는 것은?

① 경영시스템
② 확률적 시스템
③ 확정적 시스템
④ 제조시스템

**06** 관리활동을 위한 정보를 제공하는 것은 IRS(정보보고시스템)이다.

**06** 관리활동에 필요한 정보를 제공해주는 시스템으로, 기업의 경우 거래자료처리시스템을 통해 기초자료를 확보하고, 이를 활용하기 위한 시도로 등장한 것은?

① DSS
② GDSS
③ IRS
④ SIS

정답 04 ① 05 ① 06 ③

**07** 경영정보시스템 중 실무층이 사용하는 시스템으로 일상업무를 통해 정보를 수집·처리하는 것은?

① DSS
② SIS
③ MSS
④ TPS

**08** 다음 중 기업의 경영을 위한 정보시스템에 대한 설명으로 옳지 않은 것은?

① 거래처리시스템은 일상적이고 반복적인 거래의 처리를 위해 지속적인 갱신노력이 요구된다.
② 거래처리시스템은 거래데이터 발생 시 실시간으로 처리하는 방식인 일괄처리방식을 적용한다.
③ 기업 조직의 하부에서 이루어지는 각종 거래처리 업무를 통제하는 것을 운영통제시스템이라고 한다.
④ 관리통제시스템은 중간관리층의 의사결정을 위하여 기업의 내부와 외부 데이터를 사용한다.

**09** 기업 조직의 목표와 장기적 전략 수립을 위해 사용하는 정보시스템에 대한 설명으로 가장 옳은 것은?

① 내부 데이터 위주로 활용된다.
② 실무진과 하위 경영층의 의사결정과 실무를 지원한다.
③ 기업 조직의 내부 능력을 평가하고 예측하는 모형을 구현한다.
④ 거래처리의 성과와 비교해서 나타나는 문제점을 발견하고 업무 수행규칙을 결정한다.

**07** 실무층이 일상업무를 통해 정보를 수집·처리하는 것은 거래처리시스템(TPS)이다.

**08** 실시간으로 처리하는 방식은 온라인 처리방식이다.

**09** 이 시스템은 전략계획시스템으로 기업의 최고관리자층에서 내부와 외부 데이터를 활용하도록 지원한다.

**정답** 07④ 08② 09③

**10** CIM과 CAM은 유사점이 많으나 CIM은 일련의 정보흐름 과정을 통합하고 모든 기업 활동을 통제한다는 점에서 차이점을 확인할 수 있다.

**10** 생산정보시스템의 유형 중 제품의 설계로부터 제품이 소비자에게 전달되기까지 제조 기업의 모든 활동을 기획, 관리하고 통제하는 시스템은 무엇인가?

① CIM
② CAM
③ ERP
④ MRP

**11** MRP의 목적은 주 생산일정계획을 기준으로 완제품의 조립에 필요한 자재, 부품의 주문에 관한 정보를 얻고 총 소요량과 실 소요량을 결정하는 것이다.

**11** MRP가 완제품의 조립에 필요한 자재, 부품의 주문량, 주문시점에 관한 정보를 얻고 총 소요량과 실 소요량을 결정하기 위해 근거로 사용하는 것은?

① 제품 설계정보
② 주 생산일정계획
③ 재고수준
④ 생산 소요시간

**12** 총 계정원장시스템은 회계정보시스템에 속한다.

**12** 다음 중 재무정보시스템의 하위시스템이 <u>아닌</u> 것은?

① 재무계획시스템
② 자본예산수립시스템
③ 총 계정원장시스템
④ 현금·유가증권관리시스템

**정답** ( 10 ① 11 ② 12 ③ )

**13** 컴퓨터의 발전과 역사 중 다음 설명과 관련된 사항이 <u>아닌</u> 것은?

> 계산기의 개념에서 벗어나 프로그램 내장 방식에 기반한 프로세스 수행으로 컴퓨터의 역할이 확장되었다.

① 폰 노이만
② 찰스 베비지
③ EDSAC
④ 프로그램 명령어의 순서에 따른 실행

13 찰스 베비지는 자동으로 계산하는 기계를 고안한 사람이다.

**14** 컴퓨터 산업의 2세대에 진입하면서 나타난 특성에 대한 설명으로 옳지 <u>않은</u> 것은?

① 트랜지스터가 등장하였고, 많은 트랜지스터를 하나로 집적한 회로의 개발로 성능이 개선되었다.
② 이전 세대보다 속도와 크기, 비용 면에서 급격한 개선이 이루어졌다.
③ 상업적 사용이 더욱 확산되었다.
④ 벨 연구소와 IBM의 기여도가 높았던 시기이다.

14 집적회로(IC)는 3세대이다.

**15** 컴퓨터 산업의 4세대를 3세대와 구분 짓는 특성으로 옳은 것은?

① 가장 큰 차이는 집적회로 내에 구현된 전자회로 소자의 집적도이다.
② 마이크로 프로그래밍 기법의 사용이 4세대부터 시작되었다.
③ 네트워크의 발전과 함께 OS의 활용도 시작되었다.
④ 네트워크를 통한 분산처리와 함께 다중처리 등의 이론이 발달하였다.

15 4세대는 고밀도 집적회로와 초고밀도 집적회로의 시대이며, OS의 활용과 다중처리이론의 발달은 3세대부터이다.

**정답** 13 ② 14 ① 15 ①

**16** 데이터를 기억하는 역할은 주기억장치와 보조기억장치이다.

**16** 컴퓨터 시스템의 구성요소에 대한 설명으로 옳지 <u>않은</u> 것은?

① 연산장치는 숫자를 활용한 산수연산과 참, 거짓을 판단하는 논리연산을 함께 실행할 수 있다.

② 일반적으로 중앙처리장치는 연산처리, 비교처리, 데이터 전송 등의 조작의 수행과 함께 데이터를 기억하는 역할도 수행한다.

③ 하나 이상의 주변장치를 제어하기 위하여 프로그램 명령을 분석, 해독하고 장치에 지령하는 역할을 하는 것이 제어장치이다.

④ 주기억장치는 프로그램이 실행될 때 보조기억장치로부터 자료를 이동시켜 실행시킬 수 있다.

**17** 초기의 컴퓨터 보조기억장치로 가장 널리 사용되었던 장치는 자기테이프이다.

**17** 정보의 판독 기록에서 많은 시간이 소요되지만, 가격 대비 대용량 정보의 저장에 적합하여 초기 컴퓨터의 보조기억장치로 널리 사용되었던 기억장치는?

① 자기디스크

② 플로피디스크

③ 플래시메모리

④ 자기테이프

**18** 중간자적인 역할을 담당하고 컴퓨터를 운영할 수 있도록 하는 프로그램은 운영체제이다.

**18** 컴퓨터 시스템에서 사용하는 소프트웨어 중 다음 설명에 해당하는 것은?

> 시스템 소프트웨어 중의 하나로 컴퓨터 자원을 효율적으로 관리할 수 있도록 편의를 제공하고 컴퓨터를 작동시키며 응용 프로그램을 실행시킬 수 있도록 중간자적인 역할을 담당한다.

① 운영체제      ② 컴파일러

③ 개발툴      ④ 감시 프로그램

**정답** ( 16 ②   17 ④   18 ① )

19 컴퓨터 개발 언어의 세대 구분과 관련하여 다음 설명에 해당하는 것은?

> 직전 세대에 비해 사람들이 이해하기 쉬워졌으며, 프로그램의 수행시간이 빠르고 주기억장치의 효율적 사용이 가능한 언어이다. 특정한 번역 프로그램에 의해 기계어로 번역되어야 실행이 가능하며, 모든 컴퓨터 명령어와 개별 레코드의 쉬운 조작이 가능해진 2세대 언어이다.

① 어셈블리어
② C언어
③ BASIC
④ PYTHON

19 2세대 언어인 어셈블리어에 대한 설명이다.

20 다음 중 3세대 고급언어와 관련된 설명으로 옳지 않은 것은?

① 기억, 판단, 행위능력을 갖는 기본단위를 객체라고 한다.
② 하나 이상의 유사한 객체들을 묶어 추상화한 것을 클래스라고 한다.
③ 기존 클래스의 자료나 기능을 전달받아서 새로운 클래스를 형성하는 것을 모듈이라고 한다.
④ 컴파일러나 인터프리터를 통해 기계어로 번역된다.

20 3세대 고급언어부터 나타난 개념 중 상속은 기존 클래스의 자료나 기능을 전달받아 새로운 클래스를 형성하는 것이다.

21 5단계의 시스템 개발 수명주기에서 각 시스템의 부분과 그들 간의 인터페이스, 선정된 H/W 등을 활용해서 시스템 구성 방식을 정의하는 단계는?

① 시스템 조사
② 시스템 구현
③ 시스템 유지보수
④ 시스템 설계

21 시스템의 구성을 정의하는 단계는 5단계 SDLC에서 설계단계이다.

정답 19 ① 20 ③ 21 ④

22 예비조사는 실현가능성을 결정하고 타당성을 검토하는 단계이다.

**22** 시스템 개발의 세부 단계에서 잠재적인 사용자 및 최종 사용자의 요구, 비용, 이익 등을 고려하여 실현가능성을 결정하고 타당성을 검토하는 단계는?

① 분석
② 구현
③ 구성
④ 예비조사

23 요구분석 결과를 기술한 문서로 요구사항의 기술적 평가, 검토를 위해 활용한다.

**23** 시스템 개발을 위한 요구사항의 분석 작업의 결과물로 소프트웨어의 성능과 기능에 대하여 기술하고 평가, 검토하기 위한 문서는?

① 시스템 사양서
② 요구분석 명세서
③ 예비타당성 보고서
④ 개발완료 보고서

24 코드에 관한 설명으로, 코드는 구성원들이 이해하기 쉬워야 한다.

**24** 시스템 설계를 위해 활용되는 기법 중 하나로, 어떠한 명칭 또는 개념에 대응하는 체계적인 부호·약호를 의미하는 이것에 대한 설명으로 옳지 <u>않은</u> 것은?

① 정보의 표현 방법을 표준화하고 단순화한다.
② 취급이 쉬워야 한다.
③ 다른 사람들이 알 수 없도록 복잡한 암호화가 필요하다.
④ 체계성이 있어야 한다.

**정답** 22 ④  23 ②  24 ③

**25** 자료 구성의 단위와 설명이 잘못 짝지어진 것은?

① 바이트 – 8비트가 1바이트이다.

② 비트 – 자료표현의 최소 단위로 하나의 문자를 표현하는 단위 이다.

③ 니블 – 16진수 1자리를 표현할 수 있다.

④ 워드 – 컴퓨터가 한 번에 처리 가능한 명령 단위이다.

**26** 데이터 파일의 처리와 관련하여 데이터 처리의 중심이 되는 파일은?

① 작업 파일

② 마스터 파일

③ 프로그램 파일

④ 보고서 파일

**27** 파일처리방식의 자료관리가 가지는 문제점에 대한 설명으로 옳지 않은 것은?

① 자료가 여러 파일에 분산되어 있을 경우 문제가 발생할 수 있다.

② 자료 및 프로그램 간의 상호 종속성이 상당히 강하다.

③ 응용 프로그램에서 자료의 형태 및 구조에 대한 정의와 사용 제한의 표준이 용이하다.

④ 자료의 일관성, 무결성과 관련하여 문제가 발생할 수 있다.

---

**25** 하나의 문자를 표현하는 단위는 바이트이다.

**26** 데이터 파일의 처리에 있어 중심이 되는 파일은 마스터 파일이다.

**27** 파일처리방식으로 자료를 관리할 경우 응용 프로그램에서 활용한 자료의 형태, 구조에 대한 정의와 사용제한의 표준이 어렵다.

**정답** 25 ② 26 ② 27 ③

**28** 데이터베이스는 공동으로 소유 및 유지하는 것을 기본으로 한다.

**28** 데이터베이스의 개념을 바르게 설명한 것은?

① 데이터베이스는 자료의 중복을 허용한다.
② 각 데이터들은 상호 독립적인 관계에 의해서 구성된다.
③ 사용자들이 각각 소유 및 유지하며 공유 및 공동 소유하지 않는다.
④ 다수의 응용 시스템을 사용하기 위해 통합 운영한다.

**29** 의사결정지원시스템은 주로 반구조적이거나 비구조적인 문제의 해결을 목적으로 한다.

**29** 의사결정지원시스템에 대한 설명으로 옳지 <u>않은</u> 것은?

① 매우 구조적인 문제 위주로 대응한다.
② 데이터 및 모델의 타당성을 용이하게 검토할 수 있다.
③ 비구조적인 문제에 대해서 언제나 유용한 것은 아니다.
④ 결과를 맹신한 의사결정은 문제가 발생할 수 있다.

**30** 의사결정지원시스템의 데이터 원천은 여러 가지를 두고 활용하는 것을 권장한다.

**30** 다음 중 의사결정지원시스템의 구성에서 요구되는 특성이 <u>아닌</u> 것은?

① 대화식의 정보처리
② 믿을 수 있는 단일 데이터 원천 활용
③ 그래픽 활용 결과 출력
④ 환경의 변화에 맞는 유연한 설계

**31** 모의실험모형은 모형중심의 의사결정지원시스템이며, 나머지는 자료중심의 의사결정지원시스템이다.

**31** 다음 중 의사결정지원시스템의 유형이 <u>다른</u> 하나는 무엇인가?

① 모의실험모형
② 분석정보시스템
③ 자료열람시스템
④ 자료분석시스템

**정답** 28 ④  29 ①  30 ②  31 ①

**32** GDSS의 핵심 특징이 <u>아닌</u> 것은?

① 사용이 쉬워야 한다.

② 긍정적인 그룹형태와 부정적인 그룹형태에의 대응을 모두 고려한다.

③ 그룹의 규모에 따라서 효과가 달라질 수 있다.

④ 특정 문제보다는 일반적 문제 위주로 해답을 제공한다.

**33** 다음 내용을 특징으로 가지고 있는 정보시스템은 무엇인가?

> • 전문가의 노하우와 지식을 반영한다.
> • 전문가 수준의 추론과 판단을 구현하도록 한다.
> • 최근에는 인공지능과의 결합도 강조한다.

① Expert System

② Strategic Information System

③ Management Information System

④ TPS

**34** 컴퓨터통신망의 유형에 대한 설명 중 그 설명 대상이 <u>다른</u> 하나는 무엇인가?

① 회선의 끝에는 종단장치가 필요하다.

② 이웃한 것들끼리만 원 모양을 형성한다.

③ 양방향 통신이 가능하다.

④ 전체적인 통신량이 증가하고, LAN에서 많이 채택한다.

---

**32** GDSS(집단의사결정시스템)는 일반과 특정 문제 모두에 대응할 수 있어야 한다.

**33** Expert System(전문가시스템)에 대한 설명에 해당한다.

**34** ①은 버스(Bus)형, ②·③·④는 링(Ring)형에 대한 설명이다.

**정답** 32 ④  33 ①  34 ①

35 문제 속 제시된 설명은 패킷방식으로 실시간 처리에 사용되고 있다. 실시간 처리에 부적합한 방식은 메시지교환방식이다.

**35** 네트워크를 통한 데이터 전송방식 중 자료를 일정한 작은 단위로 구분하여 전송하는 방식에 대한 설명으로 옳지 <u>않은</u> 것은?

① 빠른 응답시간이 요구되는 응용에 활용할 수 있다.
② 회선 이용 효율에서 장점이 있다.
③ 트래픽 용량이 큰 경우에 유리하다.
④ 실시간 처리에 부적합하다.

36 인터넷은 다양한 기종 및 위치에서 쌍방향 데이터의 송신과 수신이 가능하다.

**36** 다음 중 인터넷의 기능과 그에 대한 설명이 바르게 짝지어진 것은?

① 신속성 - 사용자들이 필요로 하는 정보를 빠르고 정확하게 주고받을 수 있으나 비용이 크다.
② 개방성 - 인터넷은 개방형으로 설계되어 있어서 폐쇄형 특성을 지향하는 사내 LAN과는 통합이 어렵다.
③ 정부성 - 인터넷은 통신 회사 등의 소유주가 운영하고 있다.
④ 상호작용성 - 컴퓨터 기종이나 지리적 위치 등과 관계없이 쌍방향 송신과 수신이 가능하다.

37 CALS는 EDI 이후에 확장된 서비스 방식이다.

**37** 전자상거래의 첫 등장 사례로 일컬어지는 정보전달 서비스에 대한 설명으로 옳지 <u>않은</u> 것은?

① 초기에는 전자문서교환으로 컴퓨터를 통해서 표준화된 문서를 교환하는 방식이었다.
② 상품의 수주와 발주 상의 착오를 줄이고 효율화하는 장점을 가지고 있다.
③ CALS는 EDI 이전에 제시된 방식으로 현재는 전자적인 수단에 의한 신속한 광속상거래의 개념으로 발전하였다.
④ 국내 기업뿐 아니라 국제무역에서도 생산성을 높일 수 있었다.

정답 35 ④ 36 ④ 37 ③

**38** 다음 중 공급사슬망 관리에 대한 설명으로 옳지 <u>않은</u> 것은?

① 수요자가 원하는 제품을 원하는 시간과 장소에 제공하는 것을 의미한다.
② 원재료 공급업체에서 출발해서 최종 소비자에게로 제품이 전달되는 모든 과정이다.
③ 제품의 흐름이 원활하면서도 효율적으로 수행될 수 있게 한다.
④ 기존 고객의 성향 및 욕구를 미리 파악해서 분석하는 기법이다.

**38** ④는 CRM에 대한 설명이다.

**39** 다음 설명에 해당하는 방화벽 기술은 무엇인가?

> OSI 7계층 구조의 전송계층과 네트워크계층에서 동작하며, 지나가는 패킷의 헤더 내 IP와 Port Address만을 단순 검색한다. 사용자 인터페이스 및 로깅 기능이 취약하고 관리가 불편하다. 최근에는 이러한 문제를 보완하기 위하여 Application Gateway와의 혼합 방식이 채택되고 있기도 하다.

① 서킷 게이트웨이
② 애플리케이션 게이트웨이
③ 패킷 필터링
④ 하이브리드

**39** 패킷 필터링은 IP와 Port Address만을 단순 검색하여 통제하는 방식으로 보안 성능이 취약하다.

**40** 정보시스템의 통제 방식에 대한 설명 중 그 설명 대상이 <u>다른</u> 하나는 무엇인가?

① 컴퓨터 시설 및 자원 보호를 위한 물리적 통제
② 데이터의 입력 시 데이터가 정확성, 완전성, 일관성을 유지하게 하는 입력 통제
③ 사용자가 불법적으로 컴퓨터 시스템에 접근하는 것을 제한한 접근 통제
④ 통신 네트워크상에서의 데이터 보호를 위한 네트워크 통제

**40** 입력 통제는 애플리케이션 통제(응용 통제) 방식이며, 나머지는 일반적 통제 방식이다.

**정답** 38④ 39③ 40②

SD에듀와 함께, 합격을 향해 떠나는 여행

# 제 1 장

# 경영정보시스템의 소개

교육은 우리 자신의 무지를 점차 발견해 가는 과정이다.

– 월 듀란트 –

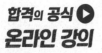

---

| 제1절 | 정보의 개념 |
|---|---|

## 1 정보의 개념

### (1) 정보 `기출` `중요`

① 어떠한 사물이나 상태 등을 의미 있는 형태로 설명하고 불확실성을 감소시키며, 수신자가 의식적인 행위 등을 취하기 위한 의사결정, 선택의 목적에 효과적으로 사용될 수 있도록 하는 데이터의 **집합**을 말한다.

> ※ 의사결정(Decision Making) : 기업 조직의 경영에 있어 추구하는 목적을 효과적으로 달성하기 위해 둘 이상의 대체 가능한 방법 중 한 가지 방향을 과학적·효과적으로 결정하는 것을 말한다.

② 알 수 없는 미래에 대한 불확실성을 감소시켜주는 모든 것을 말하며, 이를 위해 많은 자료들을 객관적이면서 체계적으로 수집·분리·보관·전달·보고하기 위한 시스템을 전제로 한다.

③ 사람이 판단하고 이에 따른 의사결정을 내리고, 행동으로 옮길 때 해당 방향을 정할 수 있도록 해주는 역할을 수행한다.

④ 개인 또는 조직이 효과적인 의사결정을 하는 데 의미가 있으며 유용한 형태로 처리된 자료들이다.

### (2) 자료 `중요`

① 어떠한 현상이 일어난 사건·사실 등을 있는 그대로 기록한 것으로 주로, 기호·숫자·음성·문자·그림·비디오 등의 형태로 표현된다.

② **1차 자료** : 조사자가 현재 수행 중인 조사목적을 달성하기 위해 조사자가 직접 수집한 자료를 말한다.

③ **2차 자료** : 현재의 조사목적에 맞게 활용하기 위해 수집한 기존의 모든 **자료**를 말한다.

### (3) 지식

① 정보가 누적되고 체계화됨으로써 더 넓은 시간과 내용의 관계를 나타내는 것을 말한다(McDonough).

② 데이터 및 정보에 비해 좀 더 상위수준의 개념이며 데이터와 정보를 처리하는 방법 또는 어떠한 근거에 의한 판단을 내리는 데 필요한 분석과 판단에 관한 법칙을 포함하는 개념이다.

더 알아두기

**1차 자료와 2차 자료** 기출

| 구분 | 1차 자료 | 2차 자료 |
| --- | --- | --- |
| 개념 | 조사자가 현재 수행 중인 조사목적을 달성하기 위하여 조사자가 직접 수집한 자료를 말한다. | 현재의 조사목적에 맞게 활용하기 위해 수집한 기존의 모든 자료를 말한다. |
| 장점 | • 조사목적에 적합한 정확도·신뢰도·타당성 평가가 가능하다.<br>• 수집된 자료를 의사결정에 필요한 시기에 적절히 이용 가능하다. | • 일반적으로 자료 취득이 쉽다.<br>• 시간·비용·인력에 있어서 저렴하다. |
| 단점 | 2차 자료에 비해 자료수집에 있어 시간·비용·인력이 많이 든다. | 자료수집 목적이 조사목적과 일치하지 않는다 (자료의 신뢰도가 떨어진다). |
| 유형 | 리포트, 전화 서베이·대인면접법·우편이용법 등이 있다. | 논문·정부간행물·각종 통계자료 등이 있다. |

## 2 정보의 특성 기출 중요

### (1) 정확성(Accuracy)

정확성을 갖춘 정보는 실수 및 오류가 개입되지 않은 정보이다. 정보는 데이터의 의미를 명확히 하고, 편견의 개입이나 왜곡 없이 정확하게 전달해야 한다.

### (2) 완전성(Completion)

중요한 정보가 충분히 내포되어 있을 때 비로소 완전한 정보라 할 수 있다.

### (3) 경제성(Economical)

필요한 정보를 산출하기 위해서는 경제성이 있어야 한다.

### (4) 신뢰성(Reliability)

신뢰할 수 있는 정보는 그 원천자료와 수집방법과 관련이 있다.

### (5) 관련성(Relevancy) 기출

양질의 정보를 취사선택하는 최적의 기준은 관련성이다. 그러므로 관련성 있는 정보는 의사 결정자에게 매우 중요하다.

### (6) 단순성(Simplicity)

정보는 단순해야 하고 지나치게 복잡해서는 안 된다. 또한, 지나치게 정교하거나 자세한 내용은 경우에 따라 의사결정자에게 불필요할 수도 있다.

### (7) 적시성(Timeliness)

양질의 정보라도 필요한 시간대에 사용자에게 전달되지 않으면 가치를 상실한다.

### (8) 입증가능성(Verifiability)

정보는 입증이 가능해야 한다.

### (9) 통합성(Combination)

개별적인 정보는 많은 관련 정보들과 통합됨으로써 재생산되는 등의 상승효과를 가져온다.

### (10) 적절성(Felicity)

정보는 적절하게 사용되어야 유용한 정보로서의 가치를 가진다.

### (11) 누적가치성

정보는 생산·축적될수록 가치가 커진다.

### (12) 매체의존성

정보가 전달되기 위해서는 어떤 전달매체(신문·방송·컴퓨터)가 필요하다.

### (13) 결과지향성

정보는 결과를 지향한다.

### (14) 형태성

의사결정자의 요구에 정보가 얼마나 부합하는 형태로 제공되는지에 대한 정도를 의미한다.

## 3 정보의 가치 및 중요성

정보의 가치는 시간의 흐름에 따라 상대적 또는 절대적으로 변화할 수 있고, 이러한 기계적인 발달이 발생하게 되면서 단순한 노동 또는 기계로 물질을 쉽게 만들어낼 수 있다. 더불어, 정보를 바탕으로 한 삶을 살아갈 수 있는 기반이 구축되었기 때문에 정보의 중요성이 더해지고 있다.

## 4 정보의 유형

### (1) 정보의 발생형태 기출

① **자연적인 정보**
  ㉠ 내적인 정보
   • 생체적인 정보 : 소화계·신경계 등 생물체의 활동과정에서 발생해서 전달되는 정보
   • 유전적인 정보 : 혈액형, 유전자 등
   • 직감적인 정보 : 생물체가 느끼는 각종 영감 및 육감
   • 본능적인 정보 : 반사신경 및 운동신경 등
  ㉡ 외적인 정보 : 날씨 및 기후 등의 상황에 따른 정보

② **인공적인 정보**
  ㉠ 기록정보 : 기록의 형태로 되어 전달되는 정보
  ㉡ 행위정보 : 몸짓 및 손짓 등의 비언어적으로 전달되는 정보
  ㉢ 구술정보 : 강의 및 강연 등 입을 통해서 전달되는 정보
  ㉣ 기기적인 정보 : 기구 및 기계의 도움으로 전달되는 정보

### (2) 정보의 입수형태

| 직접적인 정보(1차적 정보) | 간접적인 정보(2차적 정보) |
|---|---|
| 자신의 경험 및 체험 또는 현상을 듣고 보고 느껴서 취득하는 정보 | TV·인터넷·신문·라디오 등의 여러 매체를 통해 간접적으로 정보를 입수하는 것 |

### (3) 정보의 발생원

| 외부적 정보 | 내부적 정보 |
|---|---|
| 개체 및 개체 사이에서 발생되어 전달되는 정보<br>예 사외 정보, 타인의 정보 등 | 한 개체 안에서 발생되어 전달되는 정보<br>예 사내 정보, 자신의 정보 등 |

> **더 알아두기**
>
> **정보의 유형을 표현하기 위한 요소** 기출 중요
> - 데이터(Data) : 데이터는 인간 및 컴퓨터를 비롯한 자동 기계에 의해서 행해지는 통신 또는 해석·처리로 인한 형식화된 사실과 개념·명령 등을 표현한 것을 말한다. 데이터는 컴퓨터에 입력하는 숫자·기호·문자 등을 말하며, 그 자체로는 단순한 사실에 불과하지만 컴퓨터에 의해, 일정한 순서에 따라 처리되어 설정한 특정 목적에 활용되는 정보를 만든다.
> - 정보(Information) 기출 : 정보는 관찰 및 측정을 통해 수집한 자료를 실제적으로 해결하고자 하는 문제에 도움이 될 수 있도록 정리한 지식을 말한다. 즉, 인간이 근본적으로 생활함에 있어 필요한 것을 의미한다. 이는 외부로부터 인간이 인지된 것을 말한다.
> - 지식(Knowledge) 기출 : 데이터 및 정보에 비해 좀 더 상위수준의 개념이며 데이터와 정보를 처리하는 방법 또는 어떠한 근거에 의한 판단을 내리는 데 필요한 분석과 판단에 관한 법칙을 포함하는 개념이다.

## 5 정보관리의 필요성

산업화 이후 대량생산체제로의 전환으로 인해 여러 회사 간의 치열한 경쟁이 심화됨으로써 정보는 중점적으로 다루어져야 하는 자원으로 인식되었다. 기존에는 생산위주의 산업이 주를 이루었지만, 기업 내의 정보자원관리가 중요해짐에 따라 경영정보시스템이 큰 역할을 맡게 되었다. 이의 도입으로 인한 정보시스템의 구축은 제조 및 생산에서 제품의 소비 및 유통과 서비스의 제공까지 그 영역을 확장하게 되었다.

※ 유통(Distribution) : 제품이 공급자에서 소비자에게 도달하기까지 여러 단계에서 교환 및 분배되는 활동을 말한다.

## 제2절 정보와 시스템

## 1 시스템의 개념 및 정의

### (1) 시스템의 개념 및 정의 기출 중요

시스템(System)은 조직·체계·제도 등 요소들의 집합 또는 요소와 요소 간의 유기적인 집합을 말한다. 즉, 지정된 정보처리 기능을 수행하기 위해 조직화되고 규칙적으로 상호작용하는 방법과 절차와 함께 경우에 따라 인간(사용자)도 포함된 구성요소의 집합이다.

> **더 알아두기**
>
> 시스템은 어떠한 과업의 수행 또는 목적 등의 달성을 위해 공동으로 작업하는 조직화된 구성요소의 집합을 의미한다.

### (2) 시스템의 특징 [기출]

① 개개요소가 아닌 하나의 전체로 인지되어야 한다.
② 상승효과를 동반한다.
③ 계층적 구조의 성격을 지닌다.
④ 통제되어야 한다.
⑤ 투입물을 입력받아서 처리과정을 거친 후에 그로 인한 출력물을 밖으로 내보낸다.

## 2 시스템의 구성요소 [기출] [중요]

통상적으로 시스템은 입력(Input), 처리(Process), 출력(Output)의 형태를 취하게 된다.

> **더 알아두기**
>
> **시스템의 입·출력 형태**
>
>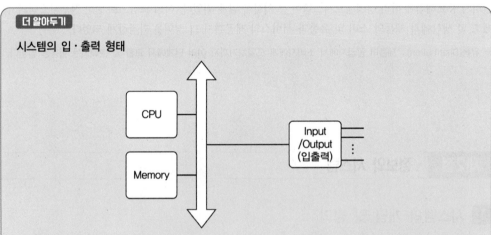
>
> • 입력(Input)은 기계적 또는 전기적인 에너지를 발생하거나 변환하는 기계에 어떠한 시간 내에 들어온 에너지의 양이나 정보·신호 등을 의미한다. 처리(Process)는 일정한 결과를 얻기 위해 진행 중인 과정을 나타낸다.
> 예 마우스, 키보드, 터치스크린, 라이트 펜, 스캐너 등 [기출]
> • 출력(Output)은 일정한 입력이 기계적으로 처리되어 정보로서 나타나는 일, 또는 처리되어 나타난 정보를 말한다.
> 예 화면, 프린터, 마이크로필름 출력기(COM) 등

## 3 시스템의 종류 종요

일반적으로 시스템은 각각의 상황에 따라 여러 가지 형태의 유형으로 분류된다.

### (1) 유형에 따른 시스템의 구분

① **사람의 개입에 따른 시스템 유형**

ㄱ 인위적인 시스템 : 어느 특정한 목적을 이루기 위해 사람들에 의해서 만들어진 시스템

예 정보시스템, 사회의 조직 등

ㄴ 자연적인 시스템 : 사람들의 어떠한 개입이 없이 자체적으로 존재하는 시스템

예 인체의 시스템, 우주의 시스템 등

② **상호작용에 따른 시스템 유형** 기출

ㄱ 개방적 시스템 : 입력 및 출력을 통해 환경과 서로 상호작용하는 시스템

ㄴ 폐쇄적 시스템 : 에너지·정보 또는 물적 자원을 외부 환경과는 상호작용이 없이 스스로 운영하는 시스템

③ **확실성에 따른 시스템 유형**

ㄱ 확률적 시스템 : 시스템 구성요소의 상호관계를 파악함에 있어 확률적으로만 알 수가 있는 경우에 일정 정도의 에러 또는 오류 등을 반영해서 이를 확률로 설명하는 시스템

예 사회적인 현상

ㄴ 확정적 시스템 : 시스템 구성요소의 상호관계의 명확한 예측이 가능한 불확실성이 없는 시스템

예 급여시스템

### (2) 목적에 따른 시스템의 구분 기출

① **정보시스템(Information System)** : 개인 또는 집단에게 효과적인 정보를 제공하는 시스템으로, 주로 사람·사물·장소에 대한 정보를 지니고 있다. 또한, 자료를 효과적으로 처리해서 의사결정에 유용한 정보를 얻을 수 있다. 더불어 의사결정 시 정보를 제공해서 기획·통제 및 운영 등의 기능을 조정하는 역할을 수행한다.

② **경영시스템(Management System)** : 기업의 경영과정에서 발생하는 상호작용의 관계에 있는 각 기능으로 이루어진 하나의 체계를 말하며, 환경에서 물자·자금·정보·인력을 입력해서 이를 출력으로 전환하는 과정이다. 더불어 경영시스템은 목적을 달성하기 위해 컨트롤메커니즘을 가진다.

③ **제조시스템(Manufacturing System)** : 자원을 가지고 제품화되기까지의 과정을 설계 및 관리하는 시스템이다.

④ **서비스시스템(Service System)** : 판매를 목적으로 제공하거나 제품의 판매와 연동해서 제공되는 일련의 활동들을 관리하는 시스템이다.

## 4 정보시스템

정보시스템(Information System)은 개인 또는 집단에게 효과적인 정보를 제공하는 시스템으로, 이에는 주로 사람·사물·장소에 대한 정보가 속한다. 즉, 인간과 기계시스템이라고 할 수 있다.

### (1) 운영지원시스템

기업의 내·외부적으로 관리를 하기 위해 여러 가지의 정보를 생산하는 시스템

① 처리제어시스템
② 기업협력시스템
③ 거래처리시스템

### (2) 관리지원시스템

기업의 경영자가 효율적인 의사결정이 가능하도록 정보를 제공 및 지원하는 시스템

① **관리정보시스템** : 많은 관리자들과 경영 전문가에게 보고서 및 여러 문서의 형태를 제공하는 시스템
② **의사결정지원시스템** : 의사결정과정 진행 동안 관리자에게 직접 컴퓨터를 통한 지원을 제공하는 시스템
③ **중역정보시스템** : 조직의 내·외부의 여러 자원들로부터 주요 정보를 조직의 중역 및 최고 경영진들에게 활용하기 쉬운 화면으로 제공하는 시스템

### (3) 기타의 경영을 위한 정보시스템

① **전략정보시스템** : 자사의 제품, 서비스 및 비즈니스 처리과정에서 정보기술 등이 타사에 비해 전략적 우위를 취할 수 있도록 도움을 제공하는 시스템
② **지식경영시스템** : 전사적 차원에서 구성원과 관리자에게 사업 지식에 대한 생성, 조직 및 정보의 유포 등을 지원하기 위한 지식 기반의 정보시스템
③ **전문가시스템** : 능력진단과 같은 운영업무를 위해 전문가의 조언을 제공하거나 관리적인 의사결정을 위한 전문가의 조언을 제공하는 시스템

---

**더 알아두기**

- **정보시스템의 변천사**
  - 1950~1960년(Data Processing) : 전자적 자료 프로세싱(TPS)
  - 1960~1970년(Management Reporting) : 관리정보시스템(MIS)
  - 1970~1980년(Decision Support) : 의사결정지원시스템(DSS)
  - 1980~1990년(Strategic & End User) : 전문가시스템(ES), 전략정보시스템(SIS)
  - 1990~2000년(Electronic Commerce) : E-비즈니스, 전자상거래
    ※ E-비즈니스(E-Business) : E-비즈니스는 인터넷을 기업 경영에 도입해서 기존 기업의 경영활동영역을 가상공간화로 이전시킨 것
- **정보시스템 감사의 목적** : 자산의 보호, 정보의 안전, 시스템의 효과성 및 효율성
- **정보시스템의 5가지 구성요소** : H/W, S/W, DB, 인간, 통신 및 네트워크

---

## 제3절 | 경영과 정보시스템

### 1 기업경영을 위한 정보시스템 (종요)

(1) 기업경영을 위한 정보시스템은 경영정보시스템(Management Information System)이다. 기업 경영에서 의사결정의 유효성을 높이기 위하여, 경영 내·외부의 관련된 정보들을 필요에 따라서 적시에 대량으로 수집·전달·처리·저장 및 활용할 수 있도록 구성된 **인간(사용자)과 컴퓨터(기계) 간의 결합시스템**을 말한다.

(2) 경영정보시스템은 축적된 DB를 기반으로 의사결정모형을 활용해서 조직의 의사결정업무를 수행하고, 경영자에게 의사결정에 도움을 줄 수 있는 대안을 제시한다.

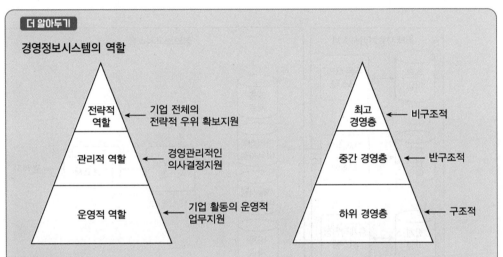

**더 알아두기**

**경영정보시스템의 역할**

경영정보시스템은 기업 내부에서 기본적으로 운영적 역할·관리적 역할·전략적 역할 등의 3가지 역할을 수행한다. 다시 말해 하위관리·중간관리·최고경영층 등 경영계층의 경영활동을 지원해 주는 것이 바로 정보시스템의 역할이라 할 수 있다.

**경영정보시스템의 구조**
- 경영정보시스템의 기능구조 : 정보처리시스템, 의사소통시스템, 거래처리시스템, 프로그램화 의사결정시스템
- 기술자원에 의한 경영정보시스템의 구조 : 하드웨어, 소프트웨어, DB, 절차, 시스템 요원
- 종합시스템으로서의 경영정보시스템의 구조 : 공통적인 DB를 기반으로 한 기능별 하위시스템들 간의 연합
  ※ 데이터베이스(DB ; Data-Base) : 여러 사람에 의해 공유되어 사용될 목적으로 통합하여 관리되는 데이터의 집합을 말한다.

## 2 경영정보시스템의 종류

### (1) 정보보고시스템(IRS ; Information Reporting System) 기출

① 정보보고시스템은 관리활동에 필요한 정보를 제공해주는 시스템을 말한다. 기업의 경우 거래자료처리시스템을 통해서 기업 활동에 대한 기초적인 자료를 확보하며, 이러한 자료를 사용하고자 하는 새로운 시도로 정보보고시스템이 등장하게 되었다. 다시 말해, 직무별 거래자료처리시스템에 저장된 여러 자료를 검색해서 자사의 관리 및 통제활동에 있어 필요로 하는 정보의 추출이 가능하게 되었다.

② 정보보고시스템의 출현으로 인해 정보시스템에서 출력된 정보들이 실제적으로 자사의 관리 활동에 직접적으로 활용되었다. 동시에 관리자들의 관심이 자료에서 정보의 개념으로 전환되기 시작하였으며, 이로 인해 관리자들은 정보시스템에 대해 더 높은 관심을 갖게 되었다. 즉, 정보보고시스템은 정보보고 및 경영관리를 주된 목적으로 하는 시스템이다.

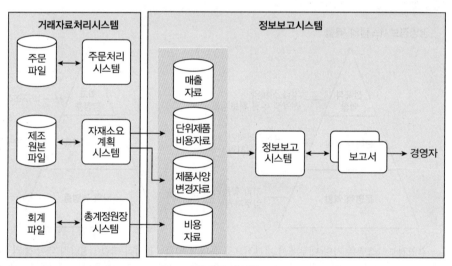

〈정보보고시스템〉

③ 정보보고시스템의 일반적인 특성
   ㉠ 자료의 통합저장
   ㉡ 관리정보의 제공
   ㉢ 사용자의 개발참여
   ㉣ 요약된 정보의 제공

### (2) 경영지원시스템(MSS ; Management Support System)

경영지원시스템은 관리자에게 보고서를 제공하거나 기업이 보유하고 있는 과거 자료 및 현 상태에 대한 온라인 정보를 제공하는 시스템이다. 주로 생산·재무·마케팅 등의 기능적 활동을 수행하는 중간관리자의 계획·통제활동 및 그와 관련된 의사결정을 도와주는 시스템으로서 공통 DB에 연결된다.

## (3) 전략정보시스템(SIS ; Strategic Information System)

① 전략정보시스템은 의사결정과정에서 정보기술을 조직의 전략수행이나 경쟁우위 확보를 위해 활용하고자 하는 정보시스템을 의미한다. 다시 말해, 정보시스템을 경쟁우위의 획득을 위해 전략적으로 활용하고자 하는 것이다.

② **전략정보시스템의 각 전략차원에서의 적용**

　㉠ 사업차원의 경우에는 가치사슬 분석을 통해 전략적 영향을 가지는 활동에 주목해서 정보시스템에 투자한다.

　㉡ 기업차원의 경우에는 정보시스템을 보다 고차원의 효율화 및 서비스 향상에 활용한다.

　㉢ 업계차원의 경우에는 네트워크 경제의 개념을 활용해서 업종 내, 업종 간의 협조를 촉진해서 업계 전체의 유효성을 높인다.

---

**더 알아두기**

**H. Simon의 전략정보시스템의 의사결정단계**

정보탐색단계, 설계단계, 선택단계

---

## (4) 거래처리시스템(TPS ; Transaction Processing System / Transaction Processing Reporting System)

컴퓨터를 활용해서 업무처리 및 거래 등을 자동화하기 위해 개발된 것을 거래처리시스템이라고 하는데, 이는 기업의 경영활동에 있어 상당 부분 단순작업을 자동화하여 업무수행에 있어 효율적으로 처리하도록 하였다. 하지만 계획 및 통제가 없이 기업 조직의 부서에서 필요로 하는 정보시스템을 스스로 설계해서 서로 다른 시스템이 존재하면서 각 정보시스템 간의 효율적인 정보교환이 어려워짐과 동시에 중복 투자되는 등의 문제가 발생하였다.

---

**더 알아두기**

**경영정보시스템 – MIS의 지원 업무별 구조** `기출` `중요`

- 거래처리시스템(TPS ; Transaction Processing System) : 기업 조직에서 발생하는 거래를 자동화하거나, 거래 행위를 반영하는 거래 관련 데이터를 처리하여 업무효율화에 기여하는 시스템
- 정보보고시스템(IRS ; Information Reporting System) : 조직 경영자들의 관리업무나 의사결정을 지원하기 위해 미리 정의된 형태 및 내용의 정보를 제공해 주는 정보시스템
- 의사결정지원시스템(DSS ; Decision Support System) : 반구조적 또는 비구조적 의사결정을 지원하기 위해 의사결정자가 데이터와 모델을 활용할 수 있게 해주는 대화식 시스템
- 사무자동화시스템(OAS ; Office Automation System) : 사무실에서 일하는 정보노동자 또는 화이트칼라의 생산성을 향상시키기 위해 정보기술을 응용하는 시스템
- 전문가시스템(ES ; Expert System) : 희귀하고 값비싼 전문가의 지식과 경험을 체계화하여 컴퓨터에 기억시켜 둠으로써 일반사람들도 전문가의 능력을 빌릴 수 있도록 개발된 시스템
- 최고경영자시스템(EIS ; Executive Information System) : 조직의 최고 경영층에게 주요 성공요인과 관련된 내·외부 정보를 손쉽게 접할 수 있도록 해주는 컴퓨터 기반의 시스템
- 전략정보시스템(SIS ; Strategic Information System) : 산업 내 경쟁적 우위 확보 및 유지를 위한 기업의 전략이나 계획을 지원하는 것을 주된 기능으로 하는 정보시스템

---

## 3 경영활동과 정보시스템

**(1)** 정보시스템의 사용 이유를 기업의 관점에서 보면 업무운영에 대한 지원, 의사결정의 지원, 전략적인 경쟁우위 확보에 대한 지원을 통해서 기업에 대한 가치를 창출하기 위해서이다.

> ※ 경쟁우위(Competitive Advantage) : 경쟁자와 비교해서 자사가 훨씬 더 우월한 성과를 가질 수 있도록 기업이 개발한 독특한 위치를 말한다.

**(2)** 정보시스템이 타사에 비해 전략적 우위를 점하기 위해 사용된다.

**(3)** 기업의 관리자가 더 나은 의사결정을 하도록 하며, 동시에 전략적인 경쟁우위를 점하기 위한 수단으로서의 지원을 하는 것이 정보시스템이다.

---

**더 알아두기**

**경영정보시스템의 유형** 기출
- **경영활동지원 기능에 따른 분류**
  - 생산정보시스템(Production & Operations Information System) : 기업의 생산 활동에 있어 필요한 원자재와 같은 제자원의 도입으로부터 소비자에게 인도되는 최종제품에 이르는 전체 과정을 최소의 비용으로 최고의 제품 및 서비스를 제공하는 것을 목적으로 하는 정보시스템
  - 마케팅 정보시스템(Marketing Information System) : 기업의 마케팅 활동을 수행하는 과정에 있어 필요로 하는 정보의 흐름을 통합하는 기능을 가진 시스템
  - 인적자원정보시스템(Human Resources Information System) : 조직 구성원들의 채용·배치·평가·보상·교육훈련 및 개발 등과 관련된 기능 등을 제공하는 시스템
  - 재무정보시스템(Financial Information System) : 기업의 재무 관리자들이 자사의 자금조달과 기업내부에서의 재무자원 할당 및 관리 등과 관련된 의사결정을 내릴 때 사용될 수 있는 시스템
  - 회계정보시스템(Accounting Information System) : 기업에서 가장 널리 활용되어 온 정보시스템으로서 임금, 외상매입금, 외상매출금 그 외의 다른 기능을 가진 종합된 정보를 제공하며, 조직 내 자금흐름을 기록 및 보고, 대차대조표와 손익계산서와 같은 중요한 재무제표를 작성하며 미래 상황을 예측해서 자사의 재무성과를 측정하는 시스템
- **정보시스템의 지원집단에 따른 분류**
  - 개인정보시스템(Individual or Personal Information System) : 개인의 업무에 영향을 미치는 정보시스템
  - 집단정보시스템(Workgroup or Group Information System) : 같은 업무를 수행하는 업무부서 또는 작업집단 등에 영향을 미치는 작업집단을 지원하는 정보시스템
  - 조직정보시스템(Organizational or Enterprise Information System) : 개인이나 집단보다 기업 또는 조직차원의 구성원 모두에게 영향을 미치는 기업정보시스템
  - 조직 간 정보시스템(Interorganizational Information System) : 한 조직 내에서 이루어지는 기능을 다루기보다는 여러 조직 사이에 네트워크로 연결되어 타 조직에 있는 컴퓨터를 사용할 수 있는 조직상호 간에 활용되는 정보시스템
  - 글로벌 정보시스템(Global Information System) : 기업의 영역을 확대하면서 글로벌 통신망을 통해 연결되는 정보시스템

---

- 조직계층의 지원업무에 따른 분류
  - 운영지원시스템(Operational Support System) : 기업에서 발생하는 거래의 처리, 처리과정의 통제, 사무실 내 의사소통의 원활한 지원 및 사무생산성의 향상, 데이터베이스의 갱신 등을 효율적으로 수행하는 정보시스템들로 구성된다. 기업의 일상적인 업무활동을 지원하며 운영과정에서 생성되는 자료의 처리에 초점을 두는 거래처리시스템(TPS)과 사무 생산성의 향상 및 의사소통의 원활화를 위한 사무자동화시스템 등이 이에 해당한다.
  - 경영지원시스템(Management Support System) : 경영관리분야의 의사결정에 필요한 정보를 효율적이며 효과적으로 지원하는 정보시스템이다.
  - 전략지원시스템(Strategic Support System) : 경영의사결정의 전략적인 차원에서 의사결정을 지원하는 시스템으로, DSS나 EIS와 같은 정보시스템도 기업의 전략적인 차원에서의 정보 및 의사결정을 지원한다면 전략지원시스템으로 분류될 수 있다.

# ○×로 점검하자 | 제1장

※ 다음 지문의 내용이 맞으면 ○, 틀리면 ×를 체크하시오. [1~7]

01 자료는 개인 또는 조직이 효과적인 의사결정을 하는 데 의미가 있으면서 유용한 형태로 처리된 자료들이다. (    )

02 필요한 정보를 산출하기 위해서는 경제성이 있어야 한다. (    )

03 데이터는 인간이 근본적으로 생활함에 있어 필요한 것을 의미한다. (    )

04 통상적인 시스템의 구성요소에는 입력·출력·피드백이 있다. (    )

05 확실성에 따른 시스템의 유형은 확률적 및 확정적 시스템으로 구분된다. (    )

06 경영정보시스템은 의사결정자에게 효율적인 정보를 제공하는 것으로, 인간과 인간과의 결합시스템이다. (    )

07 H. Simon의 전략정보시스템의 의사결정단계는 정보탐색단계, 설계단계, 선택단계이다.
(    )

---

정답과 해설    01 ×    02 ○    03 ×    04 ×    05 ○    06 ×    07 ○

01 정보는 개인 또는 조직이 효과적인 의사결정을 하는 데 의미가 있으면서 유용한 형태로 처리된 자료들이다.
03 정보는 인간이 근본적으로 생활함에 있어 필요한 것을 의미한다.
04 통상적인 시스템의 구성요소에는 입력·처리·출력이 있다.
06 경영정보시스템은 의사결정자에게 효율적인 정보를 제공하는 것으로, 필요에 따라 적시에 정보를 공급하는 시스템이며 인간과 컴퓨터 간의 결합시스템이다.

**01** 다음 중 정보의 특성으로 옳지 <u>않은</u> 것은?

① 복잡성

② 적시성

③ 정확성

④ 결과지향성

**02** "실수 및 오류가 개입되지 않은 정보"는 정보의 특성 중 무엇에 대한 것인가?

① 입증가능성

② 형태성

③ 정확성

④ 적시성

**03** 다음 중 정보의 발생형태 중 인공적인 정보에 해당하는 것은?

① 직감적 정보

② 본능적 정보

③ 생체적 정보

④ 구술정보

**01** 정보는 단순해야 한다. 지나치게 복잡할 경우 오히려 의사결정자에게 불필요할 수도 있다.

**02** 정확성은 실수 및 오류가 개입되지 않은 정보를 말한다. 정보는 데이터의 의미를 명확히 하고, 편견의 개입 또는 왜곡이 없이 전달해야 한다.

**03** 인공적인 정보
기록정보, 행위정보, 구술정보, 기기적인 정보 등

**정답** ( 01 ① 02 ③ 03 ④ )

**04** 시스템은 개개요소가 아닌 하나의 전체로 인식되어야 한다.

**04** 다음 중 시스템의 특징에 대한 설명으로 거리가 <u>먼</u> 것은?

① 시너지 효과를 동반한다.
② 하나의 전체가 아닌 개개의 요소로 인식되어야 한다.
③ 통제 가능해야 한다.
④ 투입요소의 입력과 프로세싱 과정을 거친 후 만들어진 출력물을 생성한다.

**05** 경영시스템은 목적에 따른 시스템의 구분에 해당한다.

**05** 다음 중 유형에 따른 시스템의 구분에 속하지 <u>않는</u> 것은?

① 폐쇄적 시스템
② 확률적 시스템
③ 자연적 시스템
④ 경영시스템

**06** ㉠·㉡·㉢은 각각 입력(Input), 처리(Process), 출력(Output)의 개념을 설명한 것이다.

**06** 다음 설명에서 괄호 안에 들어갈 말로 가장 적절한 것은?

- ( ㉠ )은(는) 기계적 또는 전기적인 에너지를 발생하거나 변환하는 기계에 어떠한 시간 내에 들어온 에너지의 양이나 정보·신호 등을 의미한다.
- ( ㉡ )은(는) 일정한 결과를 얻기 위해 진행 중인 과정을 나타낸다.
- ( ㉢ )은(는) 일정한 입력이 기계적으로 처리되어 정보로서 나타나는 일, 또는 처리되어 나타난 정보를 말한다.

① ㉠ 입력, ㉡ 처리, ㉢ 출력
② ㉠ 처리, ㉡ 입력, ㉢ 출력
③ ㉠ 출력, ㉡ 처리, ㉢ 입력
④ ㉠ 출력, ㉡ 입력, ㉢ 처리

**정답** 04② 05④ 06①

**07** 다음 중 목적에 따른 시스템의 구분에 해당하지 <u>않는</u> 것은?

① 제조시스템

② 경영시스템

③ 인위적 시스템

④ 정보시스템

**07** 인위적 시스템은 유형에 따른 시스템의 구분에 해당한다.

**08** 다음 중 유형에 따라 시스템을 구분할 때, 인간의 개입에 의한 시스템의 유형에 속하는 것은?

① 자연적 시스템

② 폐쇄적 시스템

③ 확률적 시스템

④ 개방적 시스템

**08** 인간의 개입에 의한 시스템의 유형으로는 인위적 시스템, 자연적 시스템이 있다.

**09** 다음 중 유형에 따라 시스템을 구분할 때, 확실성에 기초한 시스템의 유형에 속하는 것은?

① 인위적 시스템

② 개방적 시스템

③ 자연적 시스템

④ 확정적 시스템

**09** 확실성에 기초한 시스템의 유형으로는 확률적 시스템, 확정적 시스템이 있다.

**정답** 07 ③ 08 ① 09 ④

10 중역정보시스템은 관리지원시스템에 해당한다.

**10** 정보시스템 중 운영지원시스템에 해당하지 <u>않는</u> 것은?

① 거래처리시스템

② 중역정보시스템

③ 처리제어시스템

④ 기업협력시스템

11 기업협력시스템은 운영지원시스템에 해당한다.

**11** 정보시스템 중 관리지원시스템에 속하지 <u>않는</u> 것은?

① 중역정보시스템

② 관리정보시스템

③ 의사결정지원시스템

④ 기업협력시스템

12 정보보고시스템의 일반적인 특성
• 자료의 통합저장
• 관리정보의 제공
• 사용자의 개발참여
• 요약된 정보의 제공

**12** 다음 중 정보보고시스템의 특성으로 옳지 <u>않은</u> 것은?

① 유저의 개발참여

② 관리정보의 제공

③ 자료의 개별저장

④ 요약된 정보제공

**정답** 10 ② 11 ④ 12 ③

**13** 경영정보시스템의 유형 중 경영활동 지원기능에 따른 분류에 해당하지 <u>않는</u> 것은?

① 개인정보시스템
② 마케팅정보시스템
③ 재무정보시스템
④ 생산정보시스템

**14** 경영정보시스템의 유형 중 정보시스템의 지원집단에 따른 분류에 해당하지 <u>않는</u> 것은?

① 집단정보시스템
② 조직정보시스템
③ 재무정보시스템
④ 개인정보시스템

**15** 다음 중 많은 사용자들에게 의미 있는 형태로 가공되어 제공되는 것을 무엇이라고 하는가?

① 자료
② 지식
③ 숫자
④ 정보

---

**13** 경영활동 지원기능에 따른 시스템 유형
• 생산정보시스템
• 마케팅정보시스템
• 인적자원정보시스템
• 재무정보시스템
• 회계정보시스템

**14** 정보시스템의 지원집단에 따른 시스템 유형
• 개인정보시스템
• 집단정보시스템
• 조직정보시스템
• 조직 간 정보시스템
• 글로벌정보시스템

**15** 정보는 어떠한 사물이나 상태 등과 관련되는 것들에 대해 수신자에게 의미 있는 형태로 전달되어 불확실성을 감소시켜 준다. 수신자가 의식적인 행위 등을 취하기 위한 의사결정, 선택의 목적에 효과적으로 사용될 수 있도록 하는 데이터의 집합이다.

**정답** 13 ① 14 ③ 15 ④

16 정보는 단순해야 하고 지나치게 복잡해서는 안 된다.

**16 다음 중 정보의 특성을 설명한 것으로 옳지 <u>않은</u> 것은?**

① 정확성은 데이터의 의미를 명확히 하고 편견과 왜곡 없이 전달되어야 함을 의미한다.

② 정보의 내용은 단순하기보다는 복잡해야 한다.

③ 필요한 정보는 적시에 제공되어야 한다.

④ 정보에서 말하는 누적가치성은 생산·축적될수록 그 가치가 커짐을 의미한다.

17 출력장치로는 프린터, 화면, 마이크로필름 출력기 등이 있다.

**17 다음 중 출력장치에 속하지 <u>않는</u> 것은?**

① 마우스

② 화면

③ 스피커

④ 프린터

18 조직계층의 지원업무에 따른 시스템 유형
• 전략지원시스템
• 운영지원시스템
• 경영지원시스템

**18 경영정보시스템의 유형 중 조직계층의 지원업무에 따른 분류에 해당하지 <u>않는</u> 것은?**

① 전략지원시스템

② 경영지원시스템

③ 글로벌정보시스템

④ 운영지원시스템

**정답** 16② 17① 18③

**19** 다음 중 정보의 발생 형태가 <u>다른</u> 하나는?

① 유전적 정보

② 행위적 정보

③ 생체적 정보

④ 본능적 정보

**20** 기업의 경영과정에서 발생하는 상호작용의 관계에 있는 각 기능으로 이루어진 하나의 체계를 말하는 것으로 환경에서 물자·자금·정보·인력을 입력해서 이를 출력으로 전환하는 과정을 가지는 것을 무엇이라고 하는가?

① 정보시스템(Information System)

② 서비스시스템(Service System)

③ 제조시스템(Manufacturing System)

④ 경영시스템(Management System)

**정답** 19 ② 20 ④

### 정보의 특성

- 정확성(Accuracy)
- 경제성(Economical)
- 관련성(Relevancy)
- 적시성(Timeliness)
- 통합성(Combination)
- 누적가치성
- 결과지향성
- 완전성(Completion)
- 신뢰성(Reliability)
- 단순성(Simplicity)
- 입증가능성(Verifiability)
- 적절성(Felicity)
- 매체의존성
- 형태성

### 시스템의 개념

조직·체계·제도 등 요소들의 집합 또는 요소와 요소 간의 유기적인 집합

### Andrus가 제시한 정보효용의 기준

- 형식효용 : 정보의 형식을 의사결정자의 요구에 맞추면 맞출수록 정보의 가치는 높아진다.
- 시간효용 : 정보제공의 시기를 의사결정자의 요구에 맞추면 맞출수록 정보의 가치는 높아진다.
- 장소효용 : 정보의 전달가능성 및 접근성을 높이면 높일수록 정보의 가치는 높아진다.
- 소유효용 : 정보소유자는 정보에 대한 전파의 통제를 통해 정보가치에 영향을 준다.

### 경영정보시스템

기업 경영에서 의사결정의 유효성을 높이기 위하여, 경영 내·외부의 관련된 정보들을 필요에 따라서 적시에 대량으로 수집·전달·처리·저장 및 활용할 수 있도록 짜여진 인간(사용자)과 컴퓨터(기계) 간의 결합 시스템이다.

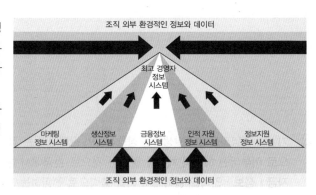

〈경영정보시스템〉

# 제 2 장

# 경영정보시스템의 구조

교육이란 사람이 학교에서 배운 것을 잊어버린 후에 남은 것을 말한다.

– 알버트 아인슈타인 –

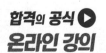
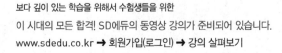

## 제1절 │ 경영계층별 정보시스템의 구조 [기출] [중요]

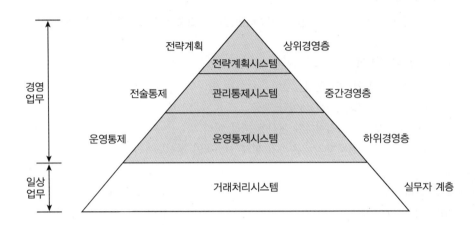

### 1 거래처리시스템(TPS ; Transaction Processing System) [기출]

**(1) 거래처리시스템의 개념**

① 거래처리시스템은 기업 조직에서 일상적이면서 반복적으로 수행되는 거래를 쉽게 기록·처리하는 정보시스템으로서 **기업 활동의 가장 기본적인 역할을 지원**한다.

② MIS의 하위시스템으로 컴퓨터를 활용해서 제품의 판매 및 구매와 예금의 입·출금, 급여계산, 물품 선적, 항공예약과 같은 실생활에서 가장 일상적이면서 반복적인 기본적 업무를 효율적으로 신속·정확하게 처리해서 DB에 필요한 정보를 제공해 주는 역할을 한다.

③ **온라인 처리방식**(On-line Processing) 또는 **일괄처리방식**(Batch Processing)으로 거래데이터를 처리한다.

④ 거래처리시스템이 잘 구축된 경우에는 상위 경영활동에 속하는 관리통제·운영통제 및 전략계획 등을 지원하는 타 시스템도 제대로 구축·운영이 될 수 있다.

> **더 알아두기**
>
> **일괄처리시스템(Batch Processing System)** [기출]
> 처리하고자 하는 자료를 모아 두었다가 일괄해서 처리하는 자료처리의 방식을 말한다.
> 예 카드거래명세서, 급여관리 등

### (2) 거래처리시스템의 목적

거래처리시스템의 주목적으로는 다량의 데이터를 신속하고도 정확하게 처리하는 것이다.

### (3) 거래처리시스템의 특징

① 반복되는 일상적인 거래의 처리
② 타 유형의 정보시스템을 위한 데이터 제공
③ 다량의 자세한 데이터를 정형화된 형식에 따라 처리
④ 데이터의 정확성 및 현재성을 유지하기 위해 지속적인 갱신노력의 요구

> **더 알아두기**
>
> • **거래처리시스템의 사례** : 은행거래처리시스템, POS 시스템, 예약정보시스템 등
> • **거래처리시스템의 예** : 급여처리시스템

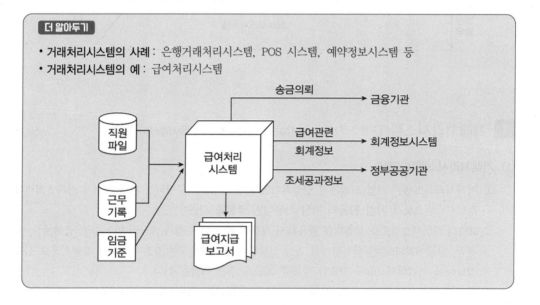

## 2  운영통제시스템

### (1) 운영통제시스템의 개념

① 기업 조직의 하부에서 이루어지는 각종 거래처리 업무가 효율적으로 운용될 수 있도록 이를 통제하는 활동을 한다.

② 이루어지는 대부분의 업무가 정형화되어 있다.

### (2) 운영통제시스템의 특징

① 업무와 관련된 의사결정의 지원을 목적으로 하며, 지원대상은 대부분이 하위관리층이다.

② 거래 처리에 있어 관련된 데이터의 구성은 데이터베이스이다.

③ 대부분 기업 내부의 데이터를 사용한다.

## 3  관리통제시스템

### (1) 관리통제시스템의 개념

① 부서원 업무수행규칙의 결정, 조직 내 각각의 부서 또는 사업부 단위수준에서의 성과측정 및 통제 등을 지원한다.

② 거래처리 외에도 예산·표준·계획과 관련한 자료를 활용해서 이를 실제적인 성과와 비교해서 나타나는 문제점을 발견하고 분석하여 문제를 해결하는 데 도움이 되어야 한다.

### (2) 관리통제시스템의 특징

① 주로 중간관리층의 의사결정을 지원한다.

② 기업의 내·외부 데이터를 사용한다.

## 4  전략계획시스템

### (1) 전략계획시스템의 개념

① 기업 조직의 목표수립, 장기적 전략을 수립하는 활동을 전반적으로 지원하는 정보시스템이다.

② 전략계획의 과정에 있어서 실제적 도움을 줄 수 있는 시스템을 설계 및 구축하면 조직의 경영에 많은 도움이 된다.

### (2) 전략계획시스템의 특징

① 내부 및 외부 데이터가 다양하게 활용된다.

② 의사결정을 지원하는 부문은 최고경영층이다.

### (3) 전략계획시스템의 주요 요소

① 기업 조직의 내부능력을 평가하는 모형

② 경영자들의 기업 경영활동에 대한 조회의 기능

③ 기업 조직이 지니고 있는 자원을 요약 및 보고하는 프로그램

④ 환경변화에 대한 예측 모형

---

## 제2절 | 경영기능별 정보시스템의 구조

### 1 생산정보시스템

### (1) 생산정보시스템의 개념 [기출]

① 생산정보시스템은 생산기능을 구성하는 생산기획·작업관리·공정의 운영 및 통제·생산실적 관리 등과 연관된 활동을 지원하는 정보시스템이다.

② 생산정보시스템은 경영정보시스템의 하위이며, 투입된 자원을 출력물로 변환시키는 과정, 다시 말해 제품 및 서비스를 생산하기 위해 필요한 각종 데이터들을 투입하고 가공해서 생산관리자에게 적절한 정보를 주는 시스템이라 할 수 있다.

③ 생산정보시스템의 대표적인 유형으로는, 제품의 설계를 위한 CAD(Computer Aided Design) 시스템, 생산 공정의 관리를 위한 CAPP(Computer Aided Processing Planning), 원자재관리를 위한 MRP(Material Requirements Planning), 작업장의 공정제어, 설비의 통제 및 제어 등을 통해 제조활동을 지원하는 CAM(Computer Aided Manufacturing), 그리고 작업현장의 통제에서부터 생산기획과 관리에 이르는 모든 활동을 정보시스템을 통해 통합해서 일관성 있고, 효율적인 생산기능을 수행하게 하는 CIM(Computer Integrated Manufacturing) 등이 있다.

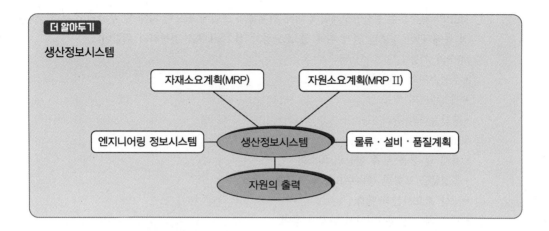

**더 알아두기**

생산정보시스템

## (2) 생산정보시스템의 유형 [기출] [중요]

① **CIM(Computer Integrated Manufacturing, 컴퓨터 통합생산)의 개념**

    ㉠ 컴퓨터 통합생산시스템으로서 제품의 제조, 개발 및 판매로 이루어지는 일련의 **정보흐름 과정**을 **정보시스템**으로 **통합**한 종합적인 생산관리시스템을 의미한다.

    ㉡ 기술·생산·판매의 모든 기능을 기업 경영전략 하에 통합하는 전략적 정보시스템이다.

    ㉢ 제품의 설계로부터 제품이 소비자에게 전달되기까지 제조 기업에서의 모든 기업 활동을 기획 및 관리하고 통제하는 시스템이다.

    ㉣ CIM(Computer Integrated Manufacturing)의 구축(절차) : 주요 성공요인에 대한 분석 → 기존의 시스템 현상 및 추후 시스템의 요구사항에 대한 조사·분석 → CIM 아키텍처의 설정 및 범위, 우선순위에 대한 결정 → 프로젝트의 범위, 우선순위, 조직 및 계획의 작성 → 프로젝트의 수행 → 사후 평가 프로젝트의 수행

**더 알아두기**

- **생산정보시스템의 개념** : CIM(Computer Integrated Manufacturing)은 생산현장에 직접적으로 연관되는 부문을 중심으로 해서 판매 및 연구개발 등에 이르는 과정들을 컴퓨터 네트워크로 접속해서 수주·설계 및 제조관리에 대한 DB를 공유하여 수주에서 출하까지의 전 공정을 통합한 종합적 시스템
- **생산정보시스템의 구성** : 통상적으로 생산정보시스템은 기본정보·수주정보·출하관리·소요량 계산·작업지시·실적관리·재고관리 등으로 구성

② **CAM(Computer Aided Manufacturing, 컴퓨터 활용생산)의 개념** : 컴퓨터 활용생산시스템으로서 컴퓨터시스템을 활용해서 제품에 대한 생산의 기획·관리 및 통제를 하는 시스템을 말한다.

③ **CAD(Computer Aided Design)의 개념** : 컴퓨터 지원설계의 약자로서, 이는 컴퓨터에 저장되어 있는 설계정보를 그래픽 디스플레이 장치로 추출해서 화면을 보면서 설계하는 시스템을 말한다.

④ **MRP(Material Requirement Planning)의 개념** [기출]

    ㉠ MRP는 자재소요계획이라고 하며, 이는 컴퓨터를 활용해서 최종적인 제품의 생산계획에 의해 필요한 부품 소요량의 흐름을 종합적으로 관리하는 생산관리시스템을 말한다.

       ⓒ MRP의 목적 : 주 생산일정계획에 의해 완제품의 조립에 필요한 자재 및 부품의 주문량, 주문시
       점 등에 관한 정보를 얻기 위해 총 소요량과 실 소요량을 결정하기 위함이다.

       ⓒ MRP의 기능
- 우선순위의 관리기능
- 재고관리의 기능
- 생산능력의 관리기능

       ⓔ MRP의 장점
- 자재 및 부품 부족 현상의 최소화
- 공정품을 포함한 종속수요품의 평균재고감소
- 생산 소요시간의 단축
- 자재계획 및 생산일정의 변경이 용이

⑤ **CAPP(Computer Aided Processing Planning)의 개념** : CAPP는 용량계획 및 자재 소요계획과
같은 공정기획업무 등을 지원하는 정보시스템이다.

## 2 마케팅 정보시스템(Marketing Information System)

### (1) 마케팅 정보시스템의 개념

① 마케팅 활동을 수행하는 과정에 필요한 정보의 흐름을 통합하는 기능을 가진 시스템이다.

② 마케팅 의사결정자에게 필요한 정보를 수집 및 분석해서 이를 적시에 제공하는 시스템이다.

③ 마케팅 정보시스템은 마케팅의사결정에 있어서 도움을 주는 정보를 용이하게 유통시키기 위하여 설
치된 자료·모델·시스템의 복합체이다.

④ 마케팅 정보시스템은 마케팅 믹스(4P's)와 연관된 의사결정이 효과적으로 이루어질 수 있도록 지원
한다.

    ※ 마케팅 믹스(4P's) [기출] : 마케팅 목표의 효과적인 달성을 위해 마케팅 활동에서 활용되는 여러 방법을 전체적으로
    균형이 잡히도록 조정 및 구성하는 것을 말하며, 이는 서브믹스 4P's(Product, Place, Price, Promotion)로 이루어
    져 있다.

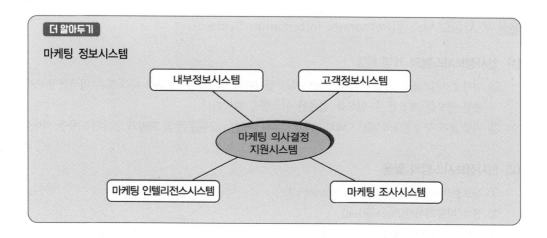

더 알아두기

마케팅 정보시스템

내부정보시스템      고객정보시스템

마케팅 의사결정
지원시스템

마케팅 인텔리전스시스템      마케팅 조사시스템

## (2) 마케팅 정보시스템의 유형 기출

통상적으로 마케팅 정보시스템은 내부정보시스템, 고객정보시스템, 마케팅 인텔리전스시스템, 마케팅 조사시스템, 마케팅 의사결정지원시스템 등 5가지로 이루어져 있다.

① **내부정보시스템** : 마케팅·영업·생산·회계 부서로부터 제공하는 보고서들은 마케팅 의사결정자에게 가치 있는 정보가 된다.

② **고객정보시스템** : 고객 개개인들에 대한 자료의 축적은 개별고객의 욕구 및 특성 등에 부합하는 차별화된 마케팅 노력을 제공하는 기업 활동인 DB마케팅의 도입을 가능하게 하였다. 또한, 고객정보시스템은 고객들에 대한 라이프스타일, 고객들에 대한 인구 통계적 특성, 고객들이 추구하는 혜택 및 고객들의 구매행동 등에 대한 정보를 포함한다. 더불어 기업 조직에서는 고객의 정보를 활용해서 그들의 행동을 파악하고, 고객들이 원하는 혜택을 파악해서 제공하고 고객과의 관계를 구축하려는 노력을 기울이는데 이를 CRM(Customer Relationship Management, 고객관계관리)이라고 한다.

※ 라이프스타일(Life-style) : 개인 및 가족의 가치관으로 인해 나타나는 여러 생활양식·사고양식·행동양식 등 생활의 모든 측면의 문화적·심리적인 차이를 전체적인 형태로 표현한 것을 말한다.

③ **마케팅 인텔리전스시스템** : 기업 조직을 둘러싸고 있는 마케팅 환경하에서 일어나는 각종 일상적인 정보를 수집하기 위해서 기업이 활용하는 절차 및 정보원의 집합을 말한다. 이러한 마케팅 인텔리전스 시스템의 자료로서 재판매업자·판매원·관리자·위장고객·타 기업의 고용인·잡지와 신문·관련기관보고·공공보고서 등이 있다.

④ **마케팅 조사시스템** 기출 : 기업 조직이 당면한 마케팅 문제의 해결에 있어 직접적으로 연관된 1차 자료를 얻기 위해 도입한 것으로 객관적이면서 체계적으로 마케팅 문제 해결에 도움을 주어야 한다.

⑤ **마케팅 의사결정지원시스템** : 마케팅 환경하에서 수집된 정보들을 취합하여 해석하고 마케팅 의사결정의 결과를 예측하기 위해서 활용하는 관련자료·분석도구·지원 S/W 및 H/W를 통합한 것이다.

## 3 인사정보시스템(Personnel Information System)

### (1) 인사정보시스템의 개념 기출
① 인사정보시스템은 기업 조직에서 경영자가 인사관리 및 관련된 업무의 처리 또는 의사결정 시에 유용한 정보를 제공할 수 있도록 설계된 시스템을 의미한다.
② 기업 조직 구성원들의 **채용·배치·평가·유지·보상·교육훈련 및 개발**과 연관된 기능을 의미한다.

### (2) 인사정보시스템의 활용
① 정보검색시스템(Information Retrieval)
② 인사 시뮬레이션(Simulation)
③ 인사정보 데이터베이스(Data Base)

### (3) 인사정보시스템의 구축효과
① 인사업무의 질적인 변화
② 기업문화 및 조직 관리의 변화
③ 인사담당 관리자 역할의 변화
④ 타 업무와 연계 및 경영층의 의사결정에 있어 필요한 정보의 제공

> **더 알아두기**
>
> **인사정보시스템의 특징**
> 인사정보시스템은 기업 조직이 필요로 하는 인적자원과 조직 단위의 특성 및 인사관리에 관한 정보를 수집·저장·유지·복구·타당화시키기 위해 체계적인 과정을 지원하는 시스템이다. 노동력의 공급 및 수요예측을 위한 정보, 임금에 관한 정보, 고용평등과 이직 및 지원자의 자격요건에 대한 정보, 훈련 프로그램 비용과 피 훈련자의 작업성과에 관한 정보, 계약협상과 종업원 지원 필요성에 대한 정보 등이 포함되어야 한다. 이 같은 체계적인 과정 및 정확한 정보의 제공을 통해 인사정보시스템은 인적자원에 대한 계획·채용·충원·노사관계 등에 관련된 효과적인 의사결정 지원이 가능하다.

## 4 재무 및 회계정보시스템

### (1) 재무정보시스템(Financial Information System)의 개념
재무 관리자들이 기업 조직의 자금조달과 기업내부에서의 재무자원 할당 및 관리 등과 연관된 의사결정을 행할 시에 활용 가능한 시스템을 말한다.

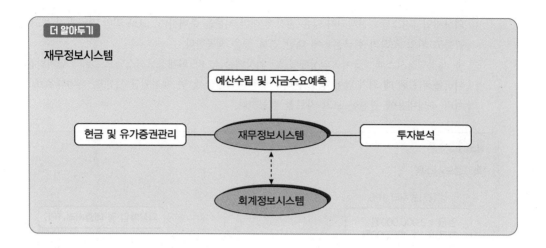

## (2) 재무정보시스템의 구분 [기출]

재무정보시스템의 하위시스템으로는 재무계획시스템, 자본예산수립시스템, 현금·유가증권관리시스템으로 구성되어 있다.

① **재무계획시스템** : 기업 조직의 현 재무성과와 추후에 기대되는 재무성과 등을 평가하고, 기업 조직의 자금조달 여부를 결정하며, 취합된 자금조달 대안을 평가하고 분석하는 업무를 지원하는 시스템

② **자본예산수립시스템** : 재무효과에 대한 평가 및 자본지출의 수익성을 기반으로 예상되는 위험의 확률분석 및 현금흐름의 현재 가치분석과 같은 계량적 모델 및 경영관리자의 경험적인 지식이 필요

③ **현금·유가증권관리시스템** : 정기적 또는 실시간으로 기업 조직 내 현금수령 및 지급 등에 관한 정보를 수집

## (3) 회계정보시스템(Accounting Information System)의 개념

① 회계정보시스템은 기업의 재무에 관한 자료를 수집·기록·정리하여 경영자 및 외부의 이용자가 의사결정을 하는 데 유용한 회계정보를 제공하는 시스템이다.

② 외상매입금·외상매출금·임금, 그 외 다른 많은 기능을 가진 종합된 정보를 제공하고 조직 내 자금흐름을 기록하며 대차대조표 및 손익계산서와 같은 주요 재무제표를 작성하여 미래상황을 예측해서 기업의 재무성과를 측정한다.

③ 회계정보시스템은 역사적으로 가장 먼저 기업 경영에 도입된 정보시스템이며, 재무정보시스템과의 연결도 강조된다.

　　㉠ 급여처리시스템 : 조직 구성원의 근무기록을 기반으로 급료계산 및 직원의 은행구좌로의 입금 등과 같은 업무를 처리하는 시스템이다.

　　㉡ 외상매출금시스템 : 소비자별 외상매출금 현황 및 신용관리보고서 등과 같은 보고서를 통해서 소비자의 거래현황에 대한 신속하고도 정확한 정보를 제공함으로써 빠른 대금지급을 촉진하는 시스템이다.

   ⓒ 외상매입금시스템 : 결제되지 않은 송장에 대한 지불을 준비하며, 그로 인한 자금관리 보고서를
      만들고 기업 조직의 현금운용에 대한 정보 등을 제공한다.

   ⓔ 총 계정원장시스템 : 급여 · 외상매입금 · 외상매출금, 타 회계정보시스템으로부터 넘겨받은 데
      이터를 취합해 매 회기 말에 경영 관리자에게 손익계산서, 총 계정원장 시산표, 대차대조표 등의
      여러 수익비용에 관련한 보고 자료를 제공한다.

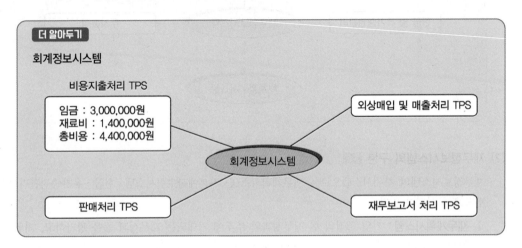

**더 알아두기**

**회계정보시스템**

비용지출처리 TPS

임금 : 3,000,000원
재료비 : 1,400,000원
총비용 : 4,400,000원

외상매입 및 매출처리 TPS

회계정보시스템

판매처리 TPS

재무보고서 처리 TPS

# ○✕로 점검하자 | 제2장

※ 다음 지문의 내용이 맞으면 ○, 틀리면 ✕를 체크하시오. [1~7]

01 운영통제시스템은 기업 활동의 가장 기본적인 역할을 지원하는 시스템이다. (　　)

02 처리하고자 하는 자료를 모아 두었다가 일괄해서 처리하는 자료처리의 방식을 일괄처리시스템이라고 한다. (　　)

03 운영통제시스템의 업무는 대부분이 비정형화되어 있다. (　　)

04 의사결정을 지원하는 부문은 최고경영층이다. (　　)

05 정보흐름 과정을 정보시스템으로 통합한 종합적인 생산관리시스템을 CAM(Computer Aided Manufacturing)이라고 한다. (　　)

06 마케팅 믹스(4P's)는 Product, Place, People, Promotion으로 이루어져 있다. (　　)

07 조직의 채용 · 배치 · 평가 · 유지 · 보상 · 교육훈련 및 개발과 연관된 기능을 관리하는 것을 인사정보시스템이라 한다. (　　)

---

**정답과 해설**　01 ✕　02 ○　03 ✕　04 ○　05 ✕　06 ✕　07 ○

01 거래처리시스템은 기업 활동의 가장 기본적인 역할을 지원하는 시스템이다.

03 운영통제시스템의 업무는 조직의 하부에서 처리되는 업무가 효과적으로 진행되도록 하는 활동으로 주로 정형화된 업무이다.

05 정보흐름 과정을 정보시스템으로 통합한 종합적인 생산관리시스템을 CIM(Computer Integrated Manufacturing)이라고 한다.

06 마케팅 믹스(4P's)는 Product, Place, Price, Promotion으로 이루어져 있다.

01 거래처리시스템은 실무자 계층으로 일상업무영역에 해당한다.

## 01 다음을 통해 추론 가능한 내용 중 적절하지 <u>않은</u> 것은?

| 전략계획시스템 |
|---|
| 관리통제시스템 |
| 운영통제시스템 |
| 거래처리시스템 |

① 전략계획시스템에서 의사결정을 지원하는 부문은 최고관리층이다.
② 관리통제시스템에서는 중간관리자가 의사결정을 지원한다.
③ 거래처리시스템은 경영업무영역에 속한다고 할 수 있다.
④ 운영통제시스템의 업무는 대부분이 정형화된 업무이다.

02 거래처리시스템은 실무자 계층에 속하며 중간관리층이 의사결정을 지원하는 것은 관리통제시스템이다.

## 02 다음 중 거래처리시스템에 대한 설명으로 옳지 <u>않은</u> 것은?

① 기업 활동의 가장 기본적인 역할을 지원하는 시스템이다.
② 온라인 처리방식 또는 일괄처리방식에 의한 거래데이터의 처리 방식이다.
③ 거래처리시스템이 잘 구축되었을 시에는 상위 경영활동에 속하는 관리통제·운영통제 및 전략계획 등을 지원하는 타 시스템도 제대로 구축·운영이 될 수 있다.
④ 주로 중간관리층이 의사결정을 지원한다.

정답 ( 01 ③  02 ④ )

**03** 다음 내용이 설명하는 시스템으로 옳은 것은?

> • 제품 및 서비스를 생산하는 데 있어 이에 필요한 각종 데이터들을 투입하고 가공해서 적절한 정보를 주는 시스템이다.
> • CAD, CAPP, MRP, CAM, CIM 등이 대표적인 유형이다.

① 생산정보시스템
② 시분할시스템
③ 일괄처리시스템
④ 전략계획시스템

**03** ① 생산정보시스템: 생산기능을 구성하는 생산기획·작업관리·공정의 운영 및 통제·생산 실적관리 등과 연관된 활동을 지원하는 정보시스템
② 시분할시스템: 다수의 사용자가 단말기를 통해 중앙의 컴퓨터시스템을 동시에 사용하는 방식으로 CPU의 시간을 잘게 나누어서 여러 사용자에게 배분하는 방식의 시스템
③ 일괄처리시스템: 자료 등을 모아 두었다가 일괄적으로 처리하는 방식의 시스템
④ 전략계획시스템: 기업 조직의 목표수립, 장기적 전략을 수립하는 활동을 전반적으로 지원하는 정보시스템

**04** 다음 중 MRP의 기능으로 거리가 먼 것은?

① 생산능력의 관리기능
② 재고관리의 기능
③ 제품구색의 기능
④ 우선순위의 관리기능

**04** MRP 기능
• 우선순위의 관리기능
• 재고관리의 기능
• 생산능력의 관리기능

**05** 다음 중 전략계획시스템에 대한 설명으로 거리가 먼 것은?

① 기업 조직의 내·외부 데이터를 활용한다.
② 기업 조직에서의 내부능력을 평가하는 모형이다.
③ 기업의 목표수립 및 장기적 전략을 수립하는 활동을 지원한다.
④ 의사결정을 지원하는 부문은 하위경영층이다.

**05** 전략계획시스템의 의사결정을 지원하는 부문은 최고경영층이다.

**정답** ( 03 ① 04 ③ 05 ④ )

**06** 기업 조직의 내부능력을 평가하는 모형이다.

**06** 다음 중 전략계획시스템에 대한 설명으로 옳지 <u>않은</u> 것은?

① 각 조직경영자들의 기업 경영활동에 대한 조회의 기능을 제공한다.
② 기업 조직의 외부능력을 평가하는 모형이다.
③ 기업 조직을 둘러싸고 있는 환경변화에 대한 예측 모형이다.
④ 조직이 가지고 있는 자원을 요약 및 보고하는 프로그램이다.

**07** 관리통제시스템은 조직 구성원 업무 수행규칙의 결정, 조직 내 각 부서 또는 사업부 단위 수준에서의 성과측정 및 통제 등을 지원한다.

**07** 다음 내용이 설명하는 것은?

> • 기업 조직의 중간관리층이 의사결정을 지원
> • 기업 조직의 내·외부 데이터를 활용

① 전략계획시스템
② 거래처리시스템
③ 관리통제시스템
④ 운영통제시스템

**08** 생산정보시스템의 유형
  • CAD(Computer Aided Design)
  • CAPP(Computer Aided Processing Planning)
  • MRP(Material Requirements Planning)
  • CAM(Computer Aided Manufacturing)
  • CIM(Computer Integrated Manufacturing)

**08** 다음 중 생산정보시스템의 유형으로 거리가 <u>먼</u> 것은?

① B2B
② CAD
③ CAPP
④ CIM

**정답**  06 ②  07 ③  08 ①

**09** 다음 중 생산정보시스템들의 연결로 옳지 <u>않은</u> 것은?

① 효율적인 생산기능 수행 – CIM
② 제품의 설계 – CAD
③ 생산공정의 관리 – MRP
④ 설비제어를 통한 제조활동지원 – CAM

**10** 다음 중 MRP의 장점으로 옳지 <u>않은</u> 것은?

① 생산 소요시간 연장
② 생산일정 및 자재계획의 변경 용이
③ 부품 및 자재 부족 현상의 최소화
④ 종속 수요품의 평균재고감소

**11** 다음 중 마케팅 정보시스템에 대한 설명으로 옳지 <u>않은</u> 것은?

① 마케팅 활동에 필요한 정보의 흐름을 통합한다.
② 마케팅 의사결정자가 필요로 하는 정보를 수집·분석·보고한다.
③ 마케팅 정보시스템은 의사결정에 도움을 주는 자료·모델·시스템의 복합체이다.
④ 마케팅 믹스 4P's에는 Product, Place, Price, People이 있다.

**09** 생산공정의 관리는 CAPP이다.

**10** MRP의 장점
• 자재 및 부품 부족 현상의 최소화
• 생산 소요시간의 단축
• 공정품을 포함한 종속 수요품의 평균재고감소
• 자재계획 및 생산일정의 변경 용이

**11** 마케팅 믹스 4P's에는 Product, Place, Price, Promotion이 있다.

정답  09 ③  10 ①  11 ④

**12** **마케팅 정보시스템의 유형**
- 내부정보시스템
- 고객정보시스템
- 마케팅 인텔리전스 시스템
- 마케팅 조사시스템
- 마케팅 의사결정지원시스템

**12** 다음 중 마케팅 정보시스템의 유형으로 옳지 <u>않은</u> 것은?

① 마케팅 조사시스템

② 외부정보시스템

③ 마케팅 인텔리전스 시스템

④ 고객정보시스템

**13** 인사정보시스템은 기업에서 경영자가 구성원들에 대한 인사관리 및 관련된 업무의 처리 또는 의사결정 시 유용한 정보를 제공할 수 있도록 만든 시스템이다.

**13** 다음 중 기업 조직의 구성원들에 대한 채용 · 배치 · 평가 · 유지 · 보상 · 교육훈련 및 개발과 연관된 시스템은 무엇인가?

① 마케팅 정보시스템

② 생산정보시스템

③ 인사정보시스템

④ 재무 및 회계정보시스템

**14** **인사정보시스템의 구축 효과**
- 인사업무의 질적인 변화
- 기업문화 및 조직 관리의 변화
- 인사담당 관리자 역할의 변화
- 타 업무와 연계 및 경영층의 의사결정에 있어 필요한 정보의 제공

**14** 다음 중 인사정보시스템의 구축 효과로 옳지 <u>않은</u> 것은?

① 기업문화 · 조직 관리의 변화

② 인사업무의 양적인 변화

③ 인사담당 관리자 역할의 변화

④ 타 업무와 연계 및 경영층의 의사결정에 있어 필요한 정보의 제공

**정답** 12 ② 13 ③ 14 ②

**15** 다음 중 거래처리시스템의 특징으로 옳지 <u>않은</u> 것은?

① 다른 유형의 정보시스템을 위한 데이터를 제공한다.
② 예약정보시스템, 은행거래처리시스템이 대표적이라 할 수 있다.
③ 반복되는 일상적인 거래를 처리한다.
④ 소량의 자세한 데이터를 처리한다.

**16** 다음 중 운영통제시스템의 특징으로 거리가 <u>먼</u> 것은?

① 대부분 기업 내부의 데이터를 활용한다.
② 운영통제시스템의 업무는 대부분이 비정형화되어 있다.
③ 업무와 관련된 의사결정의 지원에 있어서 대부분이 하위관리층이라 할 수 있다.
④ 거래 처리에 있어 관련된 데이터의 구성은 DB이다.

**17** 다음 중 재무정보시스템의 하위시스템으로 거리가 <u>먼</u> 것은?

① 급여처리시스템
② 자본예산수립시스템
③ 현금·유가증권관리시스템
④ 재무계획시스템

15 거래처리시스템은 다량의 자세한 데이터를 처리한다.

16 운영통제시스템의 업무는 조직의 하부에서 처리되는 업무가 효과적으로 진행되도록 하는 활동으로 주로 정형화된 업무이다.

17 재무정보시스템의 하위시스템
• 재무계획시스템
• 자본예산수립시스템
• 현금·유가증권관리시스템

**정답** 15 ④  16 ②  17 ①

18 자본예산수립시스템은 재무정보시스템의 하위 시스템에 속한다.

**18** 다음 중 회계정보시스템에 속하지 <u>않는</u> 것은?

① 총 계정원장시스템

② 외상매출금시스템

③ 자본예산수립시스템

④ 급여처리시스템

19 거래처리시스템은 기업 조직에서 일상적이면서 반복적으로 수행되는 거래를 쉽게 기록 및 처리하는 정보시스템이다.

**19** 다음 내용과 관련이 깊은 것은?

> • POS 시스템
> • 급여처리시스템

① 운영통제시스템

② 거래처리시스템

③ 전략계획시스템

④ 관리통제시스템

20 CAD(Computer Aided Design)는 컴퓨터에 기억되어 있는 설계정보를 그래픽 디스플레이 장치로 추출하여 화면을 보면서 설계하는 것인데, 이는 곡면이 혼합된 복잡한 형상의 입체도 비교적 간단히 설계할 수 있다는 특징이 있다.

**20** 컴퓨터에 저장되어 있는 설계정보를 그래픽 디스플레이 장치로 추출해서 화면을 보면서 설계하는 시스템을 무엇이라고 하는가?

① CAM

② CAPP

③ CIM

④ CAD

**정답** ( 18 ③  19 ②  20 ④ )

➔ **거래처리시스템**

기업 활동의 가장 기본적인 역할을 지원하는 시스템

➔ **거래처리시스템의 주목적**

다량의 데이터를 신속하고도 정확하게 처리

➔ **거래처리시스템의 사례**

은행거래처리시스템, POS 시스템, 예약정보시스템

➔ **생산정보시스템**

생산기능을 구성하는 생산기획, 작업관리, 공정의 운영 및 통제, 생산실적관리 등과 연관된 활동을 지원하는 정보시스템

➔ **CIM(Computer Integrated Manufacturing)**

제품의 제조·개발 및 판매로 이루어지는 일련의 정보흐름 과정을 정보 시스템으로 통합한 종합적인 생산관리시스템

➔ **CAM(Computer Aided Manufacturing)**

컴퓨터시스템을 활용해서 제품에 대한 생산의 기획·관리 및 통제 하는 시스템

➔ **MRP(Material Requirement Planning)**

컴퓨터를 활용해서 최종적인 제품의 생산계획에 의해 필요한 부품 소요량의 흐름을 종합적으로 관리하는 생산관리시스템

➔ **MRP의 목적**

주 생산일정계획에 의해 완제품의 조립에 필요한 자재 및 부품의 주문량, 주문시점 등에 관한 정보를 얻기 위해 총 소요량과 실 소요량을 결정하기 위함

➔ **마케팅 정보시스템**

마케팅활동을 수행하는 과정에 필요한 정보의 흐름을 통합

**⊐ 인사정보시스템**

구성원들의 채용·배치·평가·유지·보상·교육훈련 및 개발과 연관된 기능

**⊐ 재무정보시스템**

기업 조직의 자금조달과 기업내부에서의 재무자원 할당 및 관리 등과 연관된 의사결정을 행할 시에 활용 가능한 시스템

**⊐ 회계정보시스템**

기업의 재무에 관한 자료를 수집·기록·정리하여 경영자 및 외부의 이용자가 의사결정을 하는데 유용한 회계정보를 제공하는 시스템

**⊐ 마케팅 믹스(4P's)**

Product, Place, Price, Promotion

**⊐ CAPP(Computer Aided Processing Planning)**

용량계획 및 자재소요계획과 같은 공정기획업무 등을 지원

# 제 3 장

# 정보시스템과 컴퓨터 하드웨어 / 소프트웨어

우리 인생의 가장 큰 영광은 결코 넘어지지 않는 데 있는 것이 아니라
넘어질 때마다 일어서는 데 있다.

- 넬슨 만델라 -

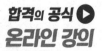
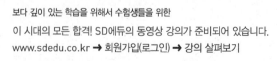

# 제 3 장 | 정보시스템과 컴퓨터 하드웨어 / 소프트웨어

## 제1절 컴퓨터의 발전과 역사

### 1 컴퓨터의 유래

컴퓨터란 "계산하다(Compute)"라는 말에서 유래된 것으로서 이는 전자회로를 이용해서 복잡한 계산 또는 다량의 자료를 자동적으로 신속·정확하게 처리하는 기계를 의미한다. 컴퓨터는 초기에 계산기의 형식에서 디지털 컴퓨터로 이행되었는데, 계산기 관점에서 보면 자동으로 계산을 하는 기계를 베비지(C. Babbage)가 최초로 고안했다.

### 2 계산도구의 발달

**(1) 초창기의 계산도구**

① **계산도구의 시작**: 기원전 3000년경 고대 메소포타미아인들이 주판을 사용했다고 하는데, 그것이 최초로 사용된 계산도구로 추정된다.

② **기계식 계산도구 발명**: 17세기에 성능이 우수한 기계식 계산도구가 발명되기 시작했는데, 1617년 스코틀랜드의 수학자 존 네이피어(John Napier)는 로그의 발견으로 계산을 혁신시켰다.

③ **천공카드시스템**: 1880년대 미국의 통계학자 홀러리스(Herman Hollerith)는 인구 통계국에서 10년마다 실시하는 국세 조사 자료 처리에 천공카드시스템(PCS ; Punched Card System)을 사용해서 분석시간을 단축했는데, 이는 데이터를 종이 카드에 구멍을 뚫어 표현하는 시스템이다.

**(2) 전자식 계산기 등장**

① **아타나소프-베리 컴퓨터(ABC ; Atanasoff-Berry Computer)**

㉠ 1939년 진공관을 사용해서 계산하는 ABC가 개발되었다.

㉡ 아이오와 주립대의 존 빈센트 아타나소프 교수(John V. Atanasoff)와 클리포드 베리(Clifford Berry)는 2진 구조를 지닌 진공관 컴퓨터를 개발했다고 밝히고, 이에 개발자의 이름을 붙여 ABC(Atanasoff-Berry Computer)라고 명명했다.

㉢ ABC는 진공관을 활용해 디지털 로직과 메모리를 만들었고 천공카드를 활용한 입력을 사용했으므로, 특수 목적용 전자식 디지털 컴퓨터의 효시로 보고 있다.

※ 진공관(Vacuum-Tube) : 높은 진공 안에서 금속 등을 가열할 시에 방출되는 전자를 전기장으로 제어해서 증폭·정류 등의 특성을 얻을 수 있는데, 이러한 용도를 위해서 만들어진 유리관을 말한다.

② ENIAC(Electronic Numerical Integrator and Computer)

ㄱ 1946년 미국 펜실베니아 대학의 존 모클리(John Mauchly)와 에커트(Presper Eckert)는 그때까지 만들어진 것 중 무게 30톤, 길이 24미터, 높이 5.4미터의 가장 큰 최초의 대형 전자식 디지털 컴퓨터인 ENIAC(Electronic Numerical Integrator and Computer)을 완성했다.

ㄴ 기계식 계산기보다 1,000배나 빠른 에니악은 18,000여 개의 진공관이 들어 있었고, 6,000개의 스위치를 조절해서 프로그램이 수행되도록 하고 컴퓨터의 각 부분을 전선으로 연결해서 프로그램을 작성하도록 되어 있어 프로그램이 바뀔 때마다 전선 연결을 전부 다시 해야 했다.

## (3) 프로그램 내장 방식

① 헝가리 태생의 미국인 수학자 존 폰 노이만(John Von Neumann)이 1945년에 발표한 보고서 「에드박에 관한 보고서」에는 프로그램 내장 방식에 관한 내용이 담겨 있는데, 프로그램을 컴퓨터 내부의 메모리에 저장해 놓고 프로그램 명령어를 순서대로 실행하는 방식을 의미한다. 현대의 컴퓨터에서 적용되고 있는 원리이다.

② 1949년에 존 폰 노이만의 제자인 영국 캠브리지 대학의 윌키스(M. Wilkes) 등이 최초의 프로그램 내장 방식 컴퓨터인 에드삭(EDSAC ; Electronic Delay Storage Automatic Calculator)을 개발하였다.

③ 1년 후인 1950년 존 폰 노이만의 개발팀도 자신의 이론을 적용한 프로그램 내장 방식인 에드박 (EDVAC ; Electronic Discrete Variable Automatic Computer)을 개발하였다.

④ 1951년에는 자기테이프를 보조기억장치로 이용한 상업용 컴퓨터 유니박 – Ⅰ(UNIVAC – Ⅰ; Universal Automatic Computer 1)을 모클리와 에커트가 개발하였다. 미 인구 통계국 및 19개 기업 에 납품되었고, 이는 1952년 대통령 선거에서 CBS 방송 중 결과를 성공적으로 예측하면서 모든 주 요 선거방송에 채택되기도 하였다.

---

**용어 설명**

- **명령어** : 전자계산기의 한 부분에 계산 및 일정한 일 등을 시키는 기계어를 말한다.
- **프로그램(Program)** : 컴퓨터를 실행시키기 위해서 순차적으로 작성된 명령어의 모음을 말한다.
- **자기테이프(Magnetic Tape)** : 다량의 정보를 기록하기 위한 테이프 형식의 외부기억장치를 말한다.
- **보조기억장치(Secondary Memory Unit)** 기출 : 주기억장치에 기억시킬 수 없는 많은 양의 데이터들 을 기억하기 위한 장비로서 자주 활용되지 않는 프로그램 및 데이터 등을 기억시켜 두었다가 필요할 시에 사용하는 장치를 말한다. 플로피디스크, 자기테이프, USB플래시메모리, CD-ROM 등이 있다.

## 3 컴퓨터 하드웨어의 진화

### (1) 컴퓨터 산업의 1세대(1946~1957) : 진공관 시대 기출 중요

① 컴퓨터의 제1세대는 기본 회로 소자로 **진공관(Vacuum Tube)**을 사용했다.

② 컴퓨터의 크기는 매우 크고 많은 열을 발생시켰으며, 지금과는 비교도 할 수 없을 만큼 느렸다.

③ 진공관은 빈번한 고장을 일으켰다.

④ 과거의 기계식 계산기에 비해 그 속도는 총알에 비교할 정도로 1,000배 이상 빨라졌다.

⑤ 이 시기의 컴퓨터는 에니악, 에드삭, 에드박, 유니박 – I 이었고, 이는 주로 실험적인 목적으로 개발되어 과학용 또는 공학적 응용분야에서만 활용되었다.

　예 ENIAC, EDSAC, EDVAC, UNIVAC–I 등

### (2) 컴퓨터 산업의 2세대(1958~1964) : 트랜지스터 시대 기출 중요

① 컴퓨터의 제2세대는 기본 회로 소자로 **트랜지스터(Transistor)**를 사용했다.

　예 유니박 – II, TRADIC 개발, IBM 7090, IBM 7070 등

② 1947년에 미국 벨 연구소(Bell Laboratories)의 세 과학자인 브래튼(H. W. Brattain), 쇼클리(B. W. Shokley), 바딘(J. Bardeen)은 트랜지스터(Transistor)를 발명하였다.

③ 벨 연구소는 1954년 최초의 트랜지스터 컴퓨터인 **TRADIC**을 개발하였다.

④ TRADIC 컴퓨터는 800여 개의 트랜지스터를 사용했다.

⑤ 1955년 유니박 – I 의 새로운 모델인 유니박 – II가 제작되었다.

⑥ 1958년 IBM사는 오로지 트랜지스터만 사용한 IBM 7090, IBM 7070을 만들었다.

⑦ 이 시대의 컴퓨터는 이전보다 속도가 빠를 뿐만 아니라, 크기도 훨씬 작아졌고 비용도 내려가게 되어 **상업용으로 사용**하게 되었다.

⑧ 이에 사용하는 주기억장치로는 페라이트 자기코어 기억소자, 채널 또는 입·출력 프로세서를 사용했으며, 하드웨어도 사용한다.

### (3) 컴퓨터 산업의 3세대(1964~1971) : 집적회로 시대 기출 중요

① 컴퓨터의 제3세대는 기본 회로 소자로 **집적회로(IC)**를 사용했다.

② 1959년 킬비(Jack S. Kilby)와 노이스(Robert Noyce)는 최초로 실리콘칩 위에 많은 트랜지스터들과 전자회로들을 결합해서 집적회로(IC ; Integrated Circuit)를 발명하였다.

　※ 실리콘칩(Silicon Chip) : 작은 실리콘 조각 표면에 수천 개의 전자 부품 및 회로 등을 구성한 전자 부품을 말한다.

③ 1964년 IBM사에서 System 360을 개발하였는데, 이는 컴퓨터시스템의 제어회로를 구성하는 요소들을 작은 칩 속에 내장시킨 기술로 이루어졌다.

④ 반도체 기술을 활용한 전자부품은 오랜 시간 동안 고장이 없으며, 컴퓨터 내부의 속도를 상당히 높였을 뿐만 아니라 부품을 저가로 대량 생산이 가능하도록 하였다.

⑤ 이 시기부터 코어 메모리 대신 반도체 메모리가 사용되기 시작하였고, 프로세서 설계에 마이크로 프로그래밍(Micro Programming) 기법을 사용했으며, 캐시 메모리(Cache Memory)가 사용되었다.

⑥ 다중프로그래밍·다중처리·병렬처리 등의 이론이 발달하게 되며, 운영체제(OS)가 활용되기 시작하였다.

⑩ IBM System 360(1964년 발표)

### (4) 컴퓨터 산업의 4세대(1972~1989) : 고밀도 및 초고밀도 집적회로 시대 중요

① 컴퓨터의 제4세대는 기본 회로 소자로 LSI 또는 VLSI를 사용했다.

② 제4세대는 하나의 칩에 수천 또는 수백만 개의 전자회로 소자를 집적시킨 고밀도 집적회로(LSI ; Large Scale Integrated Circuit)와 초고밀도 집적회로(VLSI ; Very Large Scale Integrated Circuit) 시대라고 할 수 있다.

③ 마이크로프로세서의 출현으로 인한 연산처리속도 및 저장 능력의 향상, 입·출력 장치들의 다양화와 고급화 등 컴퓨터의 사용 방법이 크게 변화된 시기이다.

④ 마이크로프로세서의 개발은 개인용 컴퓨터를 대량으로 생산하는 계기가 되었다.

    ㉠ 최초의 개인용 컴퓨터 : 1975년에 MITS사 대표 에드 로버츠가 개발한 알테어 880

    ㉡ 범용컴퓨터, 개인용 컴퓨터, 수퍼 컴퓨터, PDA 등

⑤ 개인용 컴퓨터, 지능적 터미널, 데이터통신, 분산 데이터처리 데이터베이스 등의 개념이 확립되며, 운영체제는 가상기억장치를 활용하는 시분할시스템(Time-Sharing System)을 사용하기 시작하였다.

⑥ 이 세대의 또 다른 특징은 네트워크의 발전이다.

⑦ 마이크로프로세서를 탑재한 개인용 컴퓨터의 광범위한 보급 및 네트워크의 발달로 인해 컴퓨터 환경은 중앙집중처리에서 네트워크를 통한 분산처리로 발전되었으며, 네트워크의 규모에 따라 LAN(Local Area Network)과 WAN(Wide Area Network)의 네트워크가 형성되었다.

### (5) 컴퓨터 산업의 5세대(1990년대 이후) : 사용자 중심의 시대 중요

① 컴퓨터시스템은 자료 처리의 수준을 벗어나 경영정보시스템(MIS ; Management Information System), 의사결정지원시스템(DSS ; Decision Support System)을 추구하며 텔레커뮤니케이션의 활용과 분산처리시스템, 가정정보시스템 그리고 여러 CPU를 결합해 동시에 작업을 실행하는 병렬 컴퓨팅 등의 특징을 지닌다.

② 기억소자를 VLSI, UVLSI(Ultra Very Large Scale Integration)를 사용하는 세대로 그 처리 속도 또한 매우 빨라졌다.

## 제2절  컴퓨터시스템의 구성요소

### 1  중앙처리장치(CPU ; Central Processing Unit)

**(1) 중앙처리장치의 개념** 기출

중앙처리장치는 기억장치에서 읽어 온 데이터에 대해서 연산처리·비교처리·데이터 전송·편집·변환·테스트와 분기·연산제어 등의 조작을 수행하고, 데이터 처리 순서를 표시하는 프로그램을 기억장치로부터 인출하여, 여러 가지의 장치를 구동하면서 조작을 행한다.

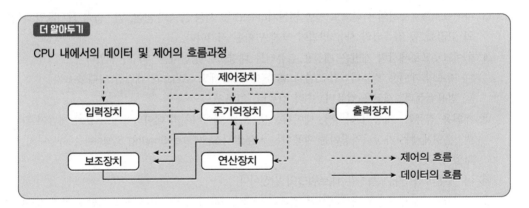

**(2) 중앙처리장치의 구성요소**

① **연산장치(ALU ; Arithmetic and Logic Unit)**

　㉠ 연산장치는 컴퓨터의 처리가 이루어지는 곳으로 연산에 필요한 데이터를 입력받아 제어장치가 지시하는 순서에 따라 연산을 수행하는 장치이다.

　㉡ 연산장치는 자료의 비교·판단·이동·산술·관계·논리연산 등을 수행한다.

　㉢ 주어진 데이터를 프로그램에 따라 처리하는 장치로 숫자를 활용한 산술연산과 참과 거짓의 논리값을 처리하는 논리연산을 실행하는 장치이다.

② **제어장치(CU ; Control Unit)** : 제어장치는 데이터 처리시스템에서 하나 이상의 주변장치를 제어하는 기능 단위로서 기억장치에 저장되어 있는 프로그램 명령을 순차적으로 꺼내어 이를 분석 및 해독해서 각 장치에 필요한 지령 신호를 주고, 장치 간의 정보 조작을 제어하는 역할을 수행한다.

## 2 보조기억장치(Secondary Memory Unit) 기출 종요

### (1) 주기억장치(Main Memory Unit) 기출

① 주기억장치는 프로그램이 실행될 시에 보조기억장치로부터 프로그램 및 자료를 이동시켜 실행시킬 수 있는 기억장치를 말한다.

② 전원이 끊어지더라도 기억된 내용이 보존되는 롬(ROM)과 전원이 꺼지면 모든 내용이 지워지게 되는 휘발성 메모리 타입의 램(RAM)이 있다.

③ 메인메모리(Main Memory)라고도 한다.

### (2) 보조기억장치(Secondary Memory Unit) 기출

주기억장치에 기억시킬 수 없는 많은 양의 데이터들을 기억하기 위한 장비로서 자주 활용되지 않는 프로그램 및 데이터 등을 기억시켜 두었다가 필요할 시에 사용하는 장치를 말한다.

① **자기디스크 기억장치(Magnetic Disk Memory)** : 디스크의 양면이 자성재료로 피복되어 있는 평탄한 원판으로 되어있는 기록 장치를 말한다.

    ㉠ 하드 디스크(Hard Disk) : 하드 디스크의 구조는 알루미늄이나 세라믹 등과 같이 강성의 재료로 된 원통에 자기재료를 바른 자기 기억장치를 말하며, 쓰기 및 읽기는 읽기 · 쓰기헤드를 통해 이루어진다.

    ㉡ 플로피 디스크(Floppy Disk) : 자성의 물질로 입혀진 얇고 유연한 원판을 말하며, 플로피 디스크 장치에 정보의 저장 수단으로 사용되는 매체이고, 다른 말로 디스켓 또는 플랙시블 디스크라고도 한다. 또한, 플로피 디스크는 고정 디스크와는 달리 컴퓨터 사용 중에 임의로 디스크를 갈아 끼우는 것이 가능하고 가격도 저렴한 특징으로 인해 개인용 컴퓨터 등에 널리 쓰인다.

    ※ 피복(Coating) : 광섬유 등을 보호하기 위해 바깥 부분을 감싸는 것을 말한다.

② **자기테이프 기억장치** : 순차접근 기억장치(Sequential Access Storage)

    ㉠ 정보가 기억 매체 상에 순차대로 저장되어, 기억된 정보의 전부를 원하든지 또는 일부를 원하든지 간에 기억된 순서대로 접근이 가능한 보조기억장치를 말한다.

    ㉡ 정보를 판독 및 기록하는 데 있어 많은 시간이 소요되지만, 대용량의 정보에는 적합하다는 특징을 지닌다.

③ 광디스크

    ㉠ RW : 디스크에 반복적으로 쓰고 지우기가 가능한 매체이다.

    ㉡ ROM : 내용에 대한 변경 및 추가를 할 수 없지만, 반복적으로 저장된 데이터의 활용이 가능하다. 기출

    ㉢ WORM : 데이터의 영구적인 기록을 위해 사용되는 매체이다.

④ 플래시 메모리

USB포트에 연결하는 형태와 자기디스크와 같은 인터페이스에 연결하여 자기디스크의 역할을 대신하는 저장 매체인 SSD(Solid State Disk) 등이 사용된다.

### 3 입력장치(Input Unit)

**(1) 입력장치의 개념**

입력장치는 컴퓨터시스템에 데이터 입력을 위해 사용되는 장치를 말한다.

**(2) 입력장치의 종류** `기출` `중요`

① **마우스(Mouse)** : 컴퓨터 입력장치의 하나로 마우스를 움직이면 그에 따라 스크린에 나타난 커서가 움직이며, 위에 있는 버튼을 눌러 명령어를 선택 또는 프로그램을 실행하는 장치이다.

  ※ 커서(Cursor) : 디스플레이 장치의 화면에서 마우스 포인터의 입력 위치를 나타내는 표시를 말한다.

② **키보드(Key Board)** : 컴퓨터 입력장치의 하나로 타자기와 비슷하게 생긴 글자판을 말한다.

③ **스캐너(Scanner)** : 이미지를 디지털화하기 위한 장치로 내장된 이미지 센서인 고체 촬상 소자로 그림 · 사진 · 일러스트 등의 이미지를 읽어서 컴퓨터용 파일로 만드는 장치를 말한다.

④ **터치스크린(Touch Screen)** : 마우스 및 키보드의 조작 없이 디스플레이 된 화면을 눌러 데이터를 입력할 수 있는 장치를 말한다.

⑤ **라이트 펜(Light Pen)** : 스크린에서 나오는 전자빔을 인식해서 스크린의 위치를 파악하거나 또는 빛을 스크린에 직접 보내 자료를 입력할 수 있는 기능을 가진 펜 모양의 입력장치를 말한다.

⑥ **PC카메라** : CMOS 등의 장치를 통해 외부의 이미지를 사진, 동영상의 형태로 저장하는 장치를 말한다.

### 4 출력장치(Output Unit) `중요`

**(1) 출력장치의 개념**

출력장치는 컴퓨터에서 정보를 처리한 후에 해당 결과를 기계로부터 인간이 인지할 수 있는 언어로 변환하는 장치를 말한다.

**(2) 출력장치의 종류** `기출`

① **모니터(Monitor)** : 컴퓨터의 출력을 나타내기 위한 디스플레이를 말한다.

② **스피커(Loud Speaker)** : 전기 신호 형태의 음을 사람의 귀에 인지할 수 있는 소리로 변환하는 장치를 말한다.

③ **프린터(Printer)** : 컴퓨터에서 처리된 정보를 사람이 볼 수 있는 형식으로 인쇄하는 출력장치를 말한다.

## 제3절 | 컴퓨터 소프트웨어

### 1 소프트웨어의 종류

#### (1) 소프트웨어의 개념 [기출]

① 소프트웨어는 프로그램과 절차 및 컴퓨터시스템의 운영에 관계하는 루틴(Routine)으로 이루어진 것으로, 컴퓨터 하드웨어에 어떤 과제를 실행하도록 지시하는 일련의 명령을 프로그램 또는 소프트웨어 프로그램이라 부른다.

   ※ 루틴(Routine) : 특정 작업을 실행하기 위한 일련의 명령을 말한다.

② 소프트웨어란 넓게는 시스템과 관련된 프로그램과 처리 절차에 관련된 문서들을 총칭하고, 일반적으로는 컴파일러·어셈블러·라이브러리·운영체제·응용 소프트웨어 등의 하드웨어 동작을 지시·제어하는 모든 종류의 프로그램을 의미하는데, 이는 크게 시스템 소프트웨어와 응용 소프트웨어로 분리된다.

#### (2) 시스템 소프트웨어 [기출] [중요]

① 운영체제(OS ; Operating System)

   ㉠ 사용자가 컴퓨터 자원을 효율적으로 관리할 수 있도록 편의를 제공하는 프로그램으로 사용자와 컴퓨터의 중간자적인 역할을 담당한다.

   ㉡ 컴퓨터를 작동시켜 컴퓨터가 자체적으로 중앙처리장치, 주기억장치, 키보드, 모니터, 입·출력장치 등 하드웨어 시스템을 인식할 수 있게 해주고, 다른 한편으로는 응용프로그램을 실행시키며 통신을 할 수 있는 기반을 제공하는 프로그램이다.

> **더 알아두기**
>
> **운영체제의 목적**
> 처리능력의 향상, 사용 가능도의 향상, 신뢰도의 향상

② 언어번역기

   ㉠ 컴파일러(Compiler) : 컴파일러는 고급언어로 쓰인 프로그램을 그와 의미적으로 동등하면서도 컴퓨터에서 즉시 실행이 가능한 형태의 목적 프로그램으로 바꾸어 주는 번역 프로그램을 말한다. 예 C, C++ 등

   ㉡ 인터프리터(Interpreter)

   • 소스 코드를 직접 실행하거나 소스 코드를 효율적인 다른 중간 코드로 변환하고 이를 바로 실행하는 방식이다.

   • 구성면에서 보면 파서, 문장처리기, 명령어 인출기로 이루어지는데, 파서(Parser)는 입력되는 문장을 파싱하여 문장의 내용을 해석하는 부분이고, 문장처리기는 파싱된 문장의 형식에 따라 문장을 처리하는 부분이며, 명령어 인출기는 다음에 수행될 문장을 결정한다. 예 BASIC, Prolog, 파이썬, R 등

ⓒ 어셈블러(Assembler) : 어셈블리 언어를 기계어로 번역해주는 시스템 프로그램을 말한다.

ⓔ 고급언어 : 기계어에 비해서 사람이 일상적으로 쓰는 자연언어에 보다 가까운 컴퓨터 언어를 말한다.

ⓜ 기계어(Machine Language) : 컴퓨터가 직접 읽어 들일 수 있는 2진 숫자로 이루어진 언어를 말한다.

③ **유틸리티 프로그램(Utility Program)** : 유틸리티 프로그램은 프로그램이나 데이터를 한 매체에서 다른 매체로 옮기거나, 데이터의 내용이나 배치 순서를 바꾸거나 또는 프로그램 개발 시 에러 등을 쉽게 찾아낼 수 있게 하는 등의 여러 종류 프로그램을 집합적으로 일컫는 말이다.

　例 업무처리, 과학 계산, 통계 분야의 소프트웨어 등

## (3) 응용 소프트웨어

① **개념**

ⓐ 개인 및 조직의 일에 대한 컴퓨터 활용 수단으로 특정 분야의 응용을 목적으로 개발되는 프로그램이다. 사용자가 바라는 기능을 수행하기 위해 컴퓨터의 성능을 소비하는 것을 뜻하는 컴퓨터 소프트웨어에 속한다.

ⓑ 실제 업무 처리를 위해 제작된 프로그램으로 프로그래머나 회사에서 제품으로 만들어진 프로그램이다.

ⓒ 응용 소프트웨어는 일반 업무지원을 위해 상품화되어 있는 패키지형 소프트웨어와 특정 사용자의 요구에 맞게 주문 제작된 주문형 소프트웨어로 분류할 수 있다.

ⓓ 패키지형 소프트웨어는 일반인들에게 판매하기 위한 소프트웨어로 이에는 한글, 포토샵CS 등이 있으며, 주문형 소프트웨어는 회계관리, 인사관리 프로그램 등과 같이 프로그래밍 언어로 목적에 맞게 개발된 프로그램이다.

② **사용자 프로그램**

ⓐ 주문형 소프트웨어라고도 하며, 특정 용도와 사용자를 위하여 컴퓨터를 활용하기 위해 작성하는 모든 프로그램들을 통칭한다.

　例 회계관리, 학사관리, 인사관리, 재고관리 등

ⓑ 주문형 소프트웨어는 특정 업무를 수행하는 조직에서 전용으로 사용하기 위해 개발한 소프트웨어로 일반적으로 대형 조직에서 자신들의 고유 업무를 위해 개발하고 컴퓨터지원 부서의 규모가 크고 대형컴퓨터를 사용하도록 자체적으로 개발하거나 외부에 개발을 의뢰한 프로그램이다.

ⓒ 고가이며, 운영방법이 복잡한 반면에 대규모 조직 관리를 위해 필수적이며 동시에 여러 업무의 진행이 가능하다는 특징이 있다.

③ **응용패키지 프로그램**

ⓐ 패키지형 소프트웨어라고도 하며, 여러 사용자 요구에 맞게 개발한 프로그램으로 표준화되고 특성화된 프로젝트로서 사용자들이 쉽게 활용하도록 소프트웨어 개발회사에서 제작된 프로그램이다.

ⓑ 통상적으로 패키지형 소프트웨어는 마이크로컴퓨터에서 광범위하게 사용되며, 개인의 생산성을 높이는 도구로 사용된다.

　例 스프레드시트, 워드프로세서, 데이터베이스 관리 소프트웨어, 그래픽 소프트웨어, 개인정보 관리 소프트웨어, 압축 소프트웨어 등

## 2 프로그래밍 언어의 종류 및 세대별 구분

### (1) 프로그래밍 언어의 종류 및 세대 구분 [기출] [중요]

컴퓨터 분야의 발달이 급속히 확산되면서 컴퓨터를 통한 문제 해결 또는 프로그램을 만들기 위해 수백여 종에 달하는 프로그래밍 언어가 개발되어 사용되기도 하고, 어떤 경우는 사용되지 않고 소멸되는 등 컴퓨터 환경 및 응용기술의 발전에 따라 사용하는 프로그래밍 언어도 함께 변해 왔다. 이러한 프로그래밍 언어는 기계 중심 여부에 따라 저급언어와 고급언어로 구분할 수 있다.

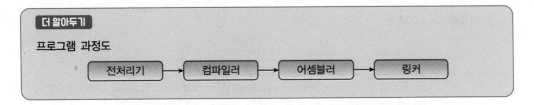

### ① 저급언어

ⓐ 저급언어는 컴퓨터 개발 초기에 사용되었던 프로그래밍 언어이다.

ⓑ 주로 시스템 프로그래밍에 사용되었다.

ⓒ 기계어, 어셈블리어 등이 해당된다.

- 기계어(Machine Language) : 제1세대
  - 초창기 컴퓨터 프로그램은 기계어로 작성하고 처리하였다.
  - 기계어는 컴퓨터의 전기적 회로에 의해 직접적으로 해석되어 실행되는 언어이다.
  - **컴퓨터를 효율적으로 활용**하는 면에서 상당히 유리하다.
  - 언어 자체가 복잡하고 어려우므로 프로그래밍 **시간이 많이 걸리고 에러가 많다.**
  - 기계어가 컴퓨터 종류에 따라 다르고 복잡하므로, 오늘날에는 기계어로 프로그램을 작성하는 일이 거의 없다.
- 어셈블리어(Assembly Language) : 제2세대 [기출]
  - 기계어의 명령들을 알기 쉬운 언어로 표시해서 사용한 것을 말한다.
  - 기계어와 마찬가지로 컴퓨터의 특성을 따라 기종마다 표준이 되어 있지 않다.
  - 기계어가 아니므로 실행을 하기 위해서는 어셈블러(Assembler)라는 번역 프로그램에 의해서 기계어로 번역되어야 실행이 가능하다.
  - 장점 : 프로그램의 수행시간이 빠르며, 주기억장치의 효율적 사용이 가능하다.
  - 어셈블리어를 사용하는 프로그래머는 모든 컴퓨터 명령어를 활용할 수 있으며 레코드의 필드, 문자 그리고 바이트와 비트 등의 개별 레코드의 쉬운 조작이 가능하다.
  - 단점 : 타 기종의 어셈블리어와 거의 일치하지 않으므로 언어의 호환성이 부족하다.
  - 고급언어로 작성하는 경우보다 작성 방법과 읽고, 쓰고, 관리하는 면에서 어렵다.

- 필드(Field) : 필드는 컴퓨터의 명령어와 같이 일단의 데이터들 중에서 고정된 위치의 범위를 말한다.
- 바이트(Byte) : 바이트는 정보량의 최소 단위인 비트의 집합으로서 구성된 기본 단위를 말한다.
- 비트(Bit) : 컴퓨터에서 이진법 최소의 단위를 말하는데, 2진수에서 숫자 0, 1과 같이 신호를 나타내는 최소의 단위를 말한다.

**더 알아두기**

### 어셈블리어 레지스터

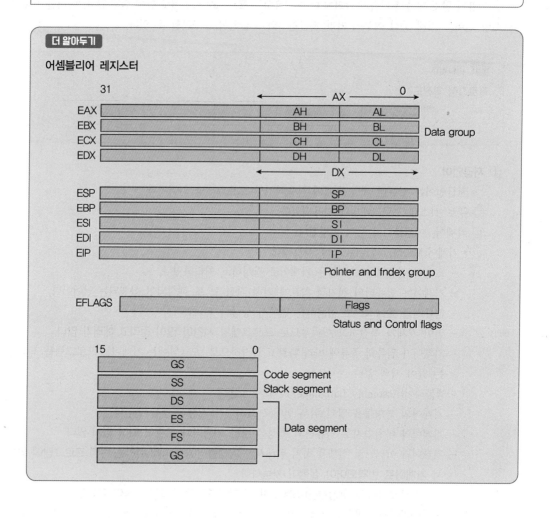

② **고급언어** 기출

㉠ 고급언어로 작성된 프로그램을 실행하려면, 컴파일러 또는 인터프리터를 통해 기계어로 변환되는 과정이 필요하다.

㉡ 일반적으로 고급언어는 절차지향언어(Procedural Language)와 객체지향언어(Object-Oriented Programming Language)로 구분할 수 있으며, 절차지향 여부에 따라 제3세대와 제4세대 언어로 나누기도 한다.

㉢ 제3세대 언어

- 일반적으로 절차지향언어를 3세대 언어로 설명하는 경우가 많으며, 프로그래머가 기능 구현을 순서에 맞게 코드화하고 순차적으로 명령이 실행되어 문제를 해결하는 방식이다.
- 순차적으로 실행된다는 점에서 사람의 언어와 유사하다고 할 수 있다.
- ⟨예⟩ 코볼(Cobol), 포트란(Fortran), 파스칼(Pascal), C, 베이식(Basic) 등
- 일부 3세대 언어는 4세대 언어의 특성을 일부 가지고 있는 경우도 있다.

㉣ 제4세대 언어

- 객체지향언어는 객체·클래스·상속의 개념을 기본으로 가지고 있으며, 절차지향언어와 달리 어떠한 결과를 내기 위해 순서대로 프로그래밍하는 것이 아니라, 데이터와 기능을 포함하는 객체들을 필요한 역할별로 이어가면서 프로그램을 완성한다.
- 이러한 특성 때문에 일반적으로 객체지향언어를 본격적인 제4세대 언어 또는 비절차형 언어로 설명하며, 대표적인 예로는 C++, Java, C#, Smalltalk, Powerbuilder 등이 있다.
- 비절차형 언어 중 하나인 SQL(Structured Query Language)은 프로그래밍 기술을 거의 갖지 못한 경영자와 실무자들이 DB에 저장된 데이터를 액세스할 수 있도록 개발된 언어이다. SQL과 QBE(Query By Example)는 사용자가 질의어를 사용하여 DB에서 정보 검색, 보고서 및 그래픽 생성, 데이터를 처리하기 위한 원시코드를 만들 수 있는 대표적인 DB 관리 언어이다.

㉤ 제5세대 언어

- 함수 언어 또는 논리 언어라고 정의하기도 하며, 인공지능 분야에서 다양하게 사용되어 온 LISP는 대표적인 함수 기반의 언어이다.
- 또 다른 대표적인 논리 언어인 Prolog는 논리적이면서 자연적인 구성으로 이루어진 특성을 가지고 있으며, 다양한 응용 프로그램의 작성이 가능할 수 있는 언어이다.

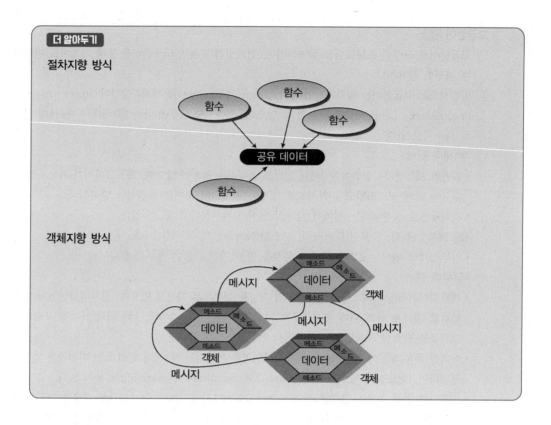

- 객체(Object) : 기억·판단·행위능력을 갖는 기본단위로 데이터와 그 데이터에 관련된 기능을 소유하고 있다.
- 클래스(Class) : 하나 이상의 유사한 객체들을 묶어 공통된 속성과 행위가 표현된 데이터를 추상화한 것이다.
- 상속(Inheritance) : 기존 클래스의 자료나 기능이 필요할 경우, 이러한 기능들을 모두 전달받아서 새로운 클래스를 형성하는 것이다.
- SQL(Structured Query Language) : 데이터베이스 사용 시, 데이터베이스에 접근할 수 있는 데이터 베이스 하부 언어를 말하며, 구조화 질의어라고도 한다. 종요
- 원시코드(Source Code) : 원시코드는 컴퓨터 프로그램을 기록하고 있는 텍스트 파일을 말하며, 소스코드라고도 한다.

## (2) 고급언어의 종류별 특성

### ① 비주얼 베이직(Visual Basic)

ⓐ 마이크로소프트사에서 만든 베이직 프로그래밍 언어의 일종으로, 빠른 프로그래밍을 돕는 RAD(Rapid Application Development) 도구이다.

ⓑ 프로그램을 모듈과 폼으로 구성해서 작성한다.

ⓒ 과거의 BASIC에서 발전한 언어로 대화식으로 개발된다.

  ② 비주얼 베이직의 특징
- 데이터베이스 연계가 쉬워 주로 사무용 프로그램 개발에 사용된다.
- 문법이 쉽고 사람이 사용하는 언어와 같은 형식의 쉬운 언어이다.
- 윈도우즈 기반의 프로그래밍이다.
- DB 연동이 쉽다.
- 빠른 개발도구이다.

② **C언어** 중요
  ③ 미국의 벨 연구소의 데니스 리치가 1972년에 설계하여 PDP-11에 구현시킨 언어이다.
  ⓒ UNIX 운영체제의 작성을 위한 시스템 프로그래밍 언어로 설계되었으며, BCPL이란 언어에서 파생된 B라는 언어를 기반으로 개발되었다.
  ⓒ C언어는 간결하면서도 강력한 프로그램을 작성하기에 적합한 프로그래밍 언어로 구조지향언어라고 할 수 있다.

③ **비주얼 C++(Visual C++)** : C++ 언어를 IDE(Integrated Developed Environment)라고 부르는 통합 개발 환경으로 프로그램을 작성한다.

④ **자바(Java)**
  ③ 배우기 쉬운 편이고 객체지향 프로그래밍 기법을 따른다.
  ⓒ 특징적으로 자동적인 가비지 컬렉션 기능이 있고, 자바의 문법적인 특성은 C언어와 비슷한데 다른 컴파일 언어와 구분되는 가장 큰 특징은 JVM(Java Virtual Machine)을 통해 실행되기 때문에 플랫폼에 독립성을 띠고 있다는 점이다.

※ 다음 지문의 내용이 맞으면 ○, 틀리면 ✕를 체크하시오. [1~8]

01  1949년에 존 폰 노이만의 제자인 영국 케임브리지 대학의 윌키스(M. Wilkes) 등이 최초의 프로그램 내장 방식 컴퓨터인 ENIAC을 개발하였다. (   )

02  컴퓨터의 제1세대는 기본 회로 소자로 CPU를 사용했다. (   )

03  컴퓨터의 제2세대는 기본 회로 소자로 트랜지스터(Transistor)를 사용했다. (   )

04  컴퓨터의 제3세대는 기본 회로 소자로 진공관을 사용했다. (   )

05  컴퓨터의 제4세대는 기본 회로 소자로 캐시 메모리를 사용했다. (   )

06  자료의 비교·판단·이동·산술·관계·논리연산 등을 수행하는 부분을 연산장치라 한다.
(   )

07  출력장치의 종류에는 모니터·스피커·프린터 등이 있다. (   )

08  프로그래밍 언어의 세대 구분에서 객체지향언어는 제3세대에 속한다. (   )

---

**정답과 해설**  01 ✕  02 ✕  03 ○  04 ✕  05 ✕  06 ○  07 ○  08 ✕

01  1949년에 존 폰 노이만의 제자인 영국 케임브리지 대학의 윌키스(M. Wilkes) 등이 최초의 프로그램 내장 방식 컴퓨터인 EDSAC을 개발하였다.

02  컴퓨터의 제1세대는 기본 회로 소자로 진공관(Vacuum Tube)을 사용했다.

04  컴퓨터의 제3세대는 기본 회로 소자로 집적회로(IC)를 사용했다.

05  컴퓨터의 제4세대는 기본 회로 소자로 LSI 또는 VLSI를 사용했다.

08  프로그래밍 언어의 세대 구분에서 객체지향언어는 제4세대에 속한다.

**01** 1946년에 모클리와 에커트가 18,000여 개의 진공관과 6,000여 개의 스위치를 사용하여 만든 컴퓨터는?

① ENIAC

② UNIVAC

③ IBM 360

④ VAX 8000

**01** ① 진공관을 사용한 최초의 컴퓨터는 ENIAC이다.
② UNIVAC은 최초의 상업용 컴퓨터로 알려져 있다.
③ IBM 360은 집적회로 시대의 컴퓨터이다.
④ VAX 8000은 DEC에서 만들어진 미니 컴퓨터의 일종이다.

**02** 다음 중 연결이 바르지 않은 것은?

① 존 모클리 & 에커트 – ENIAC

② 폰 노이만 – EDVAC

③ 윌키스 – EDSAC

④ 에디슨 – UNIVAC – I

**02** 상업용 컴퓨터 UNIVAC – I 은 모클리와 에커트가 개발하였다.

**03** 다음 내용이 설명하는 것과 관련이 깊은 것은?

- 이 시스템은 미 인구 통계국 및 19개 기업에 납품되었다.
- 1952년 대통령 선거 시 CBS 방송 중 결과를 성공적으로 예측하면서 모든 주요 선거방송에 채택되었다.

① EDVAC

② UNIVAC – I

③ ENIAC

④ EDSAC

**03** UNIVAC – I 은 1951년 자기테이프를 보조기억장치로 이용한 상업용 컴퓨터로 모클리와 에커트가 개발하였다.

**정답** 01 ①  02 ④  03 ②

04 EDSAC은 1949년, 영국 캠브리지 대학의 윌키스 교수에 의해 완성된 최초의 내부 명령 방식의 계산기로서, 2진 34비트의 512워드의 용량을 가지고 있다.

**04** 1949년에 존 폰 노이만의 제자인 영국 케임브리지 대학의 윌키스 (M. Wilkes) 등이 개발한 최초의 프로그램 내장 방식의 컴퓨터는 무엇인가?

① ENIAC
② EDVAC
③ EDSAC
④ ENIAC

05 제1세대는 기본 회로 소자로 진공관을 사용했다.

**05** 다음 중 컴퓨터 산업의 1세대에 대한 설명으로 옳지 <u>않은</u> 것은?

① 기본 회로 소자로 트랜지스터를 사용했다.
② 제1세대 컴퓨터의 크기는 매우 크고 많은 열을 발생시켰다.
③ 주로 실험적인 목적으로 개발되었다.
④ 과거의 기계식 계산기에 비해 그 속도는 총알에 비교할 정도로 1,000배 이상 빨라졌다.

06 벨 연구소는 1954년 최초의 트랜지스터 컴퓨터인 TRADIC을 개발했다.

**06** 다음 중 2세대 컴퓨터에 대한 설명으로 가장 거리가 <u>먼</u> 것은?

① 유니박 - I 의 새로운 모델인 유니박 - II가 제작되었다.
② 상업용으로 사용하게 되었다.
③ 2세대 컴퓨터는 기본 회로 소자로 트랜지스터를 사용했다.
④ 벨 연구소는 1954년 최초의 트랜지스터 컴퓨터인 ENIAC을 개발했다.

**정답** 04 ③  05 ①  06 ④

**07** 다음 중 3세대 컴퓨터에 대한 내용으로 옳지 <u>않은</u> 것은?

① 3세대 컴퓨터는 기본 회로 소자로 집적회로를 사용했다.

② 킬비와 노이스는 집적회로를 발명했다.

③ 반도체 메모리 대신에 코어 메모리가 사용되기 시작하였다.

④ 반도체 기술을 활용한 전자부품은 오랜 시간 동안 고장이 없었다.

**07** 3세대 컴퓨터부터 코어 메모리 대신 반도체 메모리가 사용되기 시작하였다.

**08** 다음 중 4세대 컴퓨터에 대한 설명으로 거리가 <u>먼</u> 것은?

① 하나의 칩에 수천 또는 수백만 개의 전자회로 소자를 집적시킨 고밀도 집적회로 및 초고밀도 집적회로의 시대였다.

② 마이크로프로세서의 개발은 개인용 컴퓨터를 소량으로 생산하는 계기가 되었다.

③ 기본 회로 소자로 LSI 또는 VLSI를 사용했다.

④ 4세대의 특징은 네트워크의 발전이라 할 수 있다.

**08** 마이크로프로세서의 개발은 개인용 컴퓨터를 대량으로 생산하는 계기가 되었다.

**09** 다음 중 5세대 컴퓨터에 대한 설명으로 옳은 것은?

① 상업용으로 사용하게 된 시기이다.

② 기본 회로 소자로 트랜지스터(Transistor)를 사용했다.

③ 코어 메모리 대신 반도체 메모리가 사용되기 시작되었다.

④ 여러 CPU를 결합해 동시에 작업을 실행하는 병렬 컴퓨팅 등의 특징을 지닌다.

**09** 컴퓨터시스템은 자료 처리의 수준을 벗어나 경영정보시스템, 의사결정지원시스템을 추구하며 텔레커뮤니케이션의 활용과 분산처리시스템, 가정정보시스템 그리고 여러 CPU를 결합해 동시에 작업을 실행하는 병렬 컴퓨팅 등의 특징을 지닌다.

**정답** 07 ③　08 ②　09 ④

10 연산장치는 컴퓨터의 처리가 이루어지는 곳으로서, 이는 연산에 필요한 데이터를 입력받아 제어장치가 지시하는 순서에 따라 연산을 수행하는 장치이다.

**10** 자료의 비교, 판단, 이동, 산술, 관계, 논리연산 등을 수행하는 장치는 무엇인가?

① Sequential Access Storage

② Arithmetic and Logic Unit

③ Magnetic Disk Memory

④ Control Unit

11 보조기억장치는 컴퓨터의 중앙처리장치가 아닌 외부에서 프로그램 및 데이터를 보관하기 위한 기억장치로, 이는 주기억장치보다 속도는 느리지만 다량의 자료를 영구적으로 보관할 수 있다는 특징이 있다.

**11** 다음 내용이 설명하는 것은?

> 주기억장치에 기억시킬 수 없는 많은 양의 데이터들을 기억하기 위한 장비로서 자주 활용되지 않는 프로그램 및 데이터 등을 기억시켜 두었다가 필요할 시에 사용하는 장치이다.

① 주기억장치

② 제어장치

③ 보조기억장치

④ 연산장치

12 플로피 디스크는 자성의 물질로 입혀진 얇고 유연한 원판을 말하며, 플로피 디스크 장치에 정보의 저장 수단으로서 사용되는 매체이다.

**12** 다음 내용이 설명하는 것으로 옳은 것은?

> 고정 디스크와는 달리 컴퓨터 사용 중에 임의로 디스크를 갈아 끼우는 것이 가능하고 가격도 저렴한 특징으로 인해 개인용 컴퓨터 등에 널리 쓰여 왔다.

① 플로피 디스크

② 하드 디스크

③ 광 디스크

④ USB

정답 ( 10 ② 11 ③ 12 ① )

**13** 다음 중 분류가 <u>다른</u> 하나는?

① 마우스
② 스캐너
③ 키보드
④ 모니터

**13** ①·②·③ 입력장치, ④ 출력장치

**14** 다음 중 입력장치에 해당하지 <u>않는</u> 것은?

① 키보드
② 스피커
③ 스캐너
④ 터치스크린

**14** 스피커는 출력장치이다.

**15** 다음 중 출력장치에 해당하지 <u>않는</u> 것은?

① 라이트 펜
② 스피커
③ 모니터
④ 프린터

**15** 라이트 펜은 입력장치이다.

**정답** 13 ④  14 ②  15 ①

**16** 언어 번역기는 처리 프로그램에 속한다.

**16** 다음 중 제어 프로그램에 해당하는 것으로 옳지 <u>않은</u> 것은?

① 작업 제어 프로그램
② 자료 관리 프로그램
③ 언어 번역기
④ 감시 프로그램

**17** 자료 관리 프로그램은 제어 프로그램에 속한다.

**17** 다음 중 처리 프로그램에 속하지 <u>않는</u> 것은?

① 언어 번역기
② 서비스 프로그램
③ 문제 프로그램
④ 자료 관리 프로그램

**18** 워드프로세서는 응용패키지 프로그램에 속한다.

**18** 다음 중 사용자 프로그램으로 거리가 <u>먼</u> 것은?

① 워드프로세서
② 인사관리
③ 재고관리
④ 회계관리

**정답** ( 16 ③  17 ④  18 ① )

**19** 다음 중 프로그래밍 언어의 연결이 바르지 <u>못한</u> 것은?

① 제1세대 - 기계어
② 제2세대 - 어셈블리어
③ 제3세대 - 함수 언어
④ 제4세대 - 비절차 언어

**19** 함수 언어는 제5세대 언어이다.

**20** 이전 세대 언어의 기능의 순차적 실행이 아닌 객체·클래스·상속이라는 개념을 기본으로 하는 언어는 어느 세대에 속하는가?

① 제1세대
② 제2세대
③ 제3세대
④ 제4세대

**20** 객체·클래스·상속이라는 개념을 기본으로 하는 언어는 객체지향언어이며, 제4세대에 속한다.

**정답** 19 ③  20 ④

# Self Check로 다지기 | 제3장

➡ **천공카드시스템**

데이터를 종이 카드에 구멍을 뚫어 표현하는 시스템

➡ **컴퓨터의 제1세대 기본 회로 소자 – 진공관**

➡ **컴퓨터의 제2세대 기본 회로 소자 – 트랜지스터**

➡ **컴퓨터의 제3세대 기본 회로 소자 – 집적회로**

➡ **컴퓨터의 제4세대 기본 회로 소자 – 고밀도 및 초고밀도 집적회로**

➡ **주기억장치**

프로그램이 실행될 시에 보조기억장치로부터 프로그램 및 자료를 이동시켜 실행시킬 수 있는 기억장치

➡ **보조기억장치**

주기억장치에 기억시킬 수 없는 많은 양의 데이터들을 기억하기 위한 장치

➡ **입력장치의 종류**

마우스, 키보드, 스캐너, 터치스크린, 라이트 펜

➡ **출력장치의 종류**

모니터, 스피커, 프린터

➡ **운영체제**

사용자가 컴퓨터 자원을 효율적으로 관리할 수 있도록 편의를 제공하는 프로그램으로 사용자와 컴퓨터의 중간자적인 역할을 수행

➡ **객체지향언어**

객체, 클래스, 상속이라는 개념을 기본으로 한다.

## ➡ SQL(Structured Query Language)

데이터베이스를 사용 시, 데이터베이스에 접근할 수 있는 데이터베이스 하부 언어를 말하며, 구조화 질의어라고도 한다.

## ➡ 고급언어

기계어에 비해서 사람이 일상적으로 쓰는 자연언어에 보다 가까운 컴퓨터 언어

## ➡ 기계어

컴퓨터가 직접 읽어 들일 수 있는 2진 숫자로 이루어진 언어

## ➡ 인터프리터

소스 코드를 직접 실행하거나 소스 코드를 효율적인 다른 중간 코드로 변환하고 이를 바로 실행하는 방식

## ➡ 컴파일러

고급언어로 쓰인 프로그램을 그와 의미적으로 동등하면서도 컴퓨터에서 즉시 실행이 가능한 형태의 목적 프로그램으로 바꾸어 주는 번역 프로그램

SD에듀와 함께, 합격을 향해 떠나는 여행

# 제 4 장

# 정보시스템의
# 계획과 개발

얼마나 많은 사람들이 책 한 권을 읽음으로써 인생에 새로운 전기를 맞이했던가.

– 헨리 데이비드 소로 –

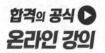
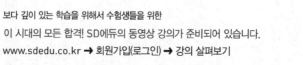

# 제 **4** 장 | 정보시스템의 계획과 개발

## **1** 시스템 개발 수명주기(SDLC ; System Development Life Cycle)

**(1)** 통상적으로 시스템 개발의 방법에는 여러 가지가 있지만 정보시스템의 개발을 위해서 공통적으로 거치는 단계들이 있는데, 이를 SDLC(System Development Life Cycle)라 한다.

**(2)** 보통 시스템 개발 수명주기는 5단계 접근을 활용하고 있다. SDLC는 대부분의 시스템 작업을 위한 기초 및 구조를 형성하며, 시스템 개발 수명주기에서의 각 단계는 한 개 이상의 전달 가능한 요소를 산출한다.

> **더 알아두기**
>
> **시스템 개발 수명주기(SDLC ; System Development Life Cycle)** 기출 중요
> • 시스템 조사 → 시스템 분석 → 시스템 설계 → 시스템 구현 → 시스템 실행 및 유지보수
> • SDLC의 5단계를 다음의 8단계로 더 세분화할 수 있다.
>
> **전통적 시스템 개발 수명주기 접근방법**
> • **타당성 검토** : 생산성의 향상, 향후 회피 비용 등 시스템 구현에 따른 전략적인 효과를 파악하고 새로운 시스템에 대한 비용절감의 인지와 이를 계량화하며 시스템 구현에 있어 들어간 비용 회수에 따르는 기간을 추정한다.
> • **요구사항의 정의** : 해결이 필요한 문제점 및 필요사항, 시스템에 대한 중요 요구사항을 정의한다.
> • **설계** : 각 시스템의 부분과 그들 간의 인터페이스, 선정된 H/W, S/W 및 네트워크 설비를 활용해서 어떠한 방식으로 시스템을 구성할지를 정의한다.
> • **선택** : 요구사항을 기반으로 패키지 시스템의 공급업체로부터 제안을 받기 위한 제안 요청서를 준비한다.
> • **개발** : 프로그래밍과 시스템 운영을 지원하는 프로세스를 공식화한다.
> • **시스템 구성** : 패키지 시스템의 도입을 위해서는, 조직의 욕구충족을 위한 시스템을 구성해야 한다.
> • **구현** : 새로운 정보시스템의 환경이 구축되면, 최종적으로 사용자 인수테스트가 시행되며, 이때 사용자의 인수서명을 한다.
> • **사후관리** : 최종 사용자 관리자는 프로젝트를 통해, 향후의 시스템 개발 및 프로젝트 관리 프로세스에 대한 계획의 제공이 가능하다.

| SDLC(System Development Life Cycle) 단계 | | |
|---|---|---|
| 단계 | SDLC 단계 | 산출물 |
| 1단계 | 시스템 조사(Investigation) | 실현가능성 조사(Feasibility Study) |
| 2단계 | 시스템 분석(Analysis) | 기능 요구사항(Functional Requirements) |
| 3단계 | 시스템 설계(Design) | 시스템 명세서(Systems Specifications) |
| 4단계 | 시스템 구현(Implementation) | 작동하는 시스템(Operational System) |
| 5단계 | 시스템 유지보수(Maintenance) | 개선된 시스템(Improved System) |

## 2 시스템 개발 수명주기(SDLC)의 특징 기출

(1) 각 단계별로 수행해야 하는 활동들이 존재한다.

(2) 각 단계별로 필요로 하는 결과물들이 있다.

(3) 각 단계별 활동 과정에 참여하는 조직들이 동일하다.

## 제2절  예비조사

시스템 개발에 있어서 예비조사는 잠재적인 사용자 및 최종 사용자의 자원 및 정보의 요구, 비용, 이익, 제안 프로젝트에 있어서의 실현가능성 등을 결정하게 되며, 정보시스템을 개발하는 과정에서 타당성을 검토하는 단계이다. 기출

> **더 알아두기**
>
> **예비조사의 목표**
> 정보시스템의 대안을 평가해서 그중 실현가능성이 높으면서 가장 바람직한 비즈니스 애플리케이션을 제안하는 것

## 1 예비조사 단계

데이터 수집 → 정보시스템에 대한 예비명세서 및 개발계획에 따른 보고서 작성 → 승인을 한 경영진에게로의 제출 → 경영진의 승인 후 시스템 분석의 실행

## 2 예비조사 시의 필요 정보

관련 법규, 작업의 내용, 기업 구조, 시장과 경쟁력, 업무량 등

## 3 시스템 실현가능성에 대한 4가지 영역

**(1)** 기술적인 실현가능성

**(2)** 조직적인 실현가능성

**(3)** 운영적인 실현가능성

**(4)** 경제적인 실현가능성

---

## 제3절 요구사항 분석

## 1 개념

**(1)** 시스템 및 소프트웨어의 요구 사항을 정의하기 위해 **사용자의 요구 사항을 조사하고 이를 확인하는** 과정이다.

**(2)** 요구사항 분석(Requirement Analysis)은 소프트웨어 개발에 있어 실질적인 첫 단계로서 개발 대상에 대한 사용자의 요구사항을 이해 및 문서화(명세화)하는 활동을 말한다.

(3) 사용자들의 요구를 정확하게 추출해서 목표를 정하고 어떠한 방식으로 해결할 것인지를 결정하는 과정이다.

(4) 소프트웨어 분석가에 의해 요구사항 분석이 수행된다.


## 2 요구사항의 분석작업

### (1) 문제에 대한 인식

사용자와의 면담 및 조사에 대한 협조, 여러 문서의 검토를 통해 사용자의 요구사항을 찾아내는 과정

### (2) 평가 및 종합

밝혀진 요구사항에 대한 정보를 평가하며, 이에 대한 여러 대안을 종합하는 과정

### (3) 모델의 제작

평가 및 종합을 기반으로 하는 자료 및 제어의 흐름, 동작 행위, 기능의 처리, 정보의 내용 등을 이해하기 쉽게 모델의 형태로서 작성하는 과정

### (4) 문서화와 검토

요구사항 분석에 대한 명세서를 구성하고, S/W의 성능·기능 등에 대해 기술하고 평가 및 검토하는 과정


## 3 요구사항 분석의 어려움

### (1) 요구의 변경

① 사용자들 생각의 반복된 변경 또는 생각의 부정확성
② **해결책** : 수정 요구와 상반된 요구들에 대한 수용 기술이 필요

### (2) 대화 장벽

① 개발자와 사용자 지식 배경의 다양화, 용어 불일치 등으로 인한 의사소통의 곤란
② **해결책** : 프로토타입 및 다이어그램의 활용

### (3) 요구 명세화의 어려움

① 애매모호함, 중복현상, 시험의 어려움, 과거와는 다른 현 상황 등의 내포에 의한 요구 명세서 작성이 어려움

② **해결책** : 제도적 요구분석 기술의 필요

### (4) 시스템의 복잡도

① 소프트웨어 체계화를 위해 새로운 개념이 필요해지면서, 시스템의 규모 및 대상이 광범위해짐에 따라 난이도 증가에 의한 소프트웨어의 복잡화

② **해결책** : 객체지향 분석 및 구조적 분석의 이용

> **더 알아두기**
>
> **분석에 요구되는 기초 분석 원칙**
> • 분석의 방법들은 시스템에 대해 계층적 · 구조적 표현을 가능하게 한다.
> • 분석의 방법들은 외부와의 인터페이스, 시스템 내부 구성요소들 사이에서의 인터페이스에 대한 정확한 주의를 필요로 한다.
>
> ※ 인터페이스(Interface) : 하나의 시스템을 구성하는 H/W와 S/W 또는 2개의 시스템이 서로 상호 작용할 수 있도록 접속되는 경계나 이러한 경계에서 서로 상호 접속하기 위한 H/W, S/W, 조건, 규약 등을 포괄적으로 가리키는 것을 말한다.
>
> • 분석의 방법들은 분석 이후 단계인 설계 및 구현단계에 있어 필요로 하는 기본 틀을 제공한다.
> • 정형적 명세 언어 외의 타 분석 방법들은 검증 기준의 표현 및 제약조건 등에 많은 관심을 두고 있지 않다.

## 제4절    시스템 설계

시스템 조사와 분석 단계를 거쳐 찾아내고 정리된 요구 분석 명세서를 통해 일부 또는 전체를 기존 시스템과 비교되도록 고안해 내는 창조적 활동 단계라고 할 수 있다. 시스템 설계의 목표는 새로운 형태의 정보시스템을 구성하는 것이라 할 수 있다. 그러므로 이러한 과정에서는 코드 · 출력 · 입력 · 설계 파일 및 데이터베이스 설계 · 처리과정 및 운영과정 설계에 대해서 처리한다. 이 과정의 산출물은 전산화 시스템 명세서와 시스템 개발 지침서이다.

## 1 시스템 명세서

**(1)** 시스템 명세서는 시스템 사용자 인터페이스, DB 구조, 처리 및 통제에 대한 설계를 정형화해 놓은 것을 말한다.

**(2) 시스템 명세서에 기술된 내용**
① S/W 자원(프로그램 및 처리절차)
② H/W 자원(장비 및 매체)
③ 인적자원(최종사용자 및 정보시스템 요원)
④ Network 자원(통신매체 및 네트워크)

## 2 사용자 인터페이스 설계

**(1)** 사용자 인터페이스는 간략하면서도 논리적으로 구성되어야 하는데, 이는 컴퓨터 기반 애플리케이션과 최종적 사용자 서로 간에 지원을 하는 것에 중점을 둔다.

**(2)** 이 단계에서의 산출물로는 디스플레이 화면, 입력양식, 각종 보고서 등이 있다.

## 3 시스템 설계

**(1) 코드 설계** : 어떠한 명칭 또는 개념에 대응되어 사용되는 체계적인 부호·약호·암호를 말한다.
⑩ 주민등록번호, 전화번호, 학번, 계좌번호 등
① **코드의 필요성**
㉠ 컴퓨터를 활용해서 자료를 처리하는 과정 중에 조합·분류하고 집계를 편리하게 할 수 있고, 특정 자료의 선택 및 추출을 쉽게 하기 위해 코드가 필요하다.
㉡ 어떠한 단위별 수치를 알거나 파일을 체계화하기 위해서도 필요하다.
② **코드의 기능**
㉠ 정보의 표현 방법을 표준화하고 단순화하여 분류·조합 및 집계를 용이하게 해준다.
㉡ 개별적인 정보 구분이 가능해져서 데이터 처리를 코드에 의해서 구분해 줄 수 있다.
③ **코드설계 시 주의사항** 기출
㉠ 컴퓨터 처리에 적합해야 한다.
㉡ 취급이 쉬워야 한다.
㉢ 공통성이 있어야 한다.

ⓔ 체계성이 있어야 한다.

ⓜ 확장성이 있어야 한다.

ⓗ 간결성이 있어야 한다.

ⓢ 정렬과 분류가 쉬워야 한다.

④ **코드의 종류** 기출

　　ⓖ 순서코드(Sequence Code) : 코드와 대상 항목을 어떤 일정한 배열로 하는 가장 간단한 방법으로 항목 수가 적고 장래 변경이 적은 경우에 적합하다.

　　ⓛ 블록코드(Block Code) : 코드화의 대상이 되는 것들 중 공통성이 있는 것끼리 임의의 크기를 가지는 블록으로 구분하고 각 블록 내에서 순서대로 번호를 붙이는 방법이다. 적은 자릿수로 많은 항목을 표시하기 좋으나 추가에 대한 충분한 고려가 필요하다.

　　ⓒ 그룹분류코드(Group Classification Code) : 코드와 대상 항목을 소정의 기준에 따라 대분류, 중분류, 소분류로 구분하고 각 그룹 내에서 순서대로 번호를 붙이는 코드로 주소, 주민등록번호 등이 그룹 코드에 속한다고 할 수 있다.

　　ⓔ 표의코드(Significant Code) : 대상이 되는 물체의 크기나 중량을 코드에 사용하여 코드를 보고 크기나 중량을 가늠할 수 있다.

　　ⓜ 기호코드(Symbol Code) : 코드화 대상의 명칭과 약호를 코드의 일부로 조립하여 대상 품목을 연상하기 쉽게 나타내는 코드이다.

**(2) 출력 설계** : 현 시스템에서 사용되는 출력 양식을 완전히 파악해서 시스템을 분석할 때 사용자와 경영층에 적합하도록 출력이 설계되어야 한다.

**(3) 입력 설계**

① 시스템에서 출력을 얻기 위해서는 자료의 입력이 선행되어야 한다.

② **시스템 분석가가 입력설계 시 해야 하는 질문**

　　ⓖ 데이터의 저장 매체와 입력 방법을 어떻게 할 것인가?

　　ⓛ 입력 데이터의 크기 및 입력량은 얼마나 되는가?

　　ⓒ 데이터의 유효성을 확인하기 위해 어떻게 할 것인가?

　　ⓔ 거래지향처리 시 필요한 하드웨어 장비를 무엇으로 할 것인가?

**(4) 파일 및 데이터베이스 설계** 기출

① 시스템 설계 시 보조기억장치에 어떤 데이터를 저장할 것인가를 결정해야 한다.

② **파일 및 데이터베이스에 저장할 데이터 설계 시 포함해야 하는 데이터 목록**

　　ⓖ 시스템에서 요구되는 각종 데이터의 항목 일람표

　　ⓛ 각 항목의 길이와 데이터 속성에 관한 사항

　　ⓒ 데이터 특성 및 사용도

　　ⓔ 데이터의 액세스 형태

　　ⓜ 데이터의 예상 이용량 및 저장해야 할 데이터의 양

> **더 알아두기**
>
> **시스템 통제 설계** 기출
> • 시스템 통제는 올바른 데이터를 받아들여 이를 완전하고 정확하게 처리할 수 있도록 하는 계획으로 적당한 통제는 처리 과정과 정보의 정확한 유지를 가능케 하고 컴퓨터로 인한 틀린 정보의 발생을 방지한다.
> • 시스템 설계 시 분석자의 4가지 기본적 통제 형태
>  - 원장 통제 : 원시 데이터가 신뢰성이 있고 정확하게 작성되고, 잘 관리되어 입력이 이루어져야만 원하는 정보를 얻을 수 있다.
>  - 입력 통제 : 원시 문서의 데이터를 기계로 처리 가능한 형태로 변환시키는 과정으로 이러한 데이터는 완전하고 정확하게 표현되어야 한다.
>  - 처리 과정 통제 : 시스템에서 데이터 처리를 위해 시스템 내의 프로그램과 연관하여 사용되는 절차이다. 데이터 처리는 신뢰성이 보장되어야 한다.
>  - 출력 통제 : 처리된 결과를 출력함에 있어 신뢰성이 검증되도록 이루어져야 한다.

## 제5절  시스템 개발

시스템의 설계를 거쳐 개발 단계로 접어들게 되면 목표는 컴퓨터를 이용한 업무처리 시스템을 완성하는 것이다. 이 단계는 프로젝트 전체 과정 중 많은 시간이나 인력 등의 비용이 요구되는 단계이다. 이 단계에서는 시스템 설계서를 토대로 업무 개발 계획을 수립하고 시스템 구현 계획을 설정한 뒤, 세부 프로그램을 작성 및 코딩하고 테스트하여 최종 결과물, 즉 전산화된 시스템이라는 산출물이 나오게 된다.

### 1 프로그래밍 설명서

(1) 프로그래밍 설명서는 프로그래머가 프로그램을 작성하는 데 있어 필요한 지침서의 역할을 한다.

(2) 시스템 개요, 시스템 흐름도, 데이터 흐름도, 입·출력 및 제작되고 처리되어야 할 파일의 형태, 프로그램에서 사용될 데이터베이스의 형태 및 내용, 자세한 프로그램의 처리과정을 포함하게 된다.

## 2 프로그램 개발

### (1) 프로그램 작성

① 프로그램을 작성하기 위해서는 중요한 도구인 프로그래밍 언어가 선택되어야 한다.

② 소프트웨어의 유용성 및 프로그래머들의 수준, 데이터의 처리 수행상의 표준화 달성 등을 고려해서 선택된다.

③ 프로그램의 작성, 즉 코딩은 설계가 끝난 뒤 컴퓨터의 처리를 위한 구체적인 내용의 명시적 표현으로 구체적인 명령어의 표현이 이루어지는 것이다.

### (2) 프로그램 테스트

① 프로그램이 작성되고 나면 데이터 처리가 정확하게 이루어져서 요구된 출력이 나올 수 있는지 프로그램에 대해 검사하는 작업이 필요하다. 이때 프로그래밍 언어 사용에 있어 오류가 생기면 원시 프로그램을 교정해야 한다.

② 원시 프로그램의 오류를 교정하고 나면 컴퓨터로 프로그램을 테스트하게 되는데, 이때 실제상황과 같은 데이터를 활용해서 프로그램의 실행결과를 시험하게 된다.

③ 테스트는 개별적인 테스트를 하고 이후 전체적인 테스트를 해야 한다. 이를 시스템 테스트라 하는데, 프로그램의 실행결과를 위한 테스트뿐만 아니라 사용자가 직접 시스템을 이용하는 부분까지도 테스트하여 사용자를 위한 편의성이 제공되는지도 검사해야 한다.

## 3 프로그램의 문서화

(1) 프로그램의 문서화는 크게 2가지로 이루어진다. 프로그래밍 언어들은 프로그램 리스트에 주석을 포함할 수 있게 되어 있고, 이러한 주석은 프로그램을 읽는 사람에게 알림이 역할을 하는 것이다.

(2) 프로그램이 작성되고 난 뒤 프로그램의 결과가 정확한 결과를 산출하는지 확인하기 위해 컴파일하여 나타난 문법적 오류 수정, 테스트 데이터 작성, 프로그램 테스트, 에러 발견 시 프로그램 수정, 에러가 없을 때까지 계속 테스트, 시스템 테스트 시행 등의 절차로 평가한다. 그래서 새로운 시스템에 대한 내역 및 새로운 시스템에 들인 비용, 새로운 시스템의 장점 등에 대한 최종 보고서를 준비해서 경영자에게 보고한다.

## 제6절   시스템 구현

### 1 직접교체

(1) 기존 시스템의 가동을 지정된 시각에 중지하고, 새로운 시스템을 바로 사용하는 방법으로 대형 시스템을 교체하는 데 익숙하지 않은 사람에게는 매우 좋은 방법으로 인식될 수 있다.

(2) 직접교체의 경우에는 많은 위험을 수반하게 된다. 복잡한 시스템에서는 많은 변수가 작용하므로 모든 처리결과가 계획대로 되지 않는다. 그러므로 에러가 발생해도 큰 위험이 없는 간단한 시스템에서만 직접 시스템 교체방법이 채택되어야 한다.

### 2 병행교체

(1) 병행교체는 시스템 실현에 앞서 추가 시험 처리과정을 거치게 되는데, 새로운 시스템과 예전 시스템을 동시에 활용해서 해당 결과를 서로 비교하게 된다.

(2) 결과가 서로 같다면 이는 새로운 시스템이 본연의 기능을 발휘하고 있는 것이다.

## 제7절   시스템 유지 및 보수

• 새로운 시스템이 구축된 후에 해당 시스템을 운영하는 것을 유지·보수라 한다.
• 현재 운영 중인 시스템의 프로그램을 갱신하거나 확장하는 등의 작업이라 할 수 있다.
• 에러는 오랜 시간 후에 나타날 수 있으므로 지속적인 유지 및 보수가 필요하다.
• 시스템의 유지 및 보수는 에러의 정정뿐만 아니라 처리 능력을 보강하거나 기업의 새로운 요구에 맞게 유지하거나 발전시키는 것이 필요하다.

# ○X로 점검하자 | 제4장

※ 다음 지문을 읽고 내용이 맞으면 ○, 틀리면 ×를 체크하시오. [1~6]

01 정보시스템을 개발하는 과정에서 타당성을 검토하는 단계는 예비조사이다. (    )

02 시스템 명세서는 시스템 사용자 인터페이스, DB 구조, 처리 및 통제에 대한 설계를 비정형화해 놓은 것을 말한다. (    )

03 코드의 기능은 정보의 표현 방법을 표준화하고 복잡화하여 분류·조합 및 집계를 번거롭게 해 준다. (    )

04 병행교체는 시스템 실현에 앞서 추가 시험 처리과정을 거치게 되는데, 새로운 시스템과 예전 시스템을 동시에 활용해서 해당 결과를 서로 비교하게 된다. (    )

05 통상적으로 시스템 개발 수명주기는 6단계 접근을 활용하고 있다. (    )

06 시스템 개발 수명주기는 "시스템 조사 → 시스템 분석 → 시스템 설계 → 시스템 구현 → 시스템 실행 및 유지·보수"이다. (    )

---

정답과 해설    01 ○   02 ×   03 ×   04 ○   05 ×   06 ○

02 시스템 명세서는 시스템 사용자 인터페이스, DB 구조, 처리 및 통제에 대한 설계를 정형화해놓은 것을 말한다.
03 코드의 기능은 정보의 표현 방법을 표준화하고 단순화하여 분류·조합 및 집계를 용이하게 해 준다.
05 통상적으로 시스템 개발 수명주기는 5단계 접근을 활용하고 있다.

## 01 시스템 개발 수명주기(SDLC ; System Development Life Cycle)
시스템 조사 → 시스템 분석 → 시스템 설계 → 시스템 구현 → 시스템 실행 및 유지보수

**01 다음 중 시스템 개발 수명주기의 순서로 옳은 것은?**

① 시스템 조사 → 시스템 분석 → 시스템 설계 → 시스템 구현 → 시스템 실행 및 유지보수

② 시스템 조사 → 시스템 설계 → 시스템 분석 → 시스템 구현 → 시스템 실행 및 유지보수

③ 시스템 조사 → 시스템 구현 → 시스템 분석 → 시스템 설계 → 시스템 실행 및 유지보수

④ 시스템 조사 → 시스템 분석 → 시스템 구현 → 시스템 설계 → 시스템 실행 및 유지보수

## 02 시스템 개발 수명주기
• 기술적인 실현가능성
• 조직적인 실현가능성
• 운영적인 실현가능성
• 경제적인 실현가능성

**02 다음 중 시스템 실현가능성의 영역으로 거리가 먼 것은?**

① 운영적인 실현가능성

② 조직적인 실현가능성

③ 구현적인 실현가능성

④ 기술적인 실현가능성

## 03 예비조사의 단계에서는 잠재적인 사용자 및 최종 사용자의 자원 및 정보의 요구·비용·이익·제안 프로젝트에 있어서의 실현 가능성을 결정하게 된다.

**03 다음 중 예비조사의 단계에서 결정되는 내용으로 옳지 않은 것은?**

① 이익

② 구현 후 사후관리

③ 비용

④ 잠재적인 사용자와 최종 사용자의 자원 및 정보 등의 요구

**정답** 01 ① 02 ③ 03 ②

**04** 다음 중 예비조사 시에 필요한 정보에 해당하지 <u>않는</u> 것은?

① 업무량

② 관련 법규

③ 작업 내용

④ 조사 시 필요한 금액

**05** 다음 중 요구사항 분석에 대한 설명으로 옳지 <u>않은</u> 것은?

① 하드웨어 분석가에 의해 요구사항에 대한 분석이 수행된다.

② 사용자들의 요구 사항을 조사하고 이를 확인하는 과정이라 할 수 있다.

③ 사용자들의 요구를 명확히 제시하고 이에 따른 목표를 정하며 어떻게 해결할지를 결정하는 과정이라 할 수 있다.

④ 소프트웨어 개발에 있어 실제적인 첫 단계라고 할 수 있다.

**06** 다음 중 요구사항 분석에 있어서의 문제점이 <u>아닌</u> 것은?

① 요구 명세화의 어려움

② 지나친 시스템의 단순성

③ 대화의 장벽

④ 요구의 변경

정답 ( 04 ④  05 ①  06 ② )

**07** 시스템 명세서에 기술되는 내용
- S/W 자원(프로그램 및 처리절차)
- H/W 자원(장비 및 매체)
- 인적자원(최종사용자 및 정보 시스템 요원)
- Network 자원(통신매체 및 네트워크)

**07** 다음 중 시스템 명세서에 기술되는 내용으로 거리가 <u>먼</u> 것은?

① 네트워크 자원
② 소프트웨어 자원
③ 방화벽 자원
④ 하드웨어 자원

**08** 코드설계 시 주의사항
- 컴퓨터 처리에 적합해야 한다.
- 취급이 쉬워야 한다.
- 공통성이 있어야 한다.
- 체계성이 있어야 한다.
- 확장성이 있어야 한다.
- 간결성이 있어야 한다.
- 정렬과 분류가 쉬워야 한다.

**08** 다음 중 시스템 설계에서 코드설계 시의 주의사항으로 옳지 <u>않은</u> 것은?

① 복잡성이 있어야 한다.
② 공통성이 있어야 한다.
③ 확장성이 있어야 한다.
④ 컴퓨터 처리에 적합해야 한다.

**09** 블록코드는 적은 자릿수로 많은 항목을 표시하기 좋으나 추가에 대한 충분한 고려가 필요하다.

**09** 다음 내용이 설명하는 것으로 적절한 것은?

> 코드화의 대상이 되는 것들 중 공통성이 있는 것끼리 임의의 크기를 가지는 블록으로 구분하고 각 블록 내에서 순서대로 번호를 붙이는 방법이다.

① Significant Code
② Symbol Code
③ Block Code
④ Group Classification Code

**정답** 07 ③  08 ①  09 ③

**10** 다음 내용이 설명하는 것으로 적절한 것은?

> 코드와 대상 항목을 소정의 기준에 따라 대분류, 중분류, 소분류로 구분하고 각 그룹 내에서 순서대로 번호를 붙이는 코드이다.

① Symbol Code
② Group Classification Code
③ Block Code
④ Sequence Code

**11** 다음 중 파일 및 데이터베이스에 저장할 데이터 설계 시 포함되어야 하는 것으로 거리가 먼 것은?

① 데이터의 입·출력 상태
② 데이터의 액세스 형태
③ 데이터의 사용도
④ 데이터의 특성

**12** 다음 중 시스템 분석가가 입력설계 시 해야 하는 질문으로 거리가 먼 것은?

① 입력 데이터의 크기 및 입력량은 얼마나 되는가?
② 데이터의 유효성을 확인하기 위해 어떻게 할 것인가?
③ 거래지향처리 시 필요한 소프트웨어 장비를 무엇으로 할 것인가?
④ 데이터의 저장 매체와 입력 방법을 어떻게 할 것인가?

---

**10** 그룹분류코드는 코드와 대상 항목을 소정의 기준에 따라 대분류, 중분류, 소분류로 구분하고 각 그룹 내에서 순서대로 번호를 붙이는 코드이다.
例 주소, 주민등록번호

**11** 파일 및 데이터베이스에 저장할 데이터 설계 시 포함해야 하는 데이터 목록
• 시스템에서 요구되는 각종 데이터의 항목 일람표
• 각 항목의 길이와 데이터 속성에 관한 사항
• 데이터 특성 및 사용도
• 데이터의 액세스 형태
• 데이터의 예상 이용량 및 저장해야 할 데이터의 양

**12** 시스템 분석가가 입력설계 시 해야 하는 질문
• 데이터의 저장 매체와 입력 방법을 어떻게 할 것인가?
• 입력 데이터의 크기 및 입력량은 얼마나 되는가?
• 데이터의 유효성을 확인하기 위해 어떻게 할 것인가?
• 거래지향처리 시 필요한 하드웨어 장비를 무엇으로 할 것인가?

정답  10 ②  11 ①  12 ③

13 분석자의 4가지 기본적 통제
  • 원장 통제
  • 입력 통제
  • 처리 통제
  • 출력 통제

**13** 다음 중 시스템 설계 시 분석자의 4가지 통제 형태로 거리가 <u>먼</u> 것은?

① 원장 통제
② 입력 통제
③ 운영체제 통제
④ 출력 통제

14 프로그래밍 설명서의 내용
  • 시스템 개요
  • 시스템 흐름도
  • 데이터 흐름도
  • DB 형태 및 내용

**14** 다음 중 프로그래밍 설명서에 해당하지 <u>않는</u> 것은?

① 시스템 흐름도
② 데이터 흐름도
③ DB의 형태 및 내용
④ 사용자 흐름도

15 시스템 개발 수명주기(SDLC)
  시스템 조사 → 시스템 분석 → 시스템 설계 → 시스템 구현 → 시스템 실행 및 유지보수

**15** 다음 괄호 안에 들어갈 말로 적절한 것은?

시스템 조사 → 시스템 분석 → (          ) → 시스템 구현 → 시스템 실행 및 유지보수

① 시스템 설계
② 시스템 접근
③ 시스템 언어
④ 시스템 시장성 분석

정답  13 ③  14 ④  15 ①

16 다음 내용이 설명하는 것은?

> 시스템 실현 전에 추가 시험처리과정을 거치며, 새 시스템과 이전 시스템을 같이 사용해서 해당 결과를 비교 및 분석하는 것

① 직접교체
② OS 교체
③ 병행교체
④ 데이터교체

17 다음 중 분석에 요구되는 기초 분석 원칙에 대한 설명으로 옳지 않은 것은?

① 분석방법은 시스템에 대해 계층적이면서 구조적 표현을 가능하게 한다.
② 정형적인 명세 언어 외 다른 방법들은 제약조건 및 검증 기준의 표현에 많은 관심을 둔다.
③ 외부와의 인터페이스, 내부와의 인터페이스에 대한 주의가 필요하다.
④ 분석 방법은 설계 및 구현 단계에서 필요로 하는 기본 틀을 제공한다.

16 병행교체는 기존 및 새 시스템의 사용 결과가 동일하다면, 이는 새 시스템이 제 기능을 수행하고 있는 것이다.

17 정형적 명세 언어 외 타 방법들은 검증 기준의 표현 및 제약조건에 대해 많은 관심을 두지 않는다.

정답 16 ③ 17 ②

18 정보의 표현을 단순화한다.

**18** 다음 중 코드의 기능으로 거리가 <u>먼</u> 것은?

① 정보의 표현방법을 표준화한다.

② 정보의 표현방법을 자세하게 한다.

③ 조합 및 집계, 분류를 용이하게 한다.

④ 데이터 처리를 코드에 의한 구분이 가능하게 해 준다.

19 시스템 구현 : 작동하는 시스템

**19** 다음 중 SDLC 단계와 산출물 결과가 바르지 <u>못한</u> 것은?

① 시스템 조사 – 실현가능성 조사

② 시스템 분석 – 기능 요구사항

③ 시스템 설계 – 시스템 명세서

④ 시스템 구현 – 개선된 시스템

20 ① 요구변경에 대한 해결책
③ 요구명세화의 어려움에 대한 해결책
④ 시스템 복잡도에 대한 해결책

**20** 다음 중 요구사항 분석에서 대화 장벽의 해결책으로 옳은 것은?

① 수정 요구 및 상반된 요구에 대한 수용기술의 필요

② 다이어그램 및 프로토 타입의 활용

③ 제도적인 요구분석 기술의 필요

④ 구조적 분석 이용 및 객체지향의 분석

**정답** ( 18 ② 19 ④ 20 ② )

➡ **시스템 개발 수명주기**

시스템 조사 → 시스템 분석 → 시스템 설계 → 시스템 구현 → 시스템 실행 및 유지보수

➡ **시스템 명세서**

시스템 사용자 인터페이스, DB 구조, 처리 및 통제에 대한 설계를 정형화해 놓은 것

➡ **블록코드**

코드화의 대상이 되는 것들 중 공통성이 있는 것끼리 임의의 크기를 가지는 블록으로 구분하고 각 블록 내에서 순서대로 번호를 붙이는 것

➡ **기호코드**

코드화 대상의 명칭과 약호를 코드의 일부로 조립하여 대상 품목을 연상하기 쉽게 나타내는 코드

➡ **예비조사의 목표**

정보시스템의 대안을 평가해서 그중 실현가능성이 높으면서 가장 바람직한 비즈니스 애플리케이션을 제안하는 것

➡ **시스템 명세서에 기술된 내용**

S/W 자원, H/W 자원, 인적 자원, Network 자원

➡ **표의코드**

대상이 되는 물체의 크기나 중량을 코드에 사용하여 코드를 보고 크기나 중량을 가늠할 수 있게 하는 것

➡ **병행교체**

시스템 실현에 앞서 추가 시험 처리과정을 거치게 되는데, 새로운 시스템과 예전 시스템을 동시에 활용해서 해당 결과를 서로 비교

➡ **시스템 개발 수명주기의 특징**

각 단계별로 수행해야 하는 활동들이 존재하고 각 단계별로 필요로 하는 결과물들이 있으며, 각 단계별 활동 과정의 모든 조직들이 동일함

### ➡ 예비조사 단계

정보시스템을 개발하는 과정에서 타당성을 검토하는 단계

### ➡ 시스템 실현 가능성에 대한 4가지 영역

기술적인 실현 가능성, 조직적인 실현 가능성, 운영적인 실현 가능성, 경제적인 실현 가능성

### ➡ 요구사항 분석

시스템 및 소프트웨어의 요구 사항을 정의하기 위해 사용자의 요구 사항을 조사하고 이를 확인하는 과정

### ➡ 인터페이스

하나의 시스템을 구성하는 H/W와 S/W 또는 2개의 시스템이 서로 상호 작용할 수 있도록 접속되는 경계나 이러한 경계에서 서로 상호 접속하기 위한 H/W, S/W, 조건, 규약 등을 포괄적으로 가리키는 것

# 제 5 장

# 데이터베이스

지식에 대한 투자가 가장 이윤이 많이 남는 법이다.

– 벤자민 프랭클린 –

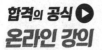

# 제 5 장 | 데이터베이스

## 1 자료의 표현

### (1) 자료(Data) [기출]

① 사실을 소리・문자・이미지・화상 등의 기호로 표현한 것을 말한다.

② 정보와 동일한 의미로 사용되기도 하나, 자료는 **가공되지 않은 상태**의 것을 의미하며, 정보는 **특정 목적을 위해 자료를 가공한 것**을 말한다.

③ 가공되기 전까지는 그 자체로서 사용자에게 특정한 의미를 주지 못한다.

### (2) 자료 구성의 단위 [기출] [중요]

① **비트(Bit, Binary Digit)** : 자료표현의 최소 단위이다.

② **니블(Nibble)**

  ㉠ 4개의 비트가 모여서 1개의 니블을 구성한다.

  ㉡ 4비트로 구성되며, 16진수 1자리를 표현하기에 적합하다.

③ **바이트(Byte)**

  ㉠ 문자를 표현하는 최소 단위이며, 8비트가 모여 1바이트를 구성한다.

  ㉡ 통상적으로 영문자, 숫자는 1바이트로 1자를 표현, 한글 및 한자는 2바이트로 1자를 표현한다.

④ **워드(Word)** [기출]

  ㉠ 컴퓨터가 한 번에 처리 가능한 명령 단위를 말한다.

  ㉡ 반 워드(Half Word) : 2Byte

  ㉢ 전 워드(Full Word) : 4Byte

  ㉣ 더블워드(Double Word) : 8Byte

⑤ **필드(Field)** : 파일 구성에서의 최소 단위이다.

⑥ **레코드(Record)** : 하나 이상의 관련된 필드가 모여서 구성된 자료의 단위이다.

⑦ **파일(File)** : 프로그램 구성에 있어서의 기본 단위이며, 같은 종류의 여러 레코드가 모여서 구성된다.

⑧ **데이터베이스(Database)** : 여러 개의 관련된 파일의 집합이다.

**더 알아두기**

**진법**

| 2진법 | 0과 1, 두 개의 숫자로 표현 |
|---|---|
| 8진법 | 0~7까지의 숫자로 표현하며, 2진수 3자리를 묶어서 하나의 수로 표현 |
| 10진법 | 0~9까지의 숫자로 표현 |
| 16진법 | 0~9까지의 숫자와 10~15까지를 의미하는 A~F까지의 문자로 표현 |

**2진 연산**

n 비트 크기의 워드가 있을 때 맨 처음 1비트는 부호(Sign) 비트로 사용되고 나머지 n-1비트에 2진수로 표현된 정수값이 저장

| 종류 | | 표현 방법 | 비고 |
|---|---|---|---|
| 양수 | | 부호 비트에 0을 넣고 변환된 2진수 값을 Data 비트의 오른쪽에서 왼쪽 순으로 차례로 채우고 남은 자리에 0을 채운다. | - |
| 음수 | 부호화 절대치법 | 양수 표현에 대하여 부호 비트의 값만 0을 1로 바꾼다. | 두 가지 형태의 0 존재 (+0, -0) |
| | 1의 보수법 | 양수 표현에 대하여 1의 보수를 취한다. | |
| | 2의 보수법 | 양수 표현에 대하여 2의 보수를 취한다. | 한 가지 형태의 0만 존재 |

## 2  파일처리의 개념

### (1) 파일처리(File Processing)

① 대량의 데이터를 컴퓨터 내에 파일화하여 그것을 관리하고 그중에서 중요한 데이터를 검색하여, 소요의 형식으로 출력하도록 대량의 기록을 다양하게 처리하는 것

② 특정한 활용을 위한 파일들을 따로 정의하고 구현

③ 파일처리란 다량의 데이터를 컴퓨터로 기억하고 관리하며, 그중 필요로 하는 데이터를 검색해서 요구하는 방식으로 출력하는 등 다량의 기록을 여러 가지로 처리하는 것

### (2) 파일의 분류

① 접근목적에 따른 분류

　㉠ 입력 파일(Input File)

   ⓛ 출력 파일(Output File)

   ⓒ 입·출력 파일(Input·Output File)

② **수행기능에 따른 분류**

   ㉠ 작업 파일(Work File) : 생성된 데이터를 임시로 보관하기 위한 파일

   ⓛ 마스터 파일(Master File) : 데이터 처리 작업에 있어 중심이 되는 데이터 파일

   ⓒ 보고서 파일(Report File) : 처리된 정보의 결과 파일

   ㉣ 프로그램 파일(Program File) : 데이터 처리를 위한 명령어 파일

   ㉤ 트랜잭션 파일(Transaction File) : 마스터 파일의 내용 갱신을 위한 데이터 파일

## 3 파일의 구성

자료의 처리는 해당 목적을 이루기 위해 필요로 하는 자료가 시간 내 검색되어야 하는데, 이를 위해 모든 자료는 저장매체의 특성에 맞게 기록될 필요가 있으며, 이같이 저장된 자료의 집합을 파일이라고 한다. 파일은 보통 데이터 파일 및 프로그램 파일로 나뉘며, OS의 종류에 따라 카탈로그나 디렉터리 또는 폴더 등의 공간에 저장된다.

### (1) 파일의 필요성

① 주기억장치를 보다 더 경제적으로 활용

  ※ 주기억장치 : 중앙 처리 장치와 직접적으로 자료를 교환할 수 있는 기억 장치를 말한다.

② 다량의 데이터를 저장할 공간 필요

③ 데이터가 특정 응용 프로그램에만 속하지 않는 독립적 성격을 가지기 때문임

### (2) 조직 방법에 따른 파일의 분류

① **파일(File)** : 분류 및 분석, 표준화 과정 등을 거치지 않은 데이터 저장

② **직접파일(Direct File)** : 해싱에 의한 주소로 레코드 접근

  ※ 해싱(Hashing) : 하나의 문자열을 빨리 찾을 수 있도록 주소에 직접적으로 접근할 수 있는 짧은 길이의 값 또는 키로 변환하는 것을 말한다.

③ **순차파일(Sequential File)** : 레코드 타입의 정의, 같은 구조의 레코드 저장

④ **다중 키 파일(Multi-Key File)** : 1개 이상의 인덱스로 구성

⑤ **다중 링 파일(Multi-Ring File)** : 관련된 레코드들을 포인터로 연결

⑥ **인덱스된 순차파일(Indexed Sequential File)** : 인덱스를 활용해서 레코드에 접근

### (3) 파일시스템의 구성

① **항목** : 디스크에 파일이 저장되어 있는 실제 위치

② **루트** : 디스크의 루트 디렉터리가 시작되는 위치

③ **파일의 이름** : 해당 사용자 디렉터리 내에서만 유일한 것

④ **루트 디렉터리** : 다중 사용자의 디렉터리

⑤ **사용자 디렉터리** : 사용자가 만들고 사용하는 각 파일 항목의 저장 위치

### (4) 파일시스템의 기본적 요건 기출

① 신뢰성

② 보안능력

③ 데이터 무결성에 대한 유지능력

④ 편리한 자료의 갱신

⑤ 빠른 자료의 검색

⑥ 저장 공간의 경제성

⑦ 현실 세계의 구조표현 능력

---

> **더 알아두기**
>
> **데이터계층** 기출
> Field → Record → File → Database

---

## 4 파일처리방식의 문제점 기출

### (1) 자료의 비통합화

자료가 여러 파일에 분산되어 있으므로 여러 자료 파일의 검색이 필요로 하는 정보를 얻고자 하는 요구가 발생했을 때 이를 수용하기가 어렵다.

### (2) 자료 및 프로그램 간의 상호 종속성

파일의 조직 및 저장매체 내의 물리적 기록 위치, 이들 자료를 활용하는 응용 프로그램들 간의 상호 의존성이 상당히 강하다.

### (3) 자료에 대한 통제 부족

응용 프로그램에서 활용한 자료의 형태 및 구조에 대한 정의와 이에 대한 사용제한의 표준 등이 부족하며, 동시에 일원화된 통제가 어려운 관계로 같은 내용을 지닌 파일이라도 응용 프로그램 또는 최종 사용자에 따라 서로 다른 형태로 정의될 수 있다.

### (4) 자료의 중복성

독립된 파일 간에 많은 정보의 중복이 발생하게 된다. **중요**

① **일관성** : 복수의 데이터가 하나의 사실을 표현하면 논리적으로 내용들이 모두 같지만, 데이터 중복이 있게 되면 일관성을 유지하기가 어렵다.

② **보안성** : 같은 수준의 보안이 유지되어야 하지만, 데이터가 중복되면 모두 동일한 보안을 유지한다는 것이 현실적으로 어렵다.

③ **경제성** : 데이터를 중복해서 저장하려면, 추가로 저장되는 공간에 대한 비용이 증가한다.

④ **무결성** : 데이터가 만족해야 하는 제약 조건이 정확성을 유지해야 한다.

---

## 제2절 | 데이터베이스의 개념과 응용

### 1 데이터베이스(Database)의 개념 기출

#### (1) 개념

① 데이터베이스는 어떠한 일이나 집단을 유지·관리하는 데 필요한 **데이터들의 집합**으로 서로 관련 있는 데이터들을 효율적으로 관리하기 위해 수집된 데이터들의 집합체이다.

② 각 데이터들은 **상호 유기적인 관계**에 의해서 구성된다.

③ 데이터베이스의 저장된 데이터는 사상·개념·의사·명령 등을 표현한 것으로 인간 또는 기계가 인식할 수 있도록 숫자·문자·기호 등을 사용하여 형식화한 것이다.

④ 데이터베이스는 어느 특정 조직의 응용업무를 처리하는 다수의 응용 시스템들을 사용하기 위해 통합·저장된 운영 데이터의 집합으로, 데이터베이스는 통합된 데이터(Integrated Data)이자, 저장된 데이터(Stored Data), 운영 데이터(Operational Data)이면서 공용 데이터(Shared Data)이다.

> **더 알아두기**
>
> 데이터베이스
> • **통합된 데이터(Integrated Data)** : 자료의 중복을 배제한 데이터의 모임
> • **저장된 데이터(Stored Data)** : 컴퓨터가 접근할 수 있는 저장 매체에 저장된 자료
> • **운영 데이터(Operational Data)** : 업무 수행에서 없어서는 안 되는 반드시 필요한 자료
> • **공용 데이터(Shared Data)** : 공동으로 소유 및 유지하는 자료

**(2) 데이터베이스의 특징** `기출`

① **실시간 접근성** : 사용자가 요구하는 것에 대해서 이를 실시간으로 DB의 데이터들을 처리하고 응답해야 한다.

② **계속적 변화** : 데이터는 항상 최신의 정보를 유지해야 한다.

③ **동시 공용** : 권한을 가지고 있는 여러 사용자가 원하는 데이터에 동시 접근을 할 수 있도록 허용해야 한다.

④ **내용에 의한 참조** : 원하는 내용의 데이터를 찾을 수 있어야 한다.

## 2  데이터베이스의 구성요소

통상적으로 데이터베이스는 특정한 주제 또는 목적에 맞게 조직화되어 있는 기록과 파일의 집합체라고 할 수 있다. 예를 들어, 인간이 컴퓨터에 워드로 작성한 문서를 주제별로 나누어 서로 다른 폴더에 저장해서 관리하는 것도 데이터베이스의 한 유형이라고 할 수 있다.

**(1) 구성요소**

① **데이터베이스 관리자**(DBA ; Data Base Administrator) : 데이터베이스의 설계 정의, 효과적인 관리 운영 등의 데이터베이스 시스템을 전반적으로 총괄 관리·제어하는 역할을 담당한다.

② **응용 프로그래머**(Application Programmer) : 데이터베이스 관리자가 정리한 자료들을 토대로 최종사용자들의 요구에 맞는 인터페이스 및 응용 프로그램 등을 개발한다.

※ 인터페이스(Interface) : 2개 이상의 장치 또는 소프트웨어 사이에서 정보 및 신호 등을 주고받을 때 그 사이를 연결해주는 연결 장치 또는 소프트웨어를 말한다.

③ **최종 사용자**(End User) : 관리자 및 프로그래머가 만들어준 것을 기반으로 작업을 사용하는 사람이다.

> **더 알아두기**
>
> **데이터베이스 구성요소** `중요`
> • 사용자 : 응용프로그래머, 최종사용자, 데이터베이스 관리자
> • DBMS : 질의처리, 트랜잭션 관리, 자료정의, 저장관리
> • 저장장치 : 데이터베이스

**(2) 데이터 언어** `기출` `중요`

데이터 언어는 데이터베이스 관리시스템을 통해 데이터베이스를 구축하고 이를 활용하는 프로그램을 작성하는 데 사용되는 언어이다.

① **데이터 정의어**(DDL ; Data Definition Language) : 데이터베이스 관리자 또는 응용 프로그래머가 DB의 논리적 구조를 정의하기 위한 언어를 말하며 기술한 내용은 데이터 사전에 저장된다.

② **데이터 조작어(DML ; Data Manipulation Language)** : DB에 저장된 데이터를 조작하기 위해 사용하는 언어이다. 사용자는 데이터 조작어를 이용하여 데이터베이스의 데이터를 검색·삭제·추가·갱신하는 등의 작업을 수행한다.

③ **데이터 질의어(DQL ; Data Query Language)** : 어떤 특별한 응용 프로그램의 도움 없이 DB를 빠르고 쉽게 활용이 가능하도록 만든 고급수준의 언어이다.

---

제3절    데이터베이스의 설계

### 1 개념

데이터베이스의 설계는 사용자의 요구사항에 대응하는 데이터베이스 논리적·물리적 구조의 개발 과정 단계이다.

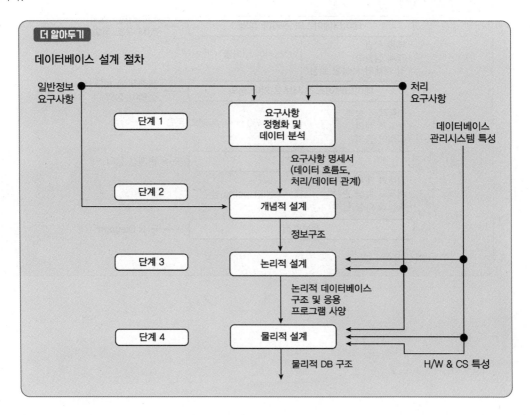

## **2** 데이터베이스의 설계 <sub>기출</sub>

### (1) 요구조건 분석

① 사용자가 원하는 데이터베이스의 용도를 파악하는 것이다.

② 이 단계에서의 핵심은 요구하는 정보 및 처리요구사항 등을 수집해서 DB 요구사항을 유도하고, 명세화하는 것이다.

### (2) 개념적 설계

① 사용자들의 요구사항 등을 이해하기 쉬운 형식으로 간략하게 기술하는 단계이다.

② 개체관계모델을 사용한다.

③ 트랜잭션 모델링 및 개념 스키마 모델링을 병행해서 수행한다.

④ 트랜잭션 모델링은 처리 중심의 설계이고, 개념 스키마 모델링은 데이터 중심의 설계이다.

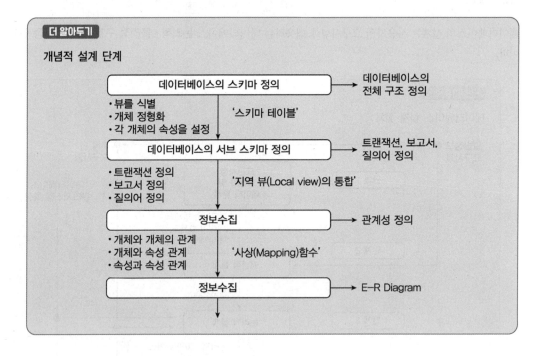

### (3) 논리적 설계

① 데이터베이스 관리를 위해 선택한 DBMS의 데이터 모델을 사용하여 **논리적 스키마로 변환한다.**

② 이 단계에서는 각 응용 프로그램의 개발 지침이 결정되며, E-R Diagram을 특정 DBMS의 구조로 변환한다.

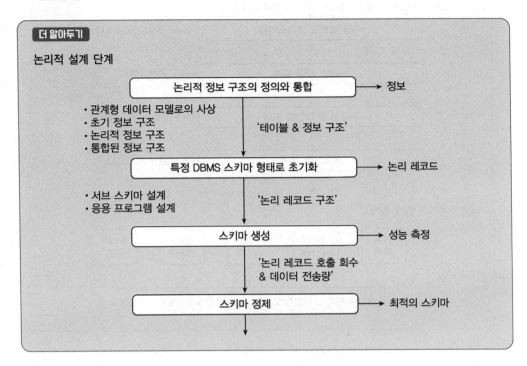

### (4) 물리적 설계

① 논리적인 데이터베이스 구조에 내부저장장치 및 접근경로 등을 설계한다.

② 튜닝 및 인덱스 구축 등을 포함한다.

③ 성능상의 주요기준으로는 트랜잭션 처리율, 응답시간, 전체 DB에 대한 보고서 생성 시간 등이 있다.

④ 단계 논리적 설계로 인해 만들어진 논리적 DB 구조로부터 효과적이면서 **구현이 가능한 물리적 DB 구조를 설계하는 과정이다.**

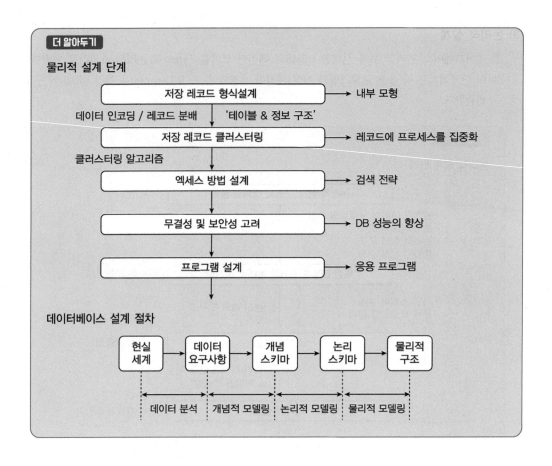

더 알아두기

물리적 설계 단계

저장 레코드 형식설계 → 내부 모형

데이터 인코딩 / 레코드 분배    '테이블 & 정보 구조'

저장 레코드 클러스터링 → 레코드에 프로세스를 집중화

클러스터링 알고리즘

엑세스 방법 설계 → 검색 전략

무결성 및 보안성 고려 → DB 성능의 향상

프로그램 설계 → 응용 프로그램

데이터베이스 설계 절차

현실 세계 → 데이터 요구사항 → 개념 스키마 → 논리 스키마 → 물리적 구조

데이터 분석 | 개념적 모델링 | 논리적 모델링 | 물리적 모델링

## 제4절    데이터베이스 관리시스템

### 1 데이터베이스 관리시스템의 구조

**(1) 데이터베이스 관리시스템(DBMS ; Database Management System)의 개념** 중요

① DBMS는 파일 시스템에서 야기되는 데이터 종속성 및 데이터 중복성의 문제를 해결하기 위한 방법
으로 제안되었다.

② 응용 프로그램과 데이터의 중재자로서 모든 응용 프로그램들이 데이터베이스를 공용할 수 있도록
관리해 주는 소프트웨어 시스템이다.

③ 데이터베이스의 구성, 접근 방법 및 유지관리 등에 관한 모든 책임을 진다.

④ 사용자 및 데이터베이스 사이에서 사용자의 요구에 따라 정보를 생성해 주고, DB를 관리해 주는
소프트웨어이다.

⑤ 데이터베이스 내의 정보를 검색하거나, 데이터베이스에 정보를 저장하기 편리하고 효과적인 환경을 제공하며, 수록한 다량의 자료들을 쉽고 빠르게 추가·수정 및 삭제할 수 있도록 하는 소프트웨어이다. 기출

## (2) DBMS의 필수기능 기출 중요

### ① 정의기능
ㄱ 응용 프로그램과 데이터베이스 간 상호작용의 수단을 제공
ㄴ DB의 구조를 정의하는 기능

### ② 조작기능
ㄱ 사용자와 데이터베이스 간의 상호작용 수단을 제공
ㄴ DB에 대한 검색·삽입·삭제·갱신 등의 데이터의 처리 가능

### ③ 제어기능
ㄱ 데이터베이스의 내용을 항상 정확하게 유지할 수 있도록 관리
ㄴ DB의 무결성 유지, 데이터의 일관성 유지·삽입·삭제·갱신된 값의 적법성 검사·보안의 유지 및 병행제어 등의 기능

> **더 알아두기**
>
> **DBMS의 목적**
> 응용 프로그램이 데이터에 종속되지 않는 데이터의 독립성(Data Independency)을 제공하는 것
> ※ 데이터 독립성: 응용프로그램 등에 영향을 주지 않고 데이터의 구조를 변경할 수 있는 것을 말한다.

## (3) DBMS의 장·단점 중요

### ① 장점
ㄱ 데이터 중복의 최소화
ㄴ 데이터의 공용성·일관성·무결성의 유지
ㄷ 데이터 보안의 보장 및 표준화의 유지

### ② 단점
ㄱ 운영비의 과다 발생
ㄴ 자료처리방법의 복잡화
ㄷ 예비조치 및 회복기법의 어려움
ㄹ 공용 사용으로 인한 시스템의 취약성 내포

## (4) DBMS의 기능
① 빠른 데이터의 검색지원
② 데이터의 독립성 유지
③ 데이터 공유 및 다수 사용자의 동시 실행 제어의 지원

④ 데이터의 빠르고 안전한 저장 및 파손에 따른 회복능력
⑤ 표준적인 질의 언어 사용
⑥ 잘못된 사용자들로부터의 데이터 보안 기능

> **더 알아두기**
>
> **DBMS의 장 · 단점**
>
> | 장점 | 단점 |
> | --- | --- |
> | • 데이터의 중복을 피함<br>• 데이터의 일관성 유지 가능<br>• 저장된 자료의 공동이용 가능<br>• 데이터의 논리적 · 물리적 독립성 보장<br>• 보안유지 가능<br>• 데이터 통합관리 가능<br>• 무결성 유지 가능<br>• 데이터 표준화 기능<br>• 데이터의 실시간 처리 가능<br>• 최신의 데이터 유지 | • 전산화 비용의 증가<br>• 시스템의 복잡화<br>• DB 전문가의 부족<br>• 파일의 예비, 회복의 어려움<br>• 대용량 디스크로의 집중적인 액세스로 인한 과부하<br> (오버헤드)의 발생 |
>
> **데이터베이스 관리자의 기능**
> • 데이터베이스의 스키마를 정의
> • 데이터 사전을 유지 · 관리
> • 데이터베이스의 구성요소 결정
> • 시스템의 성능 분석 및 감시
> • 데이터베이스의 저장 구조 및 접근 방법 정의
> • 사용자 요구, 불평접수 및 처리
> • 데이터베이스의 무결성 유지를 위한 대책의 수립
> • 데이터베이스의 보안 및 권한부여정책, 데이터의 유효성 검사방법의 수립

## 2 관계형 데이터베이스 `기출` `중요`

### (1) 개념 `기출`

① 1970년 영국의 수학자 E.F. Codd 박사의 논문에서 처음으로 다루어진 관계형 데이터베이스가 소개된 이후, IBM의 SQL 개발 단계를 거쳐서, Oracle을 선발로 해서 여러 회사에서 상용화된 제품을 출시했다.

② 관계형 데이터베이스는 정규화를 통한 합리적인 테이블 모델링을 통해 이상(ANOMALY) 현상을 제거하고 데이터 중복을 피할 수 있으며, **동시성 관리, 병행 제어**를 통해 많은 사용자들이 동시에 데이터를 공유 및 조작할 수 있는 기능을 제공하고 있다.

③ 관계형 데이터베이스는 메타 데이터를 총괄 관리할 수 있으므로 데이터의 성격·속성 또는 표현 방법 등의 체계화가 가능하다. 메타 데이터는 데이터 관리 등의 어떠한 목적을 가지고 만든 데이터, 데이터의 관리 정보를 제공하는 데이터를 말한다.

④ 데이터 표준화를 통한 데이터의 품질을 확보할 수 있는 장점이 있다.

⑤ 관계형 모델은 서로 관련이 있는 개체들을 한 테이블에 저장한다.

⑥ 대부분의 관계형 DBMS는 구조적 질의 언어인 SQL을 제공하고 있다.

⑦ 데이터베이스에 데이터를 정리하는 방식을 취한다.

⑧ 논리적으로 연결된 2차원 관계의 분석형태이다.

⑨ SQL 사용 데이터 정의·조회·통제를 한다.

---

> **더 알아두기**
>
> **병행제어의 목적**
> - 동시에 여러 개의 트랜잭션 수행 시, 이들이 DB의 일관성 유지에 영향을 주지 않도록 트랜잭션 서로 간의 상호작용을 제어한다.
> - 시스템 활용도를 최대화해서 DB의 공유를 극대화하며, 응답시간을 최소화하는 데 있다.

---

### (2) 관계형 데이터베이스의 특징 <sub>기출</sub>

① 각 테이블들은 고유한 이름을 가짐

② 각 행은 일련의 값들 사이의 관계

③ **데이터 조작 언어의 발달**: SQL

④ **중복된 문제에 대한 해결기법의 제공**: 정규형

⑤ **데이터의 독립성 보장**: 개념화 기법의 발달

⑥ 관계형 데이터베이스는 테이블들의 모임으로 구성

---

## 3 SQL(Structured Query Language) 기출

### (1) 개념

① 구조화된 질의어로 데이터 정의어 및 데이터 조작어를 포함한 데이터베이스용 질의 언어의 하나이다.

② 관계사상을 기초로 한 언어로 입력 릴레이션으로부터 원하는 출력 릴레이션을 매핑시키는 언어이다.

③ 단순 질의기능뿐만 아니라 완전한 조작기능 및 데이터 정의기능을 갖추고 있다.

④ 장치 독립적이면서 액세스 경로에 대해 어떠한 참조를 하지 않고, 각각의 레코드보다는 레코드의 집합인 테이블을 단위로 연산을 수행한다.

⑤ 영문장과 비슷한 구문으로 비교적 초보자들도 쉽게 활용을 할 수 있다.

⑥ DB 정보에 접근하기 위해 질의어 작성 시 사용하며, DBMS 제공 표준 4세대 질의어이다.

**더 알아두기**

**SQL 문장들의 종류** 기출

| 명령어의 종류 | 명령어 | 설명 |
|---|---|---|
| 데이터 조작어<br>(DML ; Data Manipulation<br>Language) | SELECT | 데이터베이스에 들어 있는 데이터를 조회하거나 검색하기 위한 명령어를 말하는 것으로 RETRIEVE라고도 한다. |
| | INSERT<br>UPDATE<br>DELETE | 데이터베이스의 테이블에 들어 있는 데이터에 변형을 가하는 종류의 명령어들을 말한다. 예를 들어, 데이터를 테이블에 새로운 행을 집어넣거나, 원하지 않는 데이터를 삭제하거나 수정하는 것들의 명령어들을 DML이라고 한다. |
| 데이터 정의어<br>(DDL ; Data Definition<br>Language) | CREATE<br>ALTER<br>DROP<br>RENAME | 테이블과 같은 데이터 구조를 정의하는 데 사용되는 명령어들로 그러한 구조를 생성하거나 변경하거나 삭제하거나 이름을 바꾸는 데이터 구조와 관련된 명령어들을 DDL이라고 한다. |
| 데이터 제어어<br>(DCL ; Data Control Language) | GRANT<br>REVOKE | 데이터베이스에 접근하고 객체들을 사용하도록 권한을 주고 회수하는 명령어를 DCL이라고 한다. |
| 트랜잭션 제어어<br>(TCL ; Transaction<br>Control Language) | COMMIT<br>ROLLBACK | 논리적인 작업의 단위를 묶어서 DML에 의해 조작된 결과를 작업단위(트랜잭션) 별로 제어하는 명령어를 말한다. |

# ○X 로 점검하자 | 제5장

※ 다음 지문을 읽고 내용이 맞으면 ○, 틀리면 ×를 체크하시오. [1~9]

01  자료란 사실을 소리·문자·이미지·화상 등의 기호로 표현한 것을 말한다. (    )

02  비트는 자료표현의 최소 단위이다. (    )

03  파일은 파일구성에서의 최소 단위이다. (    )

04  레코드는 프로그램 구성에 있어서의 기본 단위이다. (    )

05  접근목적에 따라 파일을 분류하면, 작업 파일·마스터 파일·보고서 파일 등이 있다. (    )

06  관련된 레코드들을 포인터로 연결한 것을 다중 링 파일이라고 한다. (    )

07  각 데이터는 상호 배타적인 관계에 의해서 구성된다. (    )

08  업무 수행에서 없어서는 안 되는 반드시 필요한 자료를 저장된 데이터라고 한다. (    )

09  트랜잭션 모델링 및 개념 스키마 모델링을 병행해서 수행하는 것은 개념적 설계단계이다.
                                                                                    (    )

---

**정답과 해설**  01 ○  02 ○  03 ×  04 ×  05 ×  06 ○  07 ×  08 ×  09 ○

03  필드는 파일 구성에서의 최소 단위이다.
04  파일은 프로그램 구성에 있어서의 기본 단위이다.
05  접근목적에 따라 파일을 분류하면, 입력 파일·출력 파일·입출력 파일 등이 있다.
07  각 데이터는 상호 유기적인 관계에 의해서 구성된다.
08  업무 수행에서 없어서는 안 되는 반드시 필요한 자료를 운영 데이터라고 한다.

01 정보는 특정 목적을 위해 자료를 가공한 것이다.

## 01 다음 중 자료에 대한 설명으로 옳지 <u>않은</u> 것은?

① 소리·이미지·문자 등의 기호로 표현된 것이다.

② 정보와 동일한 의미로 사용되기도 한다.

③ 특정 목적을 위해 가공한 것이다.

④ 가공되기 전에는 그 자체로 특정한 의미를 갖지 못한다.

02 레코드는 하나 이상의 관련된 필드가 모여서 구성된 것을 말한다.

## 02 다음 중 자료 구성의 단위에 대한 설명으로 옳지 <u>않은</u> 것은?

① 비트는 자료표현에 있어 최소단위이다.

② 바이트는 문자를 표현하는 최소단위이다.

③ 워드는 컴퓨터가 한 번에 처리 가능한 명령단위이다.

④ 레코드는 파일 구성에서의 최소단위이다.

03 8진법은 2진수 3자리를 묶어서 하나의 수로 표현한다.

## 03 다음 중 진법에 대한 내용으로 옳지 <u>않은</u> 것은?

① 2진법은 0, 1 두 개의 숫자로 표현한다.

② 8진법은 0~7까지의 숫자로 표현하며, 2진수 4자리를 묶어 하나의 수로 표현한다.

③ 10진법은 0~9까지의 숫자로 표현한다.

④ 16진법은 0~9까지의 숫자 및 10~15까지를 의미하는 A~F까지의 문자로 표현한다.

**정답** ( 01 ③   02 ④   03 ② )

**04** 다음 중 접근 목적에 따른 파일의 분류에 속하지 <u>않는</u> 것은?

① 입력 파일

② 출력 파일

③ 입·출력 파일

④ 작업 파일

**05** 다음 중 수행 기능에 따른 파일의 분류에 속하지 <u>않는</u> 것은?

① 마스터 파일

② 보고서 파일

③ 입력 파일

④ 작업 파일

**06** 다음 중 파일시스템의 기본 요건으로 거리가 <u>먼</u> 것은?

① 가상 세계의 구조표현 능력

② 신뢰성

③ 빠른 자료의 검색

④ 보안능력

**04** 접근 목적에 따른 파일의 분류
- 입력 파일
- 출력 파일
- 입·출력 파일

**05** 수행 기능에 따른 파일의 분류
- 작업 파일
- 마스터 파일
- 보고서 파일
- 프로그램 파일
- 트랜젝션 파일

**06** 파일 시스템의 기본 요건
- 신뢰성
- 보안능력
- 데이터의 무결성에 대한 유지능력
- 편리한 자료의 갱신
- 빠른 자료의 검색
- 저장 공간의 경제성
- 현실 세계의 구조표현 능력

정답 ( 04 ④  05 ③  06 ① )

07 데이터 계층 순서
Field → Record → File →
Database

**07** 다음 중 데이터 계층 순서로 옳은 것은?

① Field → File → Record → Database

② Field → Record → File → Database

③ File → Field → Record → Database

④ Record → File → Field → Database

08 파일처리방식의 문제점
• 자료의 비통합화
• 자료 및 프로그램 간의 상호 종속성
• 자료의 중복성
• 자료에 대한 통제 부족

**08** 다음 중 파일처리방식의 문제점과 거리가 <u>먼</u> 것은?

① 자료의 중복성

② 자료에 대한 통제 부족

③ 자료의 통합화

④ 자료 및 프로그램 간의 상호 종속성

09 각 데이터들은 상호 유기적인 관계에 의해 구성된다.

**09** 다음 중 데이터베이스에 대한 설명으로 옳지 <u>않은</u> 것은?

① 집단의 유지 및 관리하는 데 있어 필요한 데이터의 집합이다.

② 각각의 데이터들은 상호 배타적인 관계에 의해 구성된다.

③ 데이터는 사상·의사·개념 등을 표현한 것으로 인간 또는 기계가 인지 가능하도록 숫자·기호·문자를 사용해서 형식화한 것이다.

④ 특정 조직의 응용 업무를 처리하는 다수의 응용시스템을 활용하기 위해 통합·저장된 운영 데이터의 집합이다.

정답 07 ② 08 ③ 09 ②

**10** 다음 중 데이터베이스의 특징으로 거리가 먼 것은?

① 형식에 의한 참조

② 지속적인 변화

③ 실시간적인 접근성

④ 동시 공용

**10** 데이터베이스의 특징
- 실시간 접근성
- 계속적 변화
- 동시 공용
- 내용에 의한 참조

**11** 데이터베이스의 설계 중 개념적 설계 단계에 대한 설명으로 옳지 않은 것은?

① 개념적 설계 단계에서는 개체관계모델을 사용한다.

② 사용자들의 요구사항을 이해하기 쉽게 간략하게 기술하는 단계이다.

③ 개념 스키마 모델링 및 트랜잭션 모델링을 병행해서 수행한다.

④ 트랜잭션 모델링은 데이터 중심의 설계이고, 개념 스키마 모델링은 처리 중심의 설계이다.

**11** 트랜잭션 모델링은 처리 중심의 설계이고, 개념 스키마 모델링은 데이터 중심의 설계이다.

**12** 논리적 설계 단계에서 각 응용 프로그램의 개발 지침이 결정되는데, 이때 특정 DBMS로 변환하는 것을 무엇이라고 하는가?

① 스키마 테이블

② E-R Diagram

③ 매핑 함수

④ Local View

**12** 논리적 설계 단계에서는 DB관리를 위해 선택한 DBMS의 데이터 모델을 사용해서 논리적 스키마로 변환한다.

정답 10 ① 11 ④ 12 ②

13 물리적 설계 단계에서의 성능상 주요
기준
• 트랜잭션 처리율
• 응답시간
• 전체 DB에 대한 보고서 생성시간

**13** 다음 중 물리적 설계 단계에서의 성능상 주요기준에 해당하지
**않는** 것은?

① 응답시간
② 전체 DB에 대한 보고서 생성시간
③ 트랜잭션 처리율
④ 데이터 처리 속도

14 물리적 설계 단계는 논리적 DB 구조
에 내부저장장치 및 접근경로 등을
설계하며, 튜닝 및 인덱스 구축 등을
포함하는 단계이다.

**14** 다음 중 데이터베이스 설계에서 튜닝 및 인덱스 구축을 포함하는
설계 단계는?

① 물리적 설계
② 논리적 설계
③ 개념적 설계
④ 정답 없음

15 개념적 설계는 사용자들의 요구사항
을 이해하기 쉽게 간략히 기술하는 단
계이며, 더불어 개체관계모델을 사
용한다.

**15** 다음 중 데이터베이스 설계 단계에서 개체관계모델을 사용하는
단계는?

① 요구조건 분석
② 논리적 설계
③ 개념적 설계
④ 물리적 설계

정답  13 ④  14 ①  15 ③

**16** 다음 중 DBMS의 필수기능으로 거리가 <u>먼</u> 것은?

① 입력기능

② 정의기능

③ 제어기능

④ 조작기능

**17** 다음 중 DBMS의 장·단점에 대한 설명으로 거리가 <u>먼</u> 것은?

① 데이터 중복의 최소화

② 데이터 보안의 보장 및 표준화의 유지

③ 예비조치 및 회복기법의 용이화

④ 자료처리방법의 복잡화

**18** 다음 내용을 특징으로 하는 것은?

> • DB에 데이터를 정리하는 방식을 취한다.
> • 논리적으로 연결된 2차원 관계의 분석형태이다.

① 데이터 웨어하우스

② 데이터 마이닝

③ 데이터베이스 관리시스템

④ 관계형 데이터베이스

---

**16** DBMS의 필수기능
• 정의기능
• 조작기능
• 제어기능

**17** DBMS는 예비조치 및 회복기법의 어려움이 있다.

**18** 관계형 데이터베이스는 정규화를 통한 합리적인 테이블 모델링을 통해 이상 현상을 제거하고 데이터의 중복을 피할 수 있으며, 동시성 관리·병행 제어 등을 통해 많은 사용자들이 동시에 데이터를 공유 및 조작할 수 있는 기능을 제공한다.

**정답** 16 ① 17 ③ 18 ④

19 관계형 데이터베이스는 논리적으로 연결된 2차원 관계의 분석형태이다.

**19 관계형 데이터베이스에 대한 내용으로 옳지 않은 것은?**

① 관계형 데이터베이스의 각 테이블들은 고유한 이름을 가진다.

② 논리적으로 연결된 다차원 관계의 분석형태이다.

③ 테이블들의 모임으로 구성된다.

④ 중복된 문제에 대한 해결기법을 제공한다.

20 SQL은 구조화된 질의어로 데이터 정의어 및 데이터 조작어를 포함한 데이터베이스용 질의 언어의 하나이다.

**20 다음 내용이 의미하는 것으로 가장 적합한 것은?**

- 단순 질의기능뿐만 아니라 완전한 조작기능 및 데이터 정의 기능을 갖추고 있다.
- 영문장과 비슷한 구문으로 비교적 초보자들도 쉽게 활용이 가능하다.

① C++

② Java

③ Java Script

④ SQL

정답 　19 ②　20 ④

⮕ **비트**

자료표현의 최소 단위

⮕ **바이트**

문자를 표현하는 최소 단위

⮕ **필드**

파일 구성에서의 최소 단위

⮕ **레코드**

하나 이상의 관련된 필드가 모여 구성된 것

⮕ **워드**

컴퓨터가 한 번에 처리 가능한 명령 단위

⮕ **파일**

프로그램 구성에 있어서의 기본 단위

⮕ **데이터베이스**

어떠한 일이나 집단을 유지·관리하는 데 필요한 데이터들의 집합

⮕ **데이터베이스의 특징**

실시간 접근성, 계속적 변화, 동시 공용, 내용에 의한 참조

⮕ **데이터베이스 관리시스템**

응용 프로그램과 데이터의 중재자로서 모든 응용 프로그램들이 데이터베이스를 공용할 수 있도록 관리해 주는 소프트웨어시스템

⮕ **관계형 데이터베이스**

정규화를 통한 합리적인 테이블 모델링을 통해 이상 현상을 제거하고 데이터 중복을 피할 수 있으며, 동시성 관리, 병행 제어를 통해 많은 사용자들이 동시에 데이터를 공유 및 조작할 수 있는 기능을 제공

## ⊒ SQL

구조화된 질의어로 데이터 정의어 및 데이터 조작어를 포함한 데이터베이스용 질의 언어의 하나

## ⊒ 파일처리

다량의 데이터를 컴퓨터로 기억하고 관리하며, 그중 필요로 하는 데이터를 검색해서 요구하는 방식으로 출력하는 등 다량의 기록을 여러 가지로 처리

## ⊒ 접근목적에 따른 파일의 분류

입력 파일, 출력 파일, 입·출력 파일

## ⊒ 수행기능에 따른 파일의 분류

작업 파일, 마스터 파일, 보고서 파일, 프로그램 파일, 트랜잭션 파일

## ⊒ DBMS의 목적

응용 프로그램이 데이터에 종속되지 않는 데이터의 독립성을 제공하는 것

# 제 6 장

# 의사결정지원시스템

행운이란 100%의 노력 뒤에 남는 것이다.

– 랭스턴 콜먼 –

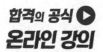

# 제 6 장 | 의사결정지원시스템

## 제1절 의사결정지원시스템의 배경

- 인간은 하루하루 많은 의사결정의 시대를 살아가고 있다. 특히, 지식과 정보를 기초로 한 의사결정의 경우에는 그에 따르는 시기적절한 정보를 찾아내는 것이 중요한 일이다.
- 정보통신의 발전은 특정 문제의 해결을 위한 시스템개발을 가능하게 해 주었다.
- 컴퓨터가 기업 등에 도입된 것은 통상적인 데이터의 처리 등을 위해서였지만 시간의 흐름에 따라 데이터 검색·요약·보고의 기능으로 옮겨지게 되었다.

## 제2절 의사결정지원시스템의 정의

### 1 의사결정(Decision Making)의 개념

(1) 의사결정은 기업의 경영에 있어 기업목적을 효과적으로 달성하기 위해 두 가지 이상의 대체가능한 방법들 중에 한 가지 방향을 조직적·과학적 및 효과적으로 결정하는 것이다.

(2) 다양한 요소를 고려해서 선정된 여러 대안 행동 또는 정책들 중 하나를 선택 및 적용하는 결정 과정 또는 인지 과정이다.

## 2 의사결정지원시스템(DSS ; Decision Support System) 기출 중요

**(1)** 1978년 킨(D. Keen)과 스캇 모턴(M. Scott Morton)의 저서에서 처음으로 사용됨으로써 단순하게 정보를 수집·저장 및 분배하기 위한 시스템을 넘어서 사용자들이 기업의 의사결정을 용이하게 내릴 수 있도록 사업 자료를 분석해주는 역할을 하는 컴퓨터 응용 프로그램이다.

**(2)** 의사결정지원시스템은 최고경영자층을 포함한 전체 경영층의 의사결정자의 계산 부담을 덜어주며, 정보를 도식화해서 분석모형 및 그에 따르는 데이터를 제공함으로써 의사결정자의 의사결정과정이 보다 효율적으로 이루어지게 해준다. 즉, 의사결정의 대안을 제시하는 것이다.

※ 대안(Alternative) : 정해진 목적 또는 목표달성을 위해 창출되는 여러 방안을 말한다.

**(3)** 기업의 경영에 당면하는 갖가지 문제를 해결하기 위해 여러 개의 대안을 개발하고, 비교 평가함으로써 최적안을 선택하는 의사결정과정을 지원하는 정보시스템이다.

> **더 알아두기**
>
> **의사결정지원시스템(DSS ; Decision Support System)** 기출
> 주로 비구조적 또는 반구조적인 문제를 해결하기 위해 의사결정자가 데이터와 모델을 활용할 수 있게 해주는 대화식 컴퓨터시스템
>
> **의사결정지원시스템의 효과** 기출
> • 데이터 및 모델의 타당성을 용이하게 검토
> • 시간 및 노력의 절감으로 의사결정의 질을 향상
> • 여러 대안들을 비교적 짧은 시간에 최소한의 노력으로 비교 및 분석
>
> **의사결정지원시스템의 문제점** 기출
> • 비구조적인 문제에 대해서 언제나 유용하지는 않다.
> • 효율적인 모델 구축을 위해서 기술 전문 인력이 필요하다.
> • 결과를 맹신할 경우 의사결정의 질이 떨어질 수 있다.
> • 그래픽 또는 인터페이스 등의 기능으로 인해 의사결정지원시스템의 특징을 살리지 못하는 경향이 있다.

## 3 의사결정지원시스템의 특성 기출 중요

**(1)** 의사결정자 및 시스템 간의 대화식의 **정보처리**가 가능하도록 설계되어야 한다.

**(2)** 그래픽을 활용해서 해당 정보처리 결과를 보여주고 출력하는 기능이 있어야 한다.

**(3)** 여러 가지 원천으로부터 데이터를 획득해서 의사결정에 필요한 정보처리를 할 수 있도록 설계되어야 한다.

**(4)** 의사결정이 이루어지는 과정 중에 발생 가능한 **환경의 변화**를 반영할 수 있도록 유연하게 설계되어야 한다.

---

**더 알아두기**

**기업경영과 의사결정 문제의 유형**
- **구조적 의사결정 문제** : 의사결정에 있어 필요한 일정한 규칙 및 절차가 존재하며 문제에 대한 해답이 존재
- **비구조적 의사결정 문제** : 의사결정에 있어 필요한 일정한 규칙 및 절차가 존재하지 않는 경우
- **반구조적 의사결정 문제** : 의사결정에 있어 필요한 일정한 규칙 및 절차가 일부 존재하는 문제

**의사결정지원시스템을 통해 취득 가능한 전형적인 정보** 중요
- 주간 판매량의 비교
- 신제품 판매 전망에 기반한 수입의 예측
- 어떠한 환경에서도 주어진 과거의 실적에 의해, 서로 다른 의사결정 대안별 결과 분석

---

## 제3절 의사결정지원시스템의 구성요소

## 1 의사결정지원시스템의 유형

### (1) 의사결정지원시스템의 구성 기출

일반적으로 의사결정지원시스템은 데이터베이스(데이터베이스하위시스템 포함), 모델베이스(모델베이스하위시스템 포함), 지식베이스(지식베이스하위시스템 포함), 사용자인터페이스, 사용자 등의 요소로 구성되며, 시스템의 구성 의도에 따라 구성상의 차이가 발생하기도 한다.

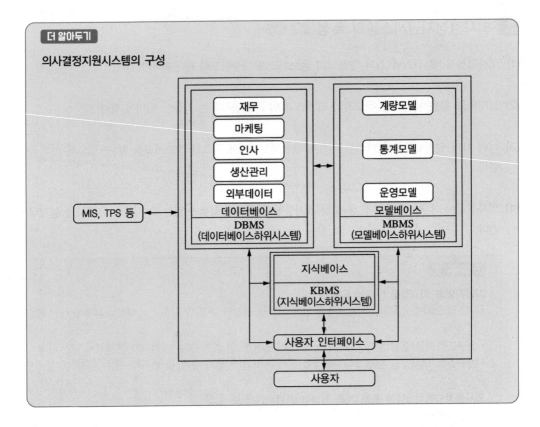

① **데이터베이스**
  ㉠ 데이터베이스는 의사결정에 필요한 각종 데이터를 저장, 제공하는 기능을 수행하며, 이의 관리를 위해 데이터베이스하위시스템 또는 데이터베이스관리시스템이 존재한다.
  ㉡ 데이터베이스는 위치와 소유자 등에 따라 외부 데이터베이스, 내부 데이터베이스, 경영관리자의 개인 데이터베이스 등으로 구분할 수 있다.

② **모델베이스**
  ㉠ 모델베이스는 의사결정에 필요한 각종 모델을 개발, 수정, 제공, 통제하며, 이의 관리를 위하여 모델베이스하위시스템(또는 모델베이스관리시스템)이 존재한다.
  ㉡ 모델베이스는 그 기능에 따라 계량모델, 통계모델, 운영모델 등으로 나눌 수 있다.

③ **지식베이스**
  ㉠ 지식베이스는 모델과 데이터를 활용하여 사용자의 의사결정을 위한 지식을 생성, 저장, 관리, 제공하는 기능을 담당한다.
  ㉡ 이러한 기능을 관리하기 위하여 지식베이스하위시스템(또는 지식베이스관리시스템)이 존재하며, 경우에 따라서는 의사결정지원시스템 외부에 별도로 지식베이스를 구현할 수 있다.

④ **사용자 인터페이스**
  ㉠ 데이터의 입·출력, 갖가지 분석 과정에서 나타나는 사용자 및 시스템 간의 인터페이스 환경을 제공하는 시스템 모듈이다.

ⓒ 그래픽처리 형식 및 메뉴방식을 활용해서 사용자들이 쉽게 이해하고 사용할 수 있는 대화기능을 제공하므로, 대화생성 관리시스템이라고도 한다.

⑤ **사용자**

㉠ 의사결정지원시스템의 사용자들은 기업 경영의 주된 의사결정을 수행하는 경영관리자들이다.

ⓒ 사용자는 의사결정에 가장 적정한 모델을 모델베이스에서 선정하며, 필요로 하는 데이터를 DB로부터 받거나 또는 직접 입력해서 대안들을 분석하고 평가하며 가장 최적의 대안을 선택하는 의사결정을 수행한다.

※ 모듈(Module) : 잘 정의된 한 가지 일을 수행하는 프로그램의 논리적인 일부분을 말한다.

## (2) 의사결정지원시스템의 유형 [기출] [중요]

① **모형중심의 의사결정지원시스템** : 재무제표, 모의실험, 최적화 모형 등을 통해 나온 결과물을 제시해서 의사결정자에게 의사결정을 위한 대안을 제시하거나 계획업무를 지원하는 시스템으로, 최근에는 머신러닝(기계학습) 등의 인공지능 기술을 적용하여 기능을 고도화하는 추세

㉠ 모의실험모형 : 시뮬레이션 또는 위험분석모형 등을 통해 현 행동에 대한 미래 결과 예측을 지원하는 시스템

ⓒ 제안모형 : 내부적으로 결정된 규칙 등에 의해서 필요로 하는 계산을 진행해서 해당 결과를 나타내는 시스템

ⓒ 통계모형 : 예측목적 및 통계분석에 활용되는 시스템

㉣ 최적화모형 : 주어진 제약하에서 수리모형을 활용해서 특정 문제에 대한 최적의 대안을 산출하는 시스템

㉤ 회계모형 : 계획된 수행결과를 회계모델 등을 활용하고 계산함으로써 의사결정자의 의사결정을 지원하는 시스템

② **자료중심의 의사결정지원시스템** : 자료 등의 제공을 통해 사용자들에 대한 의사결정지원을 하는 것으로 이는 DB 및 기업 조직의 외부 및 내부의 파일로부터 필요로 하는 적절한 자료를 찾고 이를 요약해서 지원하는 것

㉠ 분석정보시스템 : 의사결정을 하기 위해 계량적인 모형을 통해 DB에서 정보를 얻는 시스템

ⓒ 자료열람시스템 : 의사결정을 지원하기 위해 DB에 저장되어 있는 자료를 검색하는 시스템

ⓒ 자료분석시스템 : DB에서 검색된 자료를 특정한 업무에 적합한 분석기법을 활용해서 분석하는 시스템

※ 시뮬레이션(Simulation) : 복잡한 문제를 해석하기 위한 모델에 의한 실험을 말한다.

## 2 의사결정지원시스템의 기능과 역할

### (1) 분석적 모델링 대안 [기출]

① **What-If 분석**
- ㉠ 여러 가지 변수 값을 변화시켰을 때 결과 값 또는 타 변수 값에 미치는 영향을 분석하는 방법이다.
- ㉡ '조건-결과' 분석이라고도 하며, 이는 조건이 변화할 때에 그에 따른 결과가 어떻게 달라지는지를 검증하는 시뮬레이션 방법이다.

② **민감도 분석** : 하나의 변수 값이 지속적으로 변화할 때 타 변수 값에 미치는 영향을 보는 것이다.

③ **목표추구(Goal-Seeking) 분석** : What-If 분석과 민감도 분석의 분석 순서를 뒤집어 놓은 것이다. 결과 값 또는 목표변수 값을 미리 정해두고 정해진 값이 얻어질 때까지 타 변수 값들을 지속적으로 변화시켜주는 분석 방법이다.

④ **최적화 분석**
- ㉠ Goal-Seeking 분석의 개념을 활용해서 보다 더 복합적인 문제를 해결하기 위한 분석방법이다.
- ㉡ 결과 값을 미리 정해두지 않고 여러 가지 제약조건을 만족하는 범위 내에서 최적의 값을 찾을 때까지 분석을 계속하는 것이다.

---

## 제4절 | 집단의사결정지원시스템

## 1 집단의사결정지원시스템(Group Decision Support System)의 개념 [기출]

**(1)** 집단의사결정지원시스템은 여러 사람들에 의해 결정되는 의사결정을 도와주기 위해 개발된 시스템이며, Nunamaker 교수에 의해 계속적으로 발전된 시스템이다.

**(2)** 집단의 의사소통 및 의사결정을 보다 효율적으로 지원하기 위해 구축되는 시스템이다.

**(3)** 기존과는 달리 경영환경이 보다 복잡해지는 상황에서 기업 조직의 업무와 관련된 의사결정을 보다 효율적으로 지원할 필요성을 느끼면서 나타난 의사결정지원시스템이다.

**(4)** 데이터베이스 또는 모델베이스 외에 전자우편, 전자게시판, LAN·VAN·영상회의시스템·저장·전송장치 등과 같은 통신기술, 다중사용자를 위한 제4세대 언어·운영체제·데이터베이스·DB 분석도구·데이터 저장 및 갱신도구와 같은 컴퓨터기술·회의안건 설정·명목집단기법·델파이법, 기타 예측 및 위험분산모형 등의 복합적인 의사결정지원기술 등이 GDSS에서 요구된다.

## 2 집단의사결정지원시스템의 특징 기출 중요

### (1) 간편한 사용

개별적인 DSS와 마찬가지로 GDSS도 사용이 쉽고, 배우기도 쉬워야 한다.

### (2) 일반적·특정적 문제 지원

GDSS 접근법은 일반적·특정적인 문제 모두에 대한 해답을 제공해야 한다.

### (3) 특수설계

GDSS 접근법은 그룹의사결정 환경에 특수한 절차·장치·접근법 등이 요구됨을 결정한다.

### (4) 긍정적인 그룹형태의 지원

다수의 매우 효과적이고 긍정적인 그룹의사결정 접근법들이 총체적인 의사결정으로 사용되어 왔다.

### (5) 부정적인 그룹형태의 지원

GDSS의 또 다른 측면은 효율적인 의사결정에 반생산적이거나 해로운 그룹형태의 제거 및 억제이다.

### (6) 집단의사결정지원시스템의 효과

① 익명으로 의견의 개진 가능
② 멀티미디어, 새로운 네트워크 기술과의 연동을 통한 발전
③ 의사소통에 대한 효율성의 향상 및 시간의 절감
④ 그룹의 규모가 4명 이하의 경우에는 비효율적·비경제적이지만, 8명 이상의 규모인 경우에는 만족도를 높인다는 보고가 있다.

## 3 집단의사결정지원시스템의 구성요소 및 유형

### (1) 집단의사결정지원시스템의 구성요소

① 데이터베이스 관리시스템(DBMS)
② **사용자 인터페이스** : PC를 연결한 개별적 터미널 또는 네트워크가 제공될 수 있는 미니컴퓨터로서, 다중 사용자의 동시 사용이 가능하다.
③ 모델베이스

④ **GDSS 소프트웨어** : 기업 조직 내 그룹의 의사결정과정을 지원하는 S/W를 그룹웨어 또는 CSCW S/W라고 하며, 이는 공동작업과 커뮤니케이션 작업 간의 조정을 지원한다.

> ※ 그룹웨어(Groupware) : 기업에서의 구성원들이 컴퓨터로 연결된 작업장에서, 서로 협력해서 업무를 수행하는 그룹 작업을 지원하기 위한 소프트웨어 및 소프트웨어를 포함하는 구조를 의미한다.
> ※ CSCW(Computer Supported Collaborative Work) : 컴퓨터지원협력작업을 의미한다.

### (2) 집단의사결정지원시스템의 유형

① **컴퓨터 회의** : 상호 간의 연결된 개인 단말기를 통해 음성 및 영상을 서로 주고받고, 자료를 공유하며, 그에 따른 결론을 이끌어내는 방식이다.

② **의사결정실**

　⊙ 의사결정자가 같은 장소 및 시간에 회의에 참석하는 통상적이면서도 전통적 방식의 그룹 의사결정지원시스템이다.

　ⓛ 의사결정자들이 같은 건물에서 근무할 시에 자주 활용되는 방법이다.

③ **원격의사결정실**

　⊙ 의사결정자들이 통신망으로 연결된 여러 개의 의사결정실에 분산해서 참석하여 공동으로 결론을 이끌어내는 방식이다.

　ⓛ 여러 의사결정자들이 한 곳에 모여 의사결정을 행하는 것보다 시간 및 비용을 절감할 수 있다.

---

### 제5절　중역정보시스템

## 1 중역정보시스템(Executive Information System)의 배경

기업 조직에 있어 중요한 의사결정을 하는 최고경영층은 기업 조직의 목표 및 전략, 그에 따르는 계획을 수립하는 등의 조직 활동의 방향을 제시하는 의사결정을 한다. 이때 이들이 **필요로 하는 정보를 적절하게 제공**하며 의사결정을 지원하는 시스템의 개념인 중역정보시스템이 나타나게 되었다.

## 2 중역정보시스템의 개념 및 특성

### (1) 중역정보시스템의 개념 기출

① 기업 조직의 중역들이 조직의 내·외부 정보에 쉽게 접근할 수 있도록 해주는 컴퓨터 기반의 시스템을 말한다. 경우에 따라서는 ESS(Executive Support System, 중역지원시스템)와 같은 의미로 정의하기도 한다.

② 중역정보시스템의 개념은 1980년대 초반 미국 매사추세츠공과대학의 Rockart와 Treacy(1982)의 논문에서 처음으로 사용되었다.

③ 1981년 Frolick은 중역정보시스템이란 "최고경영자가 경영의 관리적 계획・감독, 그리고 분석 등을 증진할 수 있도록 정보를 제공하기 위해 설계된 데이터 지향 시스템"으로 정의했다.

④ 1987년 Turban과 Schaeffer는 "중간매개자의 필요 없이 최고 중역의 필요에 맞도록 구체적으로 설계된 컴퓨터 기반의 시스템"이라 정의했다.

⑤ 1990년 Paller와 Laska는 "최고경영자들을 위한 컴퓨터 기반의 정보전달 및 통제시스템"이라고 정의했다.

⑥ 1991년 Watson, Rainer, Koh는 경영정보시스템을 중역들의 정보욕구를 충족시켜 주기 위해 컴퓨터를 바탕으로 한 시스템으로 적절한 정보에 신속한 접근과 경영보고에 직접 접근하게 해주며, 또한 그래픽 지원과 예외 사항보고 및 전체 현황에서 필요 시 상세 정보를 파악할 수 있게 하는 드릴다운 기능을 가진 사용자 중심의 시스템이며, 전자우편 및 온라인 정보 서비스 연결을 용이하게 해주는 시스템이라고 규정했다.

⑦ 기업 조직의 중역들이 조직 경영의 목적을 이루는 데 필요로 하는 각종 정보들을 빠르고 정확하게 조회 가능하도록 지원하는 역할을 수행한다.

⑧ 기업 조직의 중역 또는 최고경영자들이 조직의 성공적 경영을 위해 필요로 하는 조직 내・외부의 정보를 효율적으로 제공할 수 있는 컴퓨터 기반의 정보시스템이다.

⑨ 요구되는 사용자 인터페이스, 정보의 질, 정보 기술적 능력 등에서 다른 정보시스템과는 차별화된 특징을 가진다.

---

**더 알아두기**

**중역정보시스템(Executive Information System)**
중역정보시스템은 최신의 조직내부의 증권정보, 운영정보 또는 조직 외부의 뉴스 및 소식, 전자우편 등의 여러 가지 기능을 중역에게 제공한다. 또한 조직 각 부서의 성과정보를 제공함으로써 조직 각각의 부분에 대한 통제를 쉽게 할 수 있다. 중역정보시스템이 제공하는 정보는 기업 조직의 가장 핵심적인 정보에 초점을 맞춘 것으로 압축된 정보를 한눈에 쉽게 볼 수 있도록 해야 한다.

---

### (2) 중역정보시스템의 특성 `기출` `중요`

① **편리한 사용자 인터페이스** : 사용자 편의의 인터페이스와 데이터 검색에 있어 메뉴시스템의 유연성을 확보하고 있어야 정보시스템의 용이한 사용이 가능하다.

② **분석적인 모델링의 가능** : 계획의 수립 및 예측에 있어 실질적인 도움을 주는 것은 What-If 시나리오 분석이다.

③ **별도의 데이터베이스** : 조직의 중역들의 활동을 지원하기 위해 별도의 DB가 존재하는 것이 타당하다.

④ **외부의 데이터베이스와 연결** : 효율적인 운영을 위해 외부의 DB와 연결되어야 한다.

> **더 알아두기**
>
> **의사결정지원시스템 및 중역정보시스템의 비교**
>
> | 구분 | 의사결정지원시스템 | 중역정보시스템 |
> | --- | --- | --- |
> | 사용자 | 전문가, 분석가, 관리자 | 기업 조직의 중역 |
> | 주용도 | 기획, 조직충원, 통제 | 현황 추적 및 통제 |
> | 주목적 | 분석 및 의사결정지원 | 현황의 파악 |
> | 정보의 유형 | 특정한 상황을 지원하기 위한 정보 | 뉴스, 내부업무 보고서, 기업 외부정보 |
> | 구축주체 | 사용자 | IS요원 또는 판매업체 |

## 3 중역정보시스템의 활용 `기출` `종요`

### (1) 경고정보

미리 계획된 기업 활동의 변경 또는 관리적 관심을 요구하는 상황에 대한 발생가능성을 예시하는 정보

### (2) 상황정보

기업 조직 경영자의 관심을 요구하는 이슈 및 문제 등에 대한 현황정보

### (3) 요약정보

사업 또는 기업 조직의 일반적인 상태 등을 요약해 주는 정보
예 최근의 생산성 및 판매성과, 고객의 상태 등

### (4) 주요지표 `기출`

기업 조직의 성과를 측정해서 평가할 수 있는 주요 정보
예 클레임 발생률, 불량률, 생산성, 재가공 비율 등

### (5) 외부정보

기업 조직의 외부로부터 제공되는 정보
예 경쟁자에 대한 정보, 국제관계의 변화에 대한 정보, 정부정책의 정보 등

### (6) 가십

정확하기도 하면서, 때로는 논점에서 벗어난 사무실 또는 산업 내의 비공식적 정보

# ○✕로 점검하자 | 제6장

※ 다음 지문을 읽고 내용이 맞으면 ○, 틀리면 ✕를 체크하시오. [1~7]

**01** 의사결정지원시스템은 의사결정의 대안을 제시하는 것이다. (   )

**02** 의사결정지원시스템은 구조적인 문제에 대해서 언제나 유용하지는 않다. (   )

**03** 의사결정지원시스템은 문자만을 활용해서 해당 정보처리 결과를 보여주고 출력하는 기능이 있어야 한다. (   )

**04** 의사결정지원시스템에서는 의사결정이 이루어지는 과정 중에 발생 가능한 환경의 변화는 반영할 수 없도록 설계되어야 한다. (   )

**05** 의사결정지원시스템은 주로 구조적인 문제를 해결하기 위해 의사결정자가 데이터와 모델을 활용할 수 없게 하는 비대화식 컴퓨터시스템이다. (   )

**06** 집단의사결정지원시스템은 익명으로 의견의 개진이 불가능하다. (   )

**07** 기업 조직의 중역들이 조직의 내·외부 정보에 쉽게 접근할 수 있도록 해주는 컴퓨터 기반의 시스템을 중역정보시스템이라 한다. (   )

---

**정답과 해설** 01 ○  02 ✕  03 ✕  04 ✕  05 ✕  06 ✕  07 ○

02 의사결정지원시스템은 비구조적인 문제에 대해서 언제나 유용하지는 않다.

03 의사결정지원시스템은 이미지를 활용해서 해당 정보처리 결과를 보여주고 출력하는 기능이 있어야 한다.

04 의사결정지원시스템에서는 의사결정이 이루어지는 과정 중에 발생 가능한 환경의 변화를 반영할 수 있도록 유연하게 설계되어야 한다.

05 의사결정지원시스템은 주로 비구조적 또는 반구조적인 문제를 해결하기 위해 의사결정자가 데이터와 모델을 활용할 수 있게 해주는 대화식 컴퓨터시스템이다.

06 집단의사결정지원시스템은 익명으로 의견의 개진이 가능하다.

01 비구조적인 문제에 대해서 언제나 유용하지는 않다.

**01** 다음 중 의사결정지원시스템의 문제점에 대한 내용으로 옳지 **않은** 것은?

① 효율적인 모델 구축을 위해서 기술 전문 인력이 필요하다.

② 그래픽 또는 인터페이스 등의 기능적 한계로 인해 의사결정지원시스템의 특징을 살리지 못하는 경향이 있다.

③ 비구조적인 문제에 대해서 언제나 유용하다.

④ 나타난 결과를 맹신할 경우 의사결정의 질이 떨어질 수 있다.

02 의사결정지원시스템은 여러 대안들을 비교적 짧은 시간에 최소한의 노력으로 비교 및 분석한다.

**02** 의사결정지원시스템에 대한 설명으로 옳지 **않은** 것은?

① 여러 대안들을 비교적 긴 시간에 최대한의 노력으로 비교 및 분석한다.

② 데이터의 타당성을 용이하게 검토한다.

③ 모델의 타당성을 용이하게 검토한다.

④ 시간 및 노력의 절감으로 의사결정의 질을 향상시킨다.

정답 ( 01 ③ 02 ① )

**03** 의사결정지원시스템의 유형 중 모형중심의 의사결정지원시스템에 속하지 <u>않는</u> 것은?

① 제안모형
② 최적화모형
③ 모의실험모형
④ 분석정보시스템

**03** 분석정보시스템은 자료중심의 의사결정지원시스템에 속한다.

**04** 의사결정지원시스템의 유형 중 자료중심의 의사결정지원시스템에 속하지 <u>않는</u> 것은?

① 자료열람시스템
② 시분할시스템
③ 자료분석시스템
④ 분석정보시스템

**04** 자료중심의 의사결정지원시스템
• 분석정보시스템
• 자료열람시스템
• 자료분석시스템

**05** 다음 중 성격이 <u>다른</u> 하나는?

① 분석정보시스템
② 자료분석시스템
③ 일괄처리시스템
④ 자료열람시스템

**05** ①·②·④ 자료중심의 의사결정지원시스템

정답 03 ④ 04 ② 05 ③

**06** 분석적 모델링의 대안
- What-If 분석
- 민감도 분석
- 목표추구(Goal-Seeking) 분석
- 최적화 분석

**06** 다음 중 분석적 모델링의 대안으로 거리가 <u>먼</u> 것은?

① 의사결정 분석

② 최적화 분석

③ 민감도 분석

④ What-If 분석

**07** 최적화 분석은 Goal-Seeking 분석의 개념을 활용해서 보다 복합적인 문제를 해결하기 위한 분석 방법이다.

**07** 다음 내용이 설명하는 것은?

> 결과 값을 미리 정해두지 않고 여러 가지 제약조건을 만족하는 범위 내에서 최적의 값을 찾을 때까지 분석을 계속하는 것이다.

① 목표추구(Goal-Seeking) 분석

② What-If 분석

③ 최적화 분석

④ 민감도 분석

**08** What-If 분석은 '조건-결과' 분석이라고도 하며, 이는 조건이 변화할 때 그에 따른 결과가 어떻게 달라지는지를 검증하는 시뮬레이션 방법이다.

**08** 다음 내용이 설명하는 것은?

> 여러 가지 변수 값을 변화시켰을 때 결과 값 또는 타 변수 값에 미치는 영향을 분석하는 방법이다.

① 목표추구(Goal-Seeking) 분석

② 최적화 분석

③ 민감도 분석

④ What-If 분석

**정답** ( 06 ① 07 ③ 08 ④ )

**09** 다음 중 집단의사결정지원시스템의 특징으로 옳지 <u>않은</u> 것은?

① 중립적인 그룹형태의 지원

② 간편한 사용

③ 일반적·특정적 문제 지원

④ 특수설계

**09** 집단의사결정지원시스템의 특징
- 간편한 사용
- 일반적·특정적 문제 지원
- 특수설계
- 긍정적인 그룹형태의 지원
- 부정적인 그룹형태의 지원

**10** 다음 중 집단의사결정지원시스템의 효과로서 거리가 <u>먼</u> 것은?

① 멀티미디어, 새로운 네트워크 기술(예 ISDN, FTTH 등)과의 연동을 통한 발전

② 익명으로 의견 개진 가능

③ 그룹의 규모가 7명 이하의 경우에는 비효율적·비경제적이지만, 8명 이상의 규모인 경우 만족도를 높임

④ 의사소통에 대한 효율성의 향상 및 시간의 절감

**10** 그룹의 규모가 4명 이하의 경우에는 비효율적·비경제적이지만, 8명 이상의 규모인 경우 만족도를 높인다는 보고가 있다.

**11** 다음 중 집단의사결정지원시스템의 구성요소에 해당하지 <u>않는</u> 것은?

① 사용자 인터페이스

② 데이터 마이닝

③ 데이터베이스 관리시스템(DBMS)

④ GDSS 소프트웨어

**11** 집단의사결정지원시스템의 구성요소
- 데이터베이스 관리시스템(DBMS)
- 사용자 인터페이스
- 모델베이스
- GDSS 소프트웨어

**정답** 09 ① 10 ③ 11 ②

12 중역정보시스템은 기업 조직의 중역들이 조직경영의 목적을 이루는 데 있어 필요로 하는 각종 정보들을 빠르고 정확하게 조회 가능하도록 지원하는 역할을 수행한다.

## 12 다음 내용이 설명하는 것은?

> 최고경영자가 경영의 관리적 계획, 감독 그리고 분석 등을 증진할 수 있도록 정보를 제공하기 위해 설계된 데이터 지향 시스템

① 의사결정지원시스템
② 집단의사결정지원시스템
③ 중역정보시스템
④ 경영정보시스템

13 중역정보시스템의 활용
 • 경고정보
 • 상황정보
 • 요약정보
 • 주요지표
 • 외부정보
 • 가십

## 13 다음 중 중역정보시스템의 활용에 대한 내용으로 적절하지 <u>않은</u> 것은?

① 거래기록정보
② 외부정보
③ 경고정보
④ 요약정보

**정답** 12 ③  13 ①

# Self Check로 다지기 | 제6장

## ⊡ 의사결정지원시스템

- 기업의 경영에 당면하는 갖가지 문제를 해결하기 위해 여러 개의 대안을 개발하고, 비교·평가 함으로써 최적안을 선택하는 의사결정과정을 지원하는 정보시스템
- 주로 비구조적 또는 반구조적인 문제를 해결하기 위해 의사결정자가 데이터와 모델을 활용할 수 있게 해주는 대화식 컴퓨터시스템

## ⊡ 분석적 모델링 대안

What-If 분석, 민감도 분석, 목표추구 분석, 최적화 분석

## ⊡ 집단의사결정지원시스템의 특징

간편한 사용, 특정하고 일반적인 지원, 특수설계, 긍정적인 그룹형태의 지원, 부정적인 그룹 형태의 지원

## ⊡ 중역정보시스템

기업 조직의 중역들이 조직의 내·외부 정보에 쉽게 접근할 수 있도록 해주는 컴퓨터 기반의 시스템

## ⊡ 중역정보시스템의 특성

편리한 사용자 인터페이스, 분석적인 모델링의 가능, 별도의 데이터베이스, 외부의 데이터베이스와 연결

## ⊡ 중역정보시스템의 활용

경고정보, 상황정보, 요약정보, 주요지표, 외부정보, 가십

## ⊡ 의사결정지원시스템의 특성

대화식 정보처리, 그래픽의 활용, 환경의 변화를 반영할 수 있도록 유연하게 설계, 여러 가지 원천으로부터 데이터를 획득해서 의사결정에 필요한 정보처리를 할 수 있도록 설계

### ⤵ 모델베이스 관리시스템

의사결정에 필요로 하는 모델을 개발, 수정 및 통제하는 기능을 제공함으로써 의사결정지원에서 중요한 역할을 수행

### ⤵ 모형중심의 의사결정지원시스템

모의실험모형, 제안모형, 통계모형, 최적화모형, 회계모형

### ⤵ 자료중심의 의사결정지원시스템

분석정보시스템, 자료열람시스템, 자료분석시스템

### ⤵ 민감도 분석

하나의 변수 값이 지속적으로 변화할 때 타 변수 값에 미치는 영향을 보는 것

### ⤵ What-If 분석

여러 가지 변수 값을 변화시켰을 때 결과 값 또는 타 변수 값에 미치는 영향을 분석하는 방법

# 제 7 장

# 인공지능과 전문가시스템

또 실패했는가? 괜찮다. 다시 실행하라. 그리고 더 나은 실패를 하라!

– 사뮈엘 베케트 –

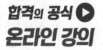

# 제 7 장 | 인공지능과 전문가시스템

## 제1절 인공지능의 개념과 응용

### 1 인공지능(Artificial Intelligence)의 배경

#### (1) 인공지능의 배경

인공지능은 1956년에 다트머스 대학의 학술대회에서 뉴웰, 민스키, 사이몬, 맥카시 등에 의해 처음 사용되었다. 그 후 1960년대 후반에 이르러서는 지식로봇 및 문제해결의 연구 등이 이루어졌다. 더불어 기술의 진보와 심리학자들의 참여로 인해 컴퓨터로 시뮬레이트를 하고자 하는 노력이 이루어졌다.

#### (2) 인공지능의 개념 기출

① 인공지능은 인간의 추론능력과 학습능력, 지각능력, 자연언어의 이해능력 등을 컴퓨터 프로그램으로 실현한 기술이다.
② 컴퓨터가 인간의 지능적인 행동을 모방할 수 있도록 한다.
③ 인간의 지각 및 뇌의 정보처리 등을 컴퓨터로 응용할 수 있도록 이를 모델화시킨 소프트웨어 시스템이다.

### 2 인공지능의 응용분야 중요

#### (1) 지식베이스의 구축 및 관리 : 컴퓨터를 통해 인간의 지식을 활용할 수 있도록 이를 형태화해서 보관한 것을 지식베이스라고 한다.
예 전문가시스템, 의사결정지원시스템 등

#### (2) 지각의 연구

① 외부환경과 컴퓨터 간의 상호작용을 쉽게 하려는 연구분야이다.
② 목적 : 컴퓨터로 인한 인간의 음성 및 시각적 형상 등을 인지하고 이를 이해하도록 하기 위함이다.

#### (3) 기계학습 : 컴퓨터가 데이터 기반 학습을 통해 당면한 문제에 대한 해결을 알려주기 위한 시도 및 과거 사례 분석 등 문제 해결 지원방법을 총칭하는 것이다.

**(4) 로봇화** 기출 : 로봇의 핵심으로는 변화하는 환경에 대처할 수 있는 능력을 지니게 하는 것과 더불어 로봇의 신체가 되는 기계적 H/W를 S/W에 의해 자유롭게 움직이게 하는 것이다.

**(5) 자연어 처리** : 인간이 흔히 쓰는 일상적인 언어로 컴퓨터와의 의사소통이 가능하도록 해주는 기술 이다.

**(6) 논리적 문제 해결과 추론 시스템** : 인간과 비슷한 수준의 게임을 할 수 있는 프로그램을 만들어 내는 과정에서 할 수 있다.

> **더 알아두기**
>
> **인공지능을 활용한 시스템** 기출
> • 인공신경망
> • 전문가시스템
> • 지능형 에이전트

## 제2절 전문가시스템의 개념과 응용

### 1 전문가시스템(Expert System)의 개념 기출 중요

**(1)** 전문가가 가지고 있는 노하우 또는 지식 등을 컴퓨터에 넣어 전문가와 같은 추론 및 판단을 컴퓨터가 행하도록 한다.

**(2)** 전문가의 경험 및 지식을 컴퓨터에 저장시켜 컴퓨터를 통해서 전문가의 능력을 빌릴 수 있도록 만든 시스템이다.

**(3)** 기존의 컴퓨터시스템이 단순 자료만을 처리하는 데 비해 **전문가시스템은 지식을 처리**한다.

**(4)** 생성시스템의 하나로서, 인공지능 기술의 응용분야 중에서 가장 활발하게 응용되고 있는 분야이며, 인간이 특정분야에 대해서 가지고 있는 전문적인 지식을 정리하고 **표현**하여 컴퓨터에 기억시킴으로써 일반인들도 이러한 전문지식을 이용할 수 있도록 한 시스템이다. 기출

**(5)** '지식기반시스템'이라고도 하며, 최근에는 인공지능 기술 활용이 증가하고 있다.

**(6)** 입력된 지식만큼 더욱 다양한 관점에서 문제에 접근이 가능하고, 또는 불완전한 정보를 가지고도 추론을 통해 의사결정에 있어 필요한 정보를 제공할 수 있으며, 의사결정을 하기 위한 다양한 논리적 접근방법 및 가능한 대안을 제시한다.

**(7)** 복잡한 현실 또는 해결책에 대한 합의가 이루어지지 못한 분야는 활용이 어렵다는 문제점이 있으며, 또한 스스로 새로운 규칙이나 상관관계 등을 밝혀내지는 못한다는 단점이 있다.

## 2 전문가시스템의 특성 [종요]

### (1) 전문가시스템의 특성
① 연역적인 추론방식
② 실용성
③ 전문가의 지식으로 이루어진 지식베이스의 사용

### (2) 전문가시스템의 장점 [기출]
① 지식을 문서화하기가 쉽다.
② 인간과는 다르게 **영구적인 사용과 일관성의 유지**가 가능하다.
③ 일관적 문제풀이의 과정의 유지가 가능하다.
④ 의사결정 및 업무수행의 질을 높임으로써 기업 조직의 경쟁력에 도움을 줄 수 있다.
⑤ 많은 사용자가 사용할 수 있으며, 대량 복사본을 쉽게 만들 수 있다.

### (3) 전문가시스템의 단점
① 상식적 지식의 **활용능력 및 거시적 판단능력**이 부족하다.
② 새로운 시스템의 개발 및 사용 시 **과다 비용**이 소요될 수 있다.
③ 다양한 형태의 입력을 받아들일 수 없으므로 기호화된 형태로 변환해서 입력해야 한다.
④ 상황발생 시 경험 및 대처를 기반으로 새로운 지식을 축적할 수 있는 능력이 부족하다.
⑤ 창조적인 능력의 부족으로 인한 전문적 지식의 습득이 어렵다.

> **더 알아두기**
>
> **전문가시스템 기능**
> - 디버깅 : 오류의 수정을 위한 처방
> - 진단 : 파악된 자료로부터 이상 상태를 진단
> - 예측 : 발생 가능한 결과를 처한 상황으로부터 예측
> - 해석 : 들어온 자료부터 상황을 추론
> - 계획 : 제약 조건하에서 가능한 수립
> - 설계 : 제약 조건하에서 가능한 구성
> - 모니터링 : 지켜본 결과와 기대되는 결과의 비교
> - 제어 : 시스템의 행동을 제어
> - 교육 : 디버깅·진단 등을 통한 학생교육

## 3 전문가시스템의 주요 구성요소 기출 중요

전문가시스템은 지식베이스, 추론기관, 설명기관, 사용자 인터페이스, 블랙보드 등으로 구성되어 있다.

### (1) 지식베이스

① 지식베이스는 전문가시스템의 머리 부분에 해당하는 것으로 추출한 지식을 보관하는 곳이다.

② DB와 같이 사실을 포함하고 인과관계에 의한 규칙·지식 또는 확률적이거나 부정확한 정보의 수록도 가능하다.

③ 어떠한 문제에 대한 사실 및 전문가의 추론절차를 나타내는 인간의 사고를 고려한 개념인 휴리스틱이 포함된다.

### (2) 추론기관

① 지식베이스에 규칙 및 사실의 형태로 저장되어 있는 지식 및 데이터를 사용해서 추론함으로써 문제의 해결을 위한 결과를 얻어내는 컴퓨터 프로그램이다.

② 추론기관의 구성 및 규칙적용의 과정은 당면한 문제의 특성, 지식이 표현되고 구성된 방식 등에 의해 차이가 있다.

③ 사용자 인터페이스를 통해 사용자로부터 제공된 입력을 받아들이고, 의사결정 및 진단과 같은 문제 해결안을 생성하기 위한 지식베이스 내 지식을 결합하는 의미이다.

### (3) 설명기관

전문가시스템으로부터 나온 결과가 어떻게 또는 왜 나타났는지를 설명해 준다.

### (4) 사용자 인터페이스

① 사용자 및 시스템 간의 커뮤니케이션 매체를 말한다. 다시 말해, 사용자가 시스템과 직접적으로 접하는 부분을 말한다.

② 대화관리 모듈은 정돈된 순서로 의사결정에 필요한 파라미터들을 사용자가 입력할 수 있도록 안내한다.

### (5) 블랙보드

당면한 현재의 문제를 설명하기 위해 따로 분리된 작업메모리 장소를 말한다. 더불어, 추론 등의 중간 결과를 기록하는 경우에도 사용된다.

### (6) 하드웨어

미니나 대형 등에 연결된 마이크로컴퓨터 및 단말기, 따로 작동하는 마이크로컴퓨터 등이 사용자 워크스테이션으로 활용될 수 있다.

※ 워크스테이션 : 여러 가지 지적 작업자의 작업을 수행하는 데 있어 편리하면서도 효율적이고 양호한 환경을 제공하는, 개인용으로 사용하는 컴퓨터를 말한다.

### (7) 소프트웨어

사용자들과의 인터페이스를 위한 프로그램 및 추론엔진 등 여러 가지가 존재한다.

### (8) 입력

전문가가 지닌 지식 등으로부터 정확하면서도 충분한 지식 등을 수집해서 주어진 지식표현에 맞게 지식베이스에 입력시키는 활동이다.

## 4  전문가시스템의 활용

### (1) 전문가시스템 활용의 개요

① 전문가시스템의 시작은 DENDRAL 시스템인데, 이는 화학분야에서 분자구조물을 파악하는 시스템이다.

② 뇌수막염 및 균혈증 환자들의 진단을 위한 MYCIN, 수리문제의 해결을 지원하는 MACSYMA가 개발되었다.

### (2) 통상적인 전문가시스템의 활용분야 [기출]

① **의사결정의 관리** : 상황의 평가에 대한 대안 찾기 및 추천 등을 행한다.

   예 종업원들의 업적평가, 인구통계학적 예측분야, 시장 예측

② **진단 및 문제점 등의 제거** : 과거 기록 및 보고된 징후로부터 원인을 추측하는 것

　例 S/W의 오류수정, 설비교정

③ **유지보수 및 일정의 계획** : 시간이 결정적으로 중요성을 가지는 문제 및 제한된 자원의 할당 문제 등을 지원하는 것

　例 교육일정계획, 생산일정계획

④ **지능 텍스트 및 문서화** : 과거의 정책, 법령, 절차 등에 따른 지식베이스를 구축해서 이를 사용자에게 제공

　例 세법, 건축법

⑤ **설계 및 설비 구성** : 주어진 조건하에서 바람직한 설비구성안 제시

　例 통신망 구성, 조립공정구성

⑥ **선택 및 분류** : 너무나 많은 대안들이 있을 때, 어떠한 대안을 선택할지 지원

　例 정보분류, 원자재 선택

⑦ **공정감시 및 제어** : 절차 및 공정 제어 및 감시

　例 생산감시, 재고관리

## (3) 전문가시스템 개발과정 〔기출〕 〔중요〕

문제의 정의 → 시스템의 설계 → 프로토 타입의 개발 → 시스템의 인도 → 구현 및 설치 → 유지·보수

※ 전통적으로 SDLC에 준하여 개발함

---

**［ 더 알아두기 ］**

**전문가시스템의 응용 분야 확대**

① 화학 분야에서의 전문가시스템

　㉠ DENDRAL

　　• 1965년에 발족한 스탠포드 대학의 DENDRAL 프로젝트의 최초 성과인 Heuristic DENDRAL 중 프로젝트의 주요 멤버인 Lederberg가 개발한 DENDRAL이 주요하게 사용되었다.

　　• DENDRAL은 주어진 분자식을 만족하는 가능한 모든 구조식을 열거하는 프로그램으로서 알고리즘, 미지 화합물의 질량 스펙트럼을 해석하는 일련의 규칙을 조합한 전문가시스템이다.

　　• 이러한 시스템은 간단한 화합물들의 구조를 추정하기 위한 것으로서, 그 가치는 화학의 문제를 인공지능의 연구 대상으로 인식시킨 데 있다.

　㉡ MACSYMA : MIT에서 1960년대 중반에 개발을 시작한 MACSYMA 시스템은 수학의 대수식을 변환하고 제한된 범위 안에서 계산·기호통합·등식해결 등을 주 목적으로 한다.

② 컴퓨터시스템 분야

　㉠ XCON

　　• 1970년대 카네기멜론 대학과 Digital Equipment사가 공동으로 연구·개발한 것으로서 컴퓨터 시스템의 구성을 조언하는 상업용 시스템으로 발전했다.

　　• XCON은 VAX 컴퓨터의 이상적 시스템 구성을 도와주었다고 알려져 있다.

　　• 컴퓨터시스템의 전체적인 윤곽뿐만 아니라, 각 부품의 관계 및 위치에 관한 도표까지도 제시하며 각각의 부품을 연결하는 케이블의 길이까지도 결정해 준다.

　　• 가능한 작업을 전문가보다도 훨씬 빨리 일을 처리하며, OPS5에 의해 구현된다.

---

ⓛ ACE
- 1980년대 초에, 벨 연구소가 개발한 ACE는 고장진단시스템의 대표적인 예이다.
- ACE는 전화 선로의 유지·보수 활동 등에 대한 자료들을 검토 후 전화 선로가 불량하다고 생각되는 지점을 찾아내며, 고장 내용의 특성을 제시해주는 시스템이다.
- OPS4와 Franz LISP로 구현된다.

③ 기계공학 분야 – DELTA
- ㉠ 1980년대 중반 General Electric이 개발한 DELTA가 대표적인 기계공학의 전문가시스템이다.
- ㉡ DELTA는 디젤 기관차의 고장을 발견하기 위해 고안하였다.
- ㉢ 그 외에 공학 분야의 전문가시스템 연구는 복잡한 공정제어시스템의 고장 진단 또는 결함의 진단 및 이를 처리하는 데 집중하고 있다.

④ 지질학에서의 전문가시스템의 연구 – PROSPECTOR
- ㉠ 지질학에서의 전문가시스템은 1970년대 중반에 스탠포드 연구소에서 개발된 PROSPECTOR가 시초이다.
- ㉡ 지질학자가 광석의 매장지를 찾는 데 있어 도움을 주기 위해 개발되었다.
- ㉢ 1980년대에 수백만 달러의 몰리브덴 광맥의 위치를 정확히 탐사하는 데 성공한 사례도 있어 유명해졌다.

⑤ 의학에서 전문가시스템의 연구 – MYCIN
- ㉠ 전문가시스템의 가장 대표적인 개발사례로 꼽히는 MYCIN은 스탠포드 대학에서 1970년대 중반에 개발된 MYCIN으로부터 시작되었다.
- ㉡ MYCIN은 환자에 대한 혈액 감염증의 진단 및 항생물질을 활용한 치료를 조언하는 시스템으로서 의학 연구와 교육을 위해 활용되었다.
- ㉢ MYCIN을 시작으로 현 의학 분야에서 전문가시스템의 연구는 자료의 분석, 의학실험, 질병 진단 및 치료 등의 분야에서 활발하게 진행되었다.

⑥ 군대/군사에서의 전문가시스템
- ㉠ ALMC
  - 1991년 ALMC와 Gale Group에서 개발한 전문가시스템으로서 컴퓨터를 기반으로 가능한 모든 통신 수단을 활용해서 신속하면서도 안전하게 정보를 전달할 수 있는 경로를 찾기 위한 목적으로 개발되었다.
  - DESEX 활용의 이점은 음성인식의 가능, DSN를 통한 핫라인 연결 가능, 지속적인 대화의 인식, 보안 및 전자서명의 가능 등이 있다.
  - DESEX로 인해 Routing 기술·보안 기술·음성 인식 기술 등이 발전하는 계기가 되었다.
- ㉡ CoSAR
  - 2003년 Edinburgh대학의 AIAI에서 개발한 군사 작전 목적의 웹 기반 전문가시스템이다.
  - 시맨틱 웹을 주축으로 사례기반 및 규칙기반 추론을 사용한다.
  - 부상을 당하거나 실종된 병사의 탐색에서부터 포로 구출 등의 목적에 사용되었다.
  - 빠른 탐색부터 신속한 구출작전 및 후송 등에 이르는 군사 작전에 있어 탁월한 성능을 발휘하며 이는 실제로 이라크 전에서도 사용되었다.
- ㉢ OWLKNEST
  - 1992년 Army Research Institute Infantry Forces Research Unit에서 개발한 전문가시스템이다.
  - 군용 시스템 개발에 있어 필요 인력 및 기술 등을 결정하기 위한 평가 목적으로 개발되었다.
  - EXSYS Professional을 활용해서 개발하였다.
  - Rule-based Reasoning과 CBR을 사용하였다.

⑦ 대기오염의 측정 분야
- ㉠ OSCAR
  - 대기 오염의 관점에서 도시의 도로 교통이 환경에 미치는 영향을 평가하기 위해 최적화된 모델링 시스템을 제공하는 것을 목적으로 개발된 전문가시스템이다.
  - CLEAR의 Project로서, 영국 Hertfordshire 대학의 Ranjeet. S. Sokhi가 주도했다.
- ㉡ FUMAPEX
  - 도시의 대기 상태 및 오염 노출 모델을 통해서 구축된 기상 예측 모델을 활용해서 유럽의 각 도시들의 기후 변화 및 기상 상태 등을 예측하기 위한 전문가시스템이다.
  - CLEAR의 Project로서 덴마크 DMI의 Alexander Baklanov가 주도했다.

# ○X로 점검하자 | 제7장

※ 다음 지문을 읽고 내용이 맞으면 ○, 틀리면 ×를 체크하시오. [1~7]

**01** 인공지능은 컴퓨터가 인간의 지능적인 행동을 모방할 수 있도록 하는 것이다. (　　)

**02** 전문가시스템은 전문가의 경험 및 지식을 컴퓨터에 저장시켜 컴퓨터를 통해서 전문가의 능력을 빌릴 수 있도록 만든 시스템이다. (　　)

**03** 기존의 컴퓨터시스템이 지식을 처리하는 반면에, 전문가시스템은 단순 자료를 처리한다. (　　)

**04** 전문가시스템은 복잡한 현실 또는 해결책에 대한 합의가 이루어지지 못한 분야의 활용도 가능하다.
(　　)

**05** 전문가시스템은 스스로 새로운 규칙이나 상관관계 등을 밝혀낼 수 있다. (　　)

**06** 전문가시스템은 영구적인 사용이 불가능하며, 일관성의 유지가 어렵다. (　　)

**07** 전문가시스템은 상식적 지식의 활용능력 및 거시적인 판단능력이 뛰어나다. (　　)

---

**정답과 해설**　01 ○　02 ○　03 ×　04 ×　05 ×　06 ×　07 ×

03　기존의 컴퓨터시스템이 단순 자료만을 처리하는 데 비해 전문가시스템은 지식을 처리한다.
04　전문가시스템은 복잡한 현실 또는 해결책에 대한 합의가 이루어지지 못한 분야는 활용이 어렵다는 문제점이 있다.
05　전문가시스템은 스스로 새로운 규칙이나 상관관계 등을 밝혀내지 못한다는 문제점이 있다.
06　전문가시스템은 인간과는 다르게 영구적인 사용이 가능하며, 일관성의 유지가 가능하다.
07　전문가시스템은 상식적 지식의 활용능력 및 거시적 판단능력이 부족하다는 단점이 있다.

**01** 인공지능은 인간의 추론능력과 학습능력·지각능력·자연언어의 이해능력 등을 컴퓨터 프로그램으로 실현한 기술이다.

**01** 다음 내용이 의미하는 것으로 옳은 것은?

> 인간의 지각 및 뇌의 정보처리 등을 컴퓨터로 응용할 수 있도록 이를 모델화시킨 소프트웨어 시스템이다.

① 전문가시스템
② 인공지능
③ 시뮬레이션
④ 정답 없음

**02** 인공지능을 활용한 시스템
- 인공신경망
- 전문가시스템
- 지능형 에이전트

**02** 다음 중 인공지능을 활용한 시스템으로 보기 <u>어려운</u> 것은?

① 지능형 에이전트
② 인공신경망
③ 전문가시스템
④ 컴퓨터 언어

**03** 인공지능의 응용분야
- 지식베이스의 구축 및 관리
- 지각의 연구
- 기계학습
- 로봇화
- 자연어 처리
- 논리적 문제 해결과 추론 시스템

**03** 다음 중 인공지능의 응용분야로 보기 <u>어려운</u> 것은?

① 데이터베이스의 변형
② 로봇화
③ 논리적 문제 해결과 추론 시스템
④ 지식베이스의 구축 및 관리

**정답** 01② 02④ 03①

**04** 다음 내용이 의미하는 것으로 옳은 것은?

> 전문가가 가지고 있는 노하우 또는 지식 등을 컴퓨터에 넣어 전문가와 같은 추론 및 판단을 컴퓨터가 행하도록 하는 것이다.

① 경영정보시스템
② 의사결정시스템
③ 전문가시스템
④ 인공지능

**05** 다음 중 전문가시스템에 대한 설명으로 옳지 <u>않은</u> 것은?

① 지식을 문서화하기가 용이하다.
② 상식적인 지식의 활용능력 및 거시적 판단능력이 탁월하다.
③ 의사결정 및 업무수행의 질을 높임으로써 기업 조직의 경쟁력에 도움을 줄 수 있다.
④ 일관적 문제풀이 과정의 유지가 가능하다.

**06** 다음 내용은 전문가시스템의 주요 구성요소 중 무엇에 대한 설명인가?

> DB와 같이 사실을 포함하고 인과관계에 의한 규칙·지식 또는 확률적이거나 부정확한 정보의 수록도 가능하다.

① 설명기관
② 추론기관
③ 사용자 인터페이스
④ 지식베이스

**04** 전문가시스템은 전문가의 경험 및 지식을 컴퓨터에 저장시켜 컴퓨터를 통해서 전문가의 능력을 빌릴 수 있도록 만든 시스템이다.

**05** 전문가시스템은 상식적 지식의 활용능력 및 거시적 판단능력이 부족하다.

**06** 지식베이스는 전문가시스템의 머리 부분에 해당하는 것으로 추출한 지식을 보관하는 곳이다.

**정답** 04 ③  05 ②  06 ④

07 추론기관은 사용자 인터페이스를 통해 사용자로부터 제공된 입력을 받아들이고, 의사결정 및 진단과 같은 문제해결안을 생성하기 위한 지식베이스 내 지식의 결합을 의미한다.

**07** 다음 내용은 전문가시스템의 주요 구성요소 중 무엇에 대한 설명인가?

> 지식베이스에 규칙 및 사실의 형태로 저장되어 있는 지식 및 데이터를 사용해서 추론함으로써 문제의 해결을 위한 결과를 얻어내는 컴퓨터 프로그램이다.

① 지식베이스
② 추론기관
③ 하드웨어
④ 소프트웨어

08 의사결정의 관리는 상황의 평가에 대한 대안의 찾기 및 추천 등을 행한다.

**08** 다음 내용은 전문가시스템의 활용분야 중 어디에 속하는 것인가?

> • 인구통계학적 예측분야
> • 종업원들의 업적평가

① 유지보수 및 일정의 계획
② 공정감시 및 제어
③ 의사결정의 관리
④ 설계 및 설비 구성

**정답** 07 ② 08 ③

**09** 다음 내용은 전문가시스템의 활용분야 중 어디에 속하는 것인가?

> • S/W의 오류수정
> • 설비교정

① 진단 및 문제점 등의 제거
② 선택 및 분류
③ 공정감시 및 제어
④ 지능 텍스트 및 문서화

**09** 진단 및 문제점 등의 제거는 과거 기록 및 보고된 징후로부터 원인을 추측하는 것이다.

**10** 다음 중 전문가시스템 개발과정의 순서로 옳은 것은?

① 문제의 정의 → 프로토 타입의 개발 → 시스템의 설계 → 시스템의 인도 → 구현 및 설치 → 유지·보수
② 문제의 정의 → 시스템의 설계 → 프로토 타입의 개발 → 구현 및 설치 → 시스템의 인도 → 유지·보수
③ 문제의 정의 → 구현 및 설치 → 시스템의 설계 → 프로토 타입의 개발 → 시스템의 인도 → 유지·보수
④ 문제의 정의 → 시스템의 설계 → 프로토 타입의 개발 → 시스템의 인도 → 구현 및 설치 → 유지·보수

**10** 전문가 시스템 개발과정
문제의 정의 → 시스템의 설계 → 프로토 타입의 개발 → 시스템의 인도 → 구현 및 설치 → 유지·보수

**정답** 09 ① 10 ④

# Self Check로 다지기 | 제7장

## ⇥ 인공지능

인간의 추론능력과 학습능력, 지각능력, 자연언어의 이해능력 등을 컴퓨터 프로그램으로 실현한
기술

## ⇥ 인공지능의 응용분야

지식베이스의 구축 및 관리, 지각의 연구, 기계학습, 로봇화, 자연어 처리, 논리적 문제해결과 추
론 시스템

## ⇥ 인공지능을 활용한 시스템

인공신경망, 전문가시스템, 지능형 에이전트

## ⇥ 전문가시스템

전문가가 가지고 있는 노하우 또는 지식 등을 컴퓨터에 넣어 전문가와 같은 추론 및 판단을 컴퓨터
가 행하도록 하는 것

## ⇥ 전문가시스템의 특성

연역적인 추론방식, 실용성, 전문가의 지식으로 이루어진 지식베이스의 사용

## ⇥ 전문가시스템의 주요 구성요소

지식베이스, 추론기관, 설명기관, 사용자 인터페이스, 블랙보드

## ⇥ 전문가시스템 개발과정

문제의 정의 → 시스템의 설계 → 프로토 타입의 개발 → 시스템의 인도 → 구현 및 설치 → 유지
· 보수

## ⇥ 전문가시스템의 장점

지식을 문서화하기가 용이, 영구적인 사용과 일관성의 유지가 가능, 기업 조직의 경쟁력에 도움이
되며, 많은 사용자가 사용 가능

## ⇥ 전문가시스템의 단점

상식적 지식의 활용능력 및 거시적 판단능력의 부족, 개발 및 사용에 따른 과다 비용의 소요, 기호화
된 형태로 변환해서 입력, 새로운 지식을 축적할 수 있는 능력의 부족, 전문적 지식 습득의 어려움

## ➡ 전문가시스템의 기능

디버깅, 진단, 예측, 해석, 계획, 설계, 모니터링, 제어, 교육

## ➡ 추론기관

지식베이스에 규칙 및 사실의 형태로 저장되어 있는 지식 및 데이터를 사용해서 추론함으로써 문제의 해결을 위한 결과를 얻어내는 컴퓨터 프로그램

## ➡ 블랙보드

당면한 현재의 문제를 설명하기 위해 따로 분리되어진 작업메모리 장소

SD에듀와 함께, 합격을 향해 떠나는 여행

# 제 8 장

# 정보통신

이성으로 비관해도 의지로써 낙관하라!

– 안토니오 그람시 –

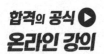

# 제 8 장 | 정보통신

---

## 제1절 컴퓨터통신의 개념

### 1 컴퓨터통신의 배경

**(1)** 컴퓨터통신은 정보 및 데이터를 통신회선을 사용해서 하나의 컴퓨터에서 다른 컴퓨터로 전송하는 것을 말한다. 데이터 통신이라고도 한다.

**(2)** 전기통신회선에 컴퓨터의 본체 및 그에 따른 입·출력 장치와 기타 기기들을 접속하고 이에 의해 정보 등을 송·수신하거나 처리한다.

**(3)** 데이터통신은 전화·전보 등 전달하고자 하는 내용을 오류가 없이 수신인에게 전달하는 것에서 더 발전하여 내용물의 가공 및 변형도 포함한 유연성 있는 통신이라고도 할 수 있다.

> **더 알아두기**
>
> **컴퓨터통신망 역사**
> - 전기공학 측면 : 1834년 가우스와 웨버에 의해 전신기가 최초로 발명
> - 최초 컴퓨터통신시스템 : 데이터 통신의 시작은 항공 레이더망과 컴퓨터를 통신회선으로 연결한 것으로 1958년 미국에서 군사목적으로 개발된 SAGE 시스템으로 보는 것이 통상적이다.
> - 세계 최초의 패킷 교환망 : 1971년 ARPA 네트워크
> - 무선 패킷 교환 네트워크 : 1968년 하와이 대학의 AROHA

### 2 컴퓨터통신의 기본개념

**(1) 컴퓨터통신의 개념** 중요

① 컴퓨터에 의한 데이터 전송 기술 및 정보처리 기술이 통합된 형태이다.
② 원격지의 컴퓨터 상호 간의 전기 통신 매체를 통해서 데이터를 송·수신한다.
③ 일반인들을 위해 통신 서비스 회사가 통신망을 설치해서 가입한 사람들에게 여러 가지의 정보서비스를 제공하는 형태를 취하는 것이 일반적이다.
④ 세계적인 망인 인터넷에 연결하게 되면 각국의 정보가 검색 가능하며, 가입자들과의 전자우편을 통해 정보교환도 가능하게 된다.
　　예 전자우편 서비스, DB 서비스, 전자게시판 서비스 등
⑤ 최근의 통신 서비스는 인터넷망 연결을 함께 제공하는 경향이 있다.

> **더 알아두기**
>
> **데이터통신의 구성요소** 기출 중요
> - 메시지 : 통신 대상이 되는 정보
> - 송신자 : 데이터 메시지를 보내는 장치
> - 수신자 : 메시지를 수신하는 장치
> - 전송매체 : 메시지가 송신자에서 수신자까지 이동하는 물리적인 경로
> - 프로토콜 : 데이터 통신을 통제하는 규칙의 집합
>
> **컴퓨터통신망의 목적**
> - 시스템 간의 호환성의 확대 및 최소의 비용으로 최대의 효과를 사용자에게 제공
> - 신뢰도의 향상, 자원의 공유, 처리기능의 분산, 프로세스 간의 통신을 제공

## (2) 컴퓨터통신망의 유형 중요

### ① 버스(Bus)형 기출

- ⊙ 하나의 통신회선에 여러 대의 단말기를 접속하는 방식
- ⊙ 각 컴퓨터는 동등하며 **단방향 통신이 가능**
- ⓒ 단말기가 타 노드에 영향을 주지 않으므로 **단말기의 증설 및 삭제가 용이**
- ② 회선의 끝에는 **종단장치가 필요**
- ⑩ 버스형은 케이블 설치에 **최소 비용 소요**
- ⑪ 각 노드의 고장이 타 부분에 전혀 영향을 미치지 않으나, 기저 대역 전송방식을 쓰는 경우 거리에 민감해서 거리가 멀어지면 **중계기가 필요**
- ⊗ 보안 측면에서 취약

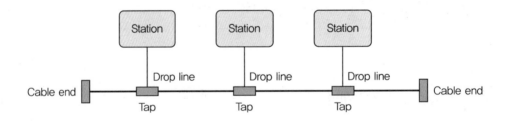

### ② 트리(Tree)형

- ⊙ 중앙에 있는 컴퓨터에 여러 대의 단말기가 연결되고 각각의 단말기들은 일정 지역에 설치된 단말기와 다시 접속하는 방식으로 계층화되어 있음
- ⊙ 분산처리시스템에 주로 사용 : 성형하고 다른 점은 단말기들을 가까운 지역별로 하나의 통신 회선에 연결하기 위해서 단말기 제어기에 연결되기 때문에 분산형이라고 칭해지기도 함
- ⓒ 중앙의 컴퓨터와 일정지역의 단말기까지는 하나의 회선으로 연결되어 있고, 그 이웃하는 단말기는 이 단말기로부터 근처의 다른 단말기로 회선이 연장된 형태로 한 컴퓨터가 고장나더라도 나머지 컴퓨터의 통신이 가능

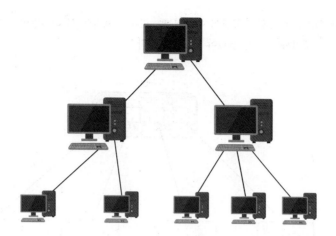

③ 링(Ring)형 [기출]

    ㉠ 컴퓨터들이 이웃한 것들끼리만 연결된 형태로 원 모양을 형성하는 방식으로 근거리 통신망 (LAN)에 사용

    ㉡ 양방향 통신이 가능

    ㉢ 장치가 단순하고, 분산제어 및 검사·회복 등이 가능하지만, 같은 링에 있는 컴퓨터에 오류가 생기면 전체 네트워크에 통신을 할 수 없으므로 2중화 대책이 필요

    ㉣ 각 단말기는 동등한 통신 서비스를 받고, 양방향 데이터 전송이 가능한 장점을 지니며, LAN에서 많이 채택하는 방식

    ㉤ 링형의 단점은 단말기의 추가 시 회선을 절단해야 하고, 기밀 보안이 어렵다는 것

    ㉥ 전체적인 통신량이 증가

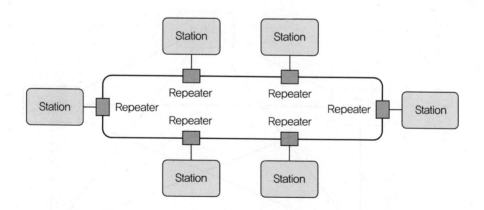

④ 성(Star)형 [기출]

    ㉠ 중앙에 컴퓨터를 위치시키고 그 주위에 단말기들이 분산되어 중앙컴퓨터와 1:1로 연결된 중앙집 중식으로, 장애가 발생할 때 장애 발생의 지점을 발견하기 쉬워 보수 및 관리가 쉬움

    ㉡ 하나의 단말기가 고장나더라도 타 단말기에 영향을 주지 않는다는 장점이 있음

    ㉢ 회선이 많이 필요하고, 복잡하며, 중앙컴퓨터의 고장 시 전체에 문제가 생기는 단점이 있음

② 큰 네트워크나 네트워크 확장이 예상될 때, 또는 문제발생 시 해결방법이 쉬워야 할 때, 컴퓨터를 추가·제거하는 것이 쉬워야 할 때 구성함

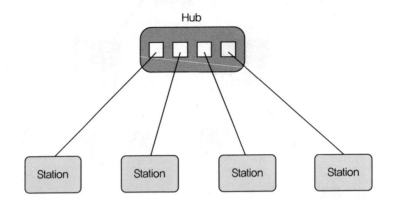

⑤ **망(Mesh)형**
  ⊙ 성형과 링형이 결합된 형태로, 모든 단말기들이 각각 연결되어 있어 전체적으로 그물과 같은 형태를 이루는 구조
  ⓒ 신뢰성이 있고, 집중 및 분산 제어가 가능
  ⓒ 하나의 컴퓨터가 고장나더라도 타 시스템에 영향이 적음
  ② 많은 회선이 요구되며, 시스템을 구축하기까지 많은 비용이 소요되기 때문에 주로 백본(Backbone)망 구성에 사용하며, 광대역통신망(WAN), 공중 전화망(PSTN), 공중 데이터 통신망(PSDN)에 사용

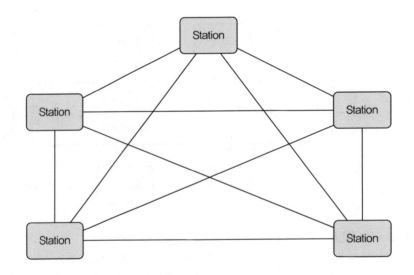

⑥ **혼합형** : Star-Bus, Star-Ring 등과 같이 두 개 이상의 Topology가 혼합하여 쓰이는 형태

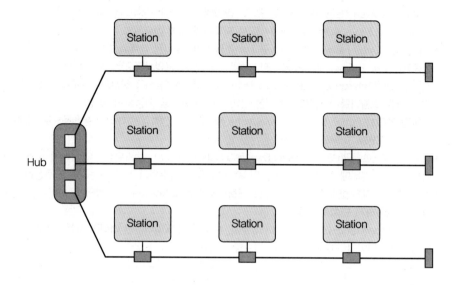

## 3 데이터의 전송(Data Transmission)

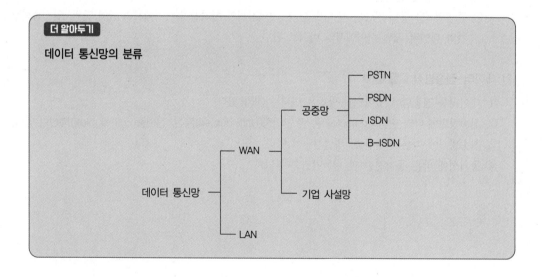

---

**용어 설명**

- WAN(Wide Area Network) : 전국 규모의 광범위한 지역에 설치되는 광역망
- MAN(Metropolitan Area Network) : 도시 지역을 연결한 네트워크
- LAN(Local Area Network) : 특정 구내나 건물 안에 설치된 네트워크
- 공중망(Public-carrier Network) : 전기 통신 사업자가 공익사업으로 설치한 망
- 기업 사설망(Enterprise-wide Private Network) : 기업체가 전용 회선을 전기통신사업자로부터 빌리고 사설 교환기를 설치하여 각 지점 간의 데이터 통신을 가능하게 한 망
- 전화망(PSTN ; Public Switched Telephone Network) : 전화망은 데이터 통신용으로 설계된 것이 아니므로 모뎀을 이용해야 데이터 통신을 할 수 있다.
- 공중 데이터 교환망(PSDN ; Public Switched Data Network) : 정보통신에 전용하기 위해 설치·운용되는 교환 설비에 정보교환회선을 접속해서 불특정 다수들이 사용 가능하도록 구성된 망
- 종합 서비스 디지털망(ISDN ; Integrated Service Digital Network) : 전화망에서 모뎀 없이 데이터 전송이 가능하게 변화시킨 것
- B-ISDN(Broadband-ISDN) : 음성이나 문자, 수치 등의 데이터뿐만 아니라 고품질 정지 화상과 동화상, 즉 멀티미디어(Multimedia)를 전송할 수 있는 망

---

## (1) 데이터 전송의 개념

① 한 컴퓨터 내 어떠한 장치에서 또 다른 장치로 데이터를 이동하거나 한 컴퓨터에서 다른 외부장치로 데이터를 이동하는 것

② 데이터 전송에 관련되는 거리와 장치에 따라 여러 가지 모양으로 전송

　예 통신회선을 통해 전송될 때 비트 단위, 기억장치와 처리장치 사이에서의 단어 단위, 입·출력장치와 데이터 채널 사이에서의 바이트 단위

## (2) 데이터 전송방식 [기출] [중요]

① 데이터를 전송함에 있어 전송방법은 여러 가지가 있다.

② 전송방향에 따라 단방향(Simplex)통신, 반이중(Half-duplex)통신, 전이중(Full-duplex)통신이 있다.

③ 전송방식에 따른 직렬전송, 병렬전송이 있다.

④ 동기성에 따른 동기전송 및 비동기전송이 있다.

## (3) 데이터 전송방향에 따른 분류 중요

① 동시 전송성에 따라 전송방식을 구분하면 다음과 같이 3가지로 나뉜다.

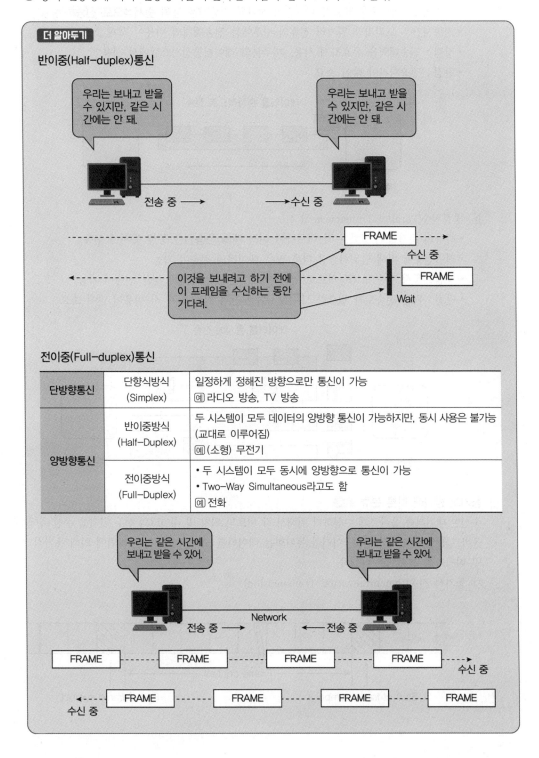

| 단방향통신 | 단향식방식<br>(Simplex) | 일정하게 정해진 방향으로만 통신이 가능<br>㉠ 라디오 방송, TV 방송 |
|---|---|---|
| 양방향통신 | 반이중방식<br>(Half-Duplex) | 두 시스템이 모두 데이터의 양방향 통신이 가능하지만, 동시 사용은 불가능<br>(교대로 이루어짐)<br>㉠ (소형) 무전기 |
| | 전이중방식<br>(Full-Duplex) | • 두 시스템이 모두 동시에 양방향으로 통신이 가능<br>• Two-Way Simultaneous라고도 함<br>㉠ 전화 |

② **데이터 전송방법에 따른 분류** 기출 중요

　㉠ 직렬전송(Serial Transmission)

　　• 하나의 문자를 구성하는 각 비트들이 하나의 전송선을 통해 **순서적으로 전송**하는 것

　　• 전송시간은 느리지만 원거리 전송의 경우에는 전송매체의 비용이 적게 소요

　　• 장점 : 전송대역을 유효하게 사용, 대부분의 데이터통신시스템에서 사용

　　• 단점 : 전송시간이 많이 소요

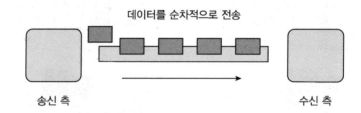

　㉡ 병렬전송(Parallel Transmission)

　　• 하나의 문자를 구성하는 각 비트들이 **여러 개의 전송선을 통해 동시에 전송**

　　• 직렬전송에 비해 단위시간당 더욱 많은 데이터의 전송이 가능

　　• 장점 : 동시 전송이 가능하므로 전송속도가 빠르며, 대량의 정보 전송이 가능

　　• 단점 : 많은 전송로가 필요하므로 송·수신 간의 거리 증가 시 비용이 많이 소요

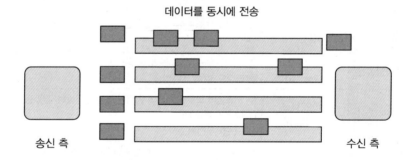

③ **동기화 방식에 따른 분류** 중요

송신한 데이터를 올바르게 수신하기 위해서 각 비트의 위치 및 데이터의 선두 위치를 수신 측에서는 올바르게 알고 있어야 한다. 이러한 동기화는 데이터를 모으고 배열하는 방법에 의해 동기식 전송 및 비동기식 전송으로 나뉜다.

　㉠ 동기식 전송(Synchronization Transmission)

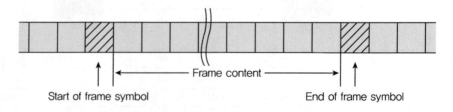

- 한 문자 단위가 아니라 여러 문자를 수용하는 **데이터 블록** 단위로 전송하는데, 블록단위의 전송 방식이므로 반드시 **버퍼가 필요**하고 전송효율이 높아 **고속 전송에 사용**한다.
- 비동기식 전송에 비해 더 많은 데이터 전송이 가능하다.
- 동기식 전송은 통상적으로 전송속도가 2,400bps를 초과하는 경우에 사용한다.
- 비트동기방식 및 문자동기방식으로 나뉜다.
- 비트동기방식
  - 데이터 블록의 처음과 끝에 8비트의 플래그 비트를 표시해서 동기를 맞추는 방식
  - HDLC, SDLC 프로토콜에서 사용

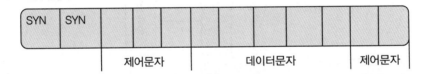

| Flag | Address | Control | Data | Black Check | Flag |

- 문자동기방식
  - SYN 등의 동기 문자에 의해 동기를 맞추는 방식
  - BSC 프로토콜에서 사용

| SYN | SYN | | | | | | | | | |

제어문자 　　　　데이터문자 　　　제어문자

ⓛ 비동기식 전송(Asynchronization Transmission)

- 보통 한 문자 단위와 같이 매우 작은 비트 블록의 앞과 뒤에 각각 스타트 비트와 스톱비트를 삽입해서 비트 블록의 동기화를 취해 주는 방식으로 5비트에서 8비트까지의 한 문자 단위마다 전후에 문자의 시작과 끝을 알리는 **스타트 비트와 스톱 비트**를 두고 매 문자 단위로 전송

  ※ 동기화: 작업들 사이에서의 수행 시기를 맞추는 것을 말한다.

- 문자와 문자 사이의 **휴지 시간(Idle Time)이 불규칙**
- **단순하고 저렴함**
- 오버헤드를 요구하므로 전송효율이 매우 낮아 **저속전송에 사용**

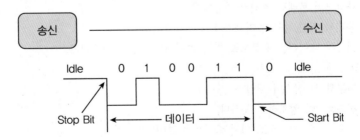

## 4 데이터 교환방식(Data Switching System)

### (1) 회선교환방식(Circuit Switching System) 중요

통신장치 간 교환기를 통해 송·수신자 사이에 통신이 끝날 때까지 통신회선을 계속 연결된 상태로 유지하는 방식(예 전화시스템)이다. 송·수신자와의 회선이 독점적으로 설정되고, 접속이 이루어지면 일정한 속도로 데이터가 전송된다.

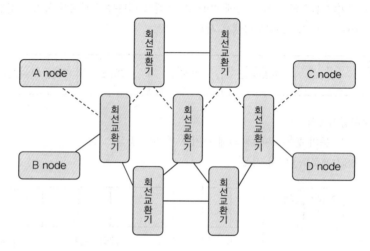

### ① 특징 기출

- ㉠ 전송 중 항상 동일한 경로를 가진다.
- ㉡ 고정적인 대역폭을 사용한다.
- ㉢ 데이터의 전송량이 많지 않을 경우에는 경제적 속도이지만 코드의 변환이 불가능하다.
- ㉣ 길이가 긴 연속적 데이터 전송에 적합하다.
- ㉤ 실시간 대화용으로 응용이 가능하다.
- ㉥ 접속시간은 많이 소요되지만, 전송지연은 거의 없다.

### ② 장점

- ㉠ 전송량이 많을 경우에 경제적이다.
- ㉡ 대규모의 트래픽 처리가 가능하다.
- ㉢ 물리적 회선 제공이 가능하다.
- ㉣ 사용자 데이터를 프로토콜 처리 없이 고속전송이 가능하다.

### ③ 단점

- ㉠ 과부하 시 접속이 어렵다.
- ㉡ 전송품질이 양호하지 못하다.
- ㉢ 접속시간의 지연으로 인해 즉시성이 결여된다.
- ㉣ 데이터를 전송하지 않을 시에도 회선이 점유되므로 네트워크 자원이 낭비된다.
- ㉤ 단시간 전송인 경우 고가이다.
- ㉥ 다수의 상대방과 동시에 통신하고자 하는 경우 필요한 수만큼의 물리적인 회선으로 보유해야 하므로 회선공유가 불가능하다.

## (2) 패킷교환방식(Packet Switching System) 기출 중요

자료를 소화물의 덩어리처럼 **일정한 단위 길이로 구분한 패킷 형태로 전송**한다고 해서 붙여진 명칭, 즉 전송되는 자료를 일정한 크기 및 형식의 패킷으로 나누어서 각각의 패킷을 독립적으로 전송하는 방식이다.

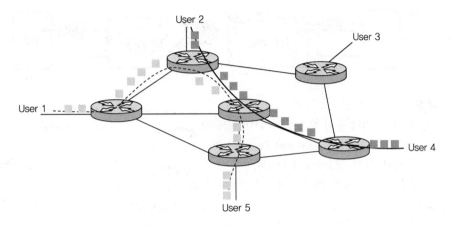

### ① 특징
    ㉠ 빠른 응답시간이 요구되는 응용에 활용한다.
    ㉡ 데이터 전송을 하기 위해 추가적인 데이터를 필요로 한다.
    ㉢ 메시지 교환방식과 동일한 축적 후 교환방식의 일종이다.

### ② 장점
    ㉠ 회선 이용 효율의 극대화된다.
    ㉡ 트래픽 용량이 큰 경우에 유리하다.
    ㉢ 전송품질 및 신뢰성이 높다.

### ③ 단점 : 데이터 단위 길이가 제한된다.

## (3) 메시지교환방식(Message Switching System) 중요

메시지를 받아서 알맞은 송신 회로를 사용할 수 있을 때까지 저장했다가 다시 전송하는 방식으로, 통신을 원하는 두 스테이션 간에 어떠한 경로를 미리 제공할 필요 없이 메시지 데이터의 논리적 단위를 교환한다. 교환기로 전송할 때까지 일시적으로 저장되었다가 다시 전송해야 하므로 저장 후 전송이라고도 한다.

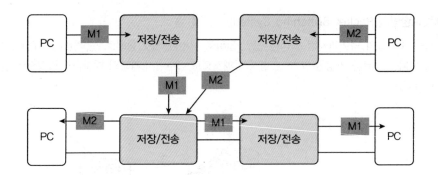

① **특징**

　　㉠ 각 메시지마다 수신 주소를 넣어서 전송한다.

　　㉡ 저장 후 전송 방식(Store and Forward)이다.

　　㉢ 각 메시지마다 전송경로가 다르다.

　　㉣ 사용자들의 형편에 따라 우선순위 전송이 가능하다.

② **장점**

　　㉠ 네트워크에서 속도 및 코드변환이 가능하다.

　　㉡ 메시지의 분실을 방지하기 위해 메시지 번호, 전송 날짜, 시간 등을 메시지에 추가해서 전송이 가능하다.

　　㉢ 코드속도가 서로 다른 터미널끼리도 메시지 교환이 가능하다.

③ **단점**

　　㉠ 메시지 길이가 일정하지 않다.

　　㉡ 응답 시간이 느리며, 대화형으로 응용이 불가능하다.

　　㉢ 전송 지연 시간이 매우 크다.

　　㉣ 실시간 처리에 부적합하다.

## 제2절 | 통신망의 구성과 프로토콜

## 1 컴퓨터통신망의 구성 형태

### (1) 구성요소

데이터 처리 및 전송을 유기적으로 결합해서 어떠한 목적 및 기능들을 수행하게 하는 것으로 데이터 전송계는 정보의 이동을 담당하고, 데이터 전송회선·통신제어장치·단말장치로 구분되며, 데이터 처리계는 가공·처리·보관 등을 담당하고, 컴퓨터가 그 역할을 수행한다.

① 데이터통신시스템의 4요소

    ㉠ 컴퓨터 : 통신제어 프로그램이 CPU에 내장되어 통신제어장치로부터 데이터를 처리하고, 통신시스템 전체를 제어

    ㉡ 단말장치 : 데이터처리시스템과 사용자가 서로 교신하기 위해 필요한 장치로서 기억기능, 입·출력기능, 전송제어기능으로 구성

    ㉢ 데이터 전송회선 : 단말장치로부터 통신제어장치까지의 데이터 전송로

    ㉣ 통신제어장치 : 단말장치와 통신에 있어서 여러 제어기능을 분담

② 데이터통신시스템에서 행하는 기능

    ㉠ 흐름제어

    ㉡ 메시지 형식화

    ㉢ 교환관리

    ㉣ 복구

    ㉤ 신호발생

    ㉥ 동기화

    ㉦ 접속

    ㉧ 보호 및 시스템 관리

    ㉨ 주소지정과 경로선택

    ㉩ 오류감지 및 수정

    ㉪ 전송시스템의 활용

### (2) 통신 소프트웨어

① 통신 소프트웨어의 조건

    ㉠ 빠른 응답

    ㉡ 비동기 처리

    ㉢ 수시입력

    ㉣ 자료의 다양성

② **통신 소프트웨어의 기능**
    ㉠ 사용자 접속의 제어
    ㉡ 데이터의 송·수신
    ㉢ 통신 하드웨어의 제어

## 2 프로토콜

### (1) 프로토콜의 개념 `기출` `중요`

① 컴퓨터 간에 정보를 주고받을 때의 **통신방법에 대한 규칙과 약속**
② 정보기기들 사이, 즉 컴퓨터끼리 또는 컴퓨터와 단말기 사이 등에서 서로 간의 정보교환이 필요한 경우 원활하게 하기 위해 정한 여러 가지 통신규칙 및 방법에 대한 약속, 통신의 규약을 의미

### (2) 프로토콜의 기본 요소 `중요`

| 구문(Syntax) | 전송하고자 하는 데이터의 형식 |
|---|---|
| 의미(Semantics) | 전송제어와 오류관리를 위한 제어정보 |
| 시간(Timing) | 두 기기 간의 통신 속도 |

### (3) 프로토콜의 기능 `중요`

① **주소지정** : 한 개체가 다른 개체에 데이터를 전송할 경우에 상대의 이름을 알아야 함
② **순서지정** : 프로토콜 데이터 단위가 전송될 때 보내지는 순서를 명시하는 기능. 순서를 지정하는 것은 순서에 맞게 데이터를 전달, 흐름제어 및 오류제어를 하기 위함
③ **단편화와 재조합** : 개체 사이의 대용량 데이터를 교환하는 프로토콜의 경우 블록분할 전송
④ **데이터의 흐름제어** : 수신 측 시스템에서 받은 데이터의 양 또는 속도제어
⑤ **연결제어** : 프로토콜의 연결 설정에 있어서의 구문·의미·시간 등을 제어
⑥ **캡슐화** : 송신자의 수신자 주소, 프로토콜 제어정보, 오류검출코드 등을 덧붙임

    ※ 실제로 전송되는 데이터에 여러 가지 제어 정보를 붙여 포장하는 것을 말한다.

⑦ **오류제어** : 데이터 교환 시의 오류 발견 기법
⑧ **동기화** : 양쪽 개체 간의 데이터 전송 시의 타이머 값, 윈도 크기 등의 인자 값
⑨ **멀티 플렉싱** : 한 개의 통신 선로에 다중의 시스템이 동시에 통신할 수 있는 기법
⑩ **전송 서비스** : 우선순위의 결정, 보안 요구 및 서비스 등급 등의 제어 서비스

> **더 알아두기**
>
> **프로토콜의 전송 방식**
> - 문자 방식 : 전송 제어 문자를 활용해서 프레임의 시작 및 끝을 나타내는 방식 – BSC
> - 바이트 방식 : 프레임의 헤더에 프레임 제어 정보를 삽입해서 전송하는 방식 – BSC
> - 비트 방식 : 특정 플래그를 정보 메시지의 처음과 끝에 포함시켜 전송하는 방식 – BDSL/SDLC

> **용어 설명**
>
> - SDLC(Synchronous Data Link Control) : SNA(Systems Network Architecture)에서 사용하기 위해 개발한 데이터 링크 프로토콜
> - SNA : Systems Network Architecture
> - BSC(Binary Symmetric Channel) : 2진 동기식 데이터 전송 제어 프로토콜

> **더 알아두기**
>
> **BPS(Bit Per Second)** 기출
> - 데이터 전송률(Data Transfer Rate)의 단위로, 통신장치를 통해 1초에 보내지는 비트 수를 말한다. 데이터 전송속도를 측정하는 데 적합한 단위이다.
> - 데이터 신호 속도(BPS)는 변조속도(Baud)와 전송 가능한 비트 수를 곱하는데, 디비트는 2비트, 트리비트는 3비트, 쿼드비트는 4비트이다.

### (4) RFID(Radio Frequency Identification) 기출 중요

① **개념**

    ㉠ 데이터 입력장치로 개발된 무선(RF ; Radio Frequency)으로 인식하는 기술로서, 자동인식 기술의 하나이다.

    ㉡ 태그 안에 물체의 ID를 담아 놓고, 리더와 안테나를 이용해 태그를 부착한 동물·사람·사물 등을 판독·관리·추적할 수 있는 기술이다.

    ㉢ RFID 기술은 궁극적으로 여러 개의 정보를 동시에 판독하거나 수정·갱신할 수 있는 장점을 가지고 있어 바코드 기술이 극복하지 못한 여러 가지 문제점들을 해결 또는 능동적으로 대처함으로써 물류·보안 분야 등 현재 여러 분야에서 각광을 받고 있다.

    ㉣ RFID의 관련 기술 중 하나로 NFC(Near Field Communication ; 고주파 RFID를 응용하여 양방향 통신이 가능하도록 구현한 근접통신기술)를 들 수 있다.

② **구성요소** : 태그(Tag), 안테나(Antenna), 리더(Reader), 호스트(Host)

③ **장점**

    ㉠ 직접 **접촉을 하지 않아도** 자료인식이 가능

    ㉡ 인식 방향에 관계없이 ID 및 정보 인식이 가능

    ㉢ 태그에 붙은 데이터를 받아들이는 데 인식되는 시간이 짧음

    ㉣ 유지·보수가 간편하며, 바코드 시스템처럼 유지비가 들지 않음

◉ 원하는 시스템이나 환경에 맞게 설계 및 제작이 가능

◉ 먼지·습기·온도 등에 제한을 받지 않고 데이터 전송이 가능

◉ 많은 양의 데이터를 보내고 받을 수 있음

◉ 데이터를 저장하거나 읽어낼 수 있음

◉ 재사용이 가능

④ **한계점**

㉠ 정보의 노출 위험성(보안)

㉡ 금속·액체 등의 전파장애 가능성

㉢ 인식의 한계(기술적 문제)

㉣ 전파가 인체에 미치는 영향(안정성)

㉤ RFID 확산의 법적 대응책 필요

㉥ 국가별 주파수 대역과 국제적 표준화

## (5) OSI(Open Systems Interconnection) 계층 모델 [기출] [중요]

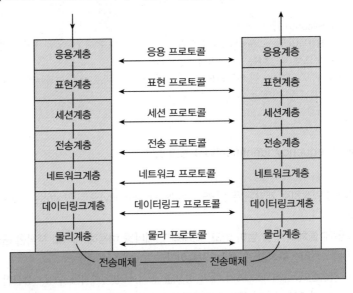

① **개요**

㉠ 시스템 간의 원활한 통신을 위해 ISO(국제표준화기구)에서 제안한 통신규약이다.

㉡ OSI 모형은 ISO(국제표준화기구)에서 개발한 모델로서, 컴퓨터 네트워크 프로토콜 디자인과 통신을 계층으로 나누어 설명한 것을 말한다. 통상적으로 OSI 7계층 모형이라 불린다.

㉢ 통신망을 통해 상호접속에 있어 필요한 제반 통신절차를 정의하며, 이 중 비슷한 기능을 제공하는 모듈을 동일계층으로 분할해서 모두 7계층으로 분할한 것이다.

㉣ 통신기능을 7개의 수직계층으로 분할해서 각 계층마다 타 계층과는 관계없이 자신의 독립적인 기능을 지원하도록 구성된다.

㉤ 각 계층을 타 계층과 독립적으로 구성한 이유는 한 모듈에 대한 변경이 전체 모듈에 미치는 영향을 최소화시키기 위해서이다.

② OSI 7계층 참조모델의 기본 요소 [중요]

| 개방형 시스템<br>(Open System) | OSI에서 규정하는 프로토콜에 따라 응용 프로세스(컴퓨터, 터미널 제어장치, 통신 제어장치, 터미널) 간의 통신을 수행할 수 있도록 하는 통신기능을 담당하는 시스템 |
|---|---|
| 응용 실체/개체<br>(Application Entity) | 응용 프로세스를 개방형 시스템상의 요소로서 모델화한 것 |
| 접속<br>(Connection) | 동일한 계층의 개체 사이에 사용자의 정보를 교환하기 위한 논리적 통신회선 |
| 물리매체<br>(Physical Media) | 시스템 간의 정보를 교환할 수 있도록 해주는 전기적 통신매체 |

③ OSI 7계층의 목적 [중요]
ㄱ OSI 규격을 개발하기 위한 범위를 정함
ㄴ 시스템 간의 통신을 하기 위한 표준을 제공
ㄷ 시스템 간의 통신을 방해하는 기술적 문제의 제거
ㄹ 시스템 간의 정보교환을 위한 상호접속점 정의
ㅁ 단일 시스템 내부동작을 기술해야 하는 노력의 제거
ㅂ 관련 규격의 적합성을 조성하기 위한 공통적 기반의 구성

---

**더 알아두기**

**OSI 7계층 모델 구조의 원칙**
• 인접한 상·하위의 계층 간에는 인터페이스를 둔다.
• 적절한 수의 계층을 두어 시스템의 복잡도를 최소화한다.
• 서비스 접점의 경계를 두어 되도록 적은 상호작용이 되도록 한다.
• 7개의 계층은 서로 상호 연관성 있게 작동한다.

---

④ OSI 7계층 모델 [중요]

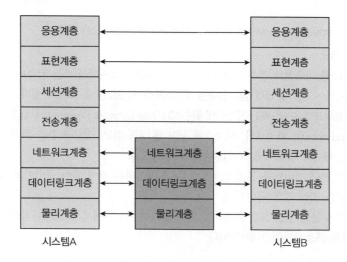

시스템A      시스템B

㉠ 물리계층(Physical Layer)
- 구조화되지 않은 비트스트림(연속된 비트)을 물리적 매체를 통한 전송을 수행하는 계층으로, 기계적·전기적·기능적·절차적 특징을 다루어 물리적 매체를 액세스하는 계층
- 물리계층에서 사용하는 장비 : 랜카드·허브·케이블 등의 실질적인 물리장비

㉡ 데이터링크계층(Data Link Layer)
- 물리적인 링크를 통해 신뢰성 있는 정보를 전송하는 기능을 제공하는 계층
- 동기화·에러제어·흐름제어 등을 수행하여 데이터 블록(프레임)을 전송하는 작업을 하는 계층
- 데이터링크계층에서 사용하는 장비 : 브리지와 스위치 등

㉢ 네트워크계층(Network Layer)
- 상위의 계층에게 시스템을 연결하는 데 필요한 데이터 전송 및 교환기능을 제공하는 계층으로서 연결을 설립, 이를 관리하고 종결하는 역할을 수행하는 계층
- 네트워크계층에서 사용하는 장비 : 라우터

㉣ 전송계층(Transport Layer)
- 종단 간 신뢰성이 있고, 투명한 데이터 전송을 제공하는 계층으로서, 종단 간 에러복구 및 흐름제어를 담당하는 계층
- 전송계층에서 사용하는 장비 : 게이트웨이

㉤ 세션계층(Session Layer)
- 각종 응용 간 통신에 대한 제어 구조를 제공하는 계층
- 서로 협력하는 응용에 대한 연결을 설립·관리·종결하는 역할을 수행하는 계층

㉥ 표현계층(Presentation Layer) : 데이터의 표현, 즉 구문(Syntax)에 차이가 있는 응용프로세스들에게 그 차이에 관계하지 않도록 하는 계층

㉦ 응용계층(Application Layer)
- 사용자가 OSI 환경을 액세스할 수 있도록 해주며, 분산 정보서비스를 제공하는 계층
- 사용자가 실제 사용하게 되는 프로그램을 다루는 계층이라고도 할 수 있음

## (6) TCP/IP(Transmission Control Protocol/Internet Protocol) 기출

① 개념 및 개요
㉠ TCP/IP란 네트워크 전송 프로토콜로, 서로 다른 운영체제를 쓰는 컴퓨터 간에도 데이터를 전송할 수 있어 인터넷에서 **정보전송을 위한 표준 프로토콜**로 쓰이고 있다.

> 예 정보의 교환을 담당하는 당사자에게는 DTE(Data Terminal Equipment), DCE(Data Communication Equipment), 파일교환, 프로그램 등이 될 수도 있고, 정보 교환을 위한 규약에는 오류수정방법, 데이터 압축기법, 파일전송방법 등이 있다.

㉡ TCP는 전송 데이터를 일정 단위로 나누고 포장하는 것에 관한 규약이고, IP는 직접 데이터를 주고받는 것에 관한 규약이다.

㉢ 인터넷에 물려 있는 모든 컴퓨터는 인터넷 표준 위원회에서 제정한 규약을 따르고 있는데, 인터넷 표준 프로토콜이 TCP/IP이다.

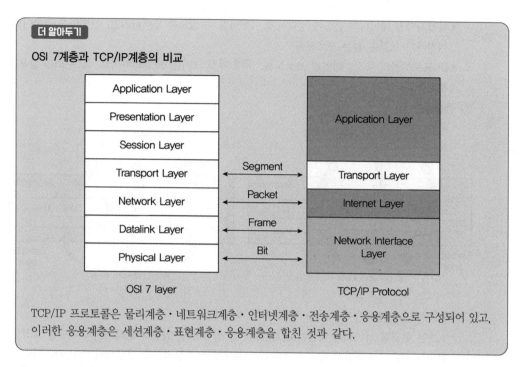

**더 알아두기**

OSI 7계층과 TCP/IP계층의 비교

TCP/IP 프로토콜은 물리계층·네트워크계층·인터넷계층·전송계층·응용계층으로 구성되어 있고, 이러한 응용계층은 세션계층·표현계층·응용계층을 합친 것과 같다.

② **TCP/IP 구조의 목표** 종요

　㉠ 전 네트워크에 대해 보편적인 접속을 보장

　㉡ 응용 프로토콜의 표준화

　㉢ 하위 네트워크 기술과 호스트 컴퓨터 구조에 대해 독립적

③ **세부내용**

　㉠ 네트워크계층

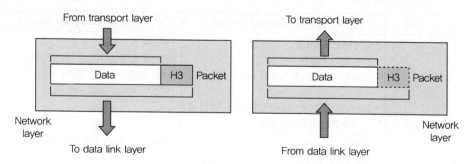

- TCP/IP는 IP 프로토콜을 지원한다.
- IP는 ARP(Address Resolution Protocol), ICMP(Internet Control Message Protocol), RARP(Reverse Address Resolution Protocol), IGMP(Internet Group Management Protocol)의 4가지 지원 프로토콜을 지닌다.

　㉡ IP(Internet Protocol)

- TCP/IP 프로토콜에서 활용하는 전송 메커니즘
- IP는 신뢰성을 제공하지 않는 비연결형 데이터그램 프로토콜

- 목적지까지 데이터의 전송이 정확하게 이루어질 수 있도록 노력하지만, 완벽하게 전송이 이루어진다는 보장은 없는 프로토콜
- IP 프로토콜의 특징 : 비연결 프로토콜, 최대 패킷 크기는 65,535바이트, IP 주소를 활용하여 주소를 지정

ⓒ 전송계층

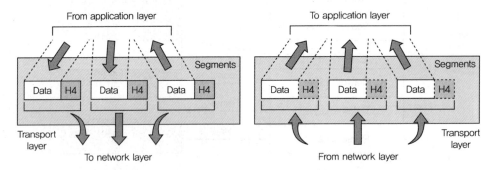

- TCP/IP는 전송계층에서 TCP 및 UDP를 지닌다.
- TCP는 연결형 서비스를 대상으로 가상회선을 성립하며, 안전하게 메시지의 전송을 보장한다.
- TCP는 전송되는 동안에 송·수신자 간에 활용하는 가상회선을 생성해서 데이터의 전송을 완료한다.
- UDP는 검사합 오류제어, 포트 주소, 상위계층으로부터 온 데이터의 길이 정보를 추가한 종단 대 종단 전송 레벨 프로토콜이다.

**더 알아두기**

**TCP와 UDP의 비교**

| 구분 | TCP(Transfer Control Protocol) | UDP(User Datagram Protocol) |
|------|-------------------------------|------------------------------|
| 특징 | • 접속지향 프로토콜<br>• 가장 많이 사용됨<br>• 두 프로그램 간의 통신 종료 시까지 계속 연결 유지<br>• 일반적인 클라이언트/서버 구조로 구성된 중소 규모의 네트워크에 사용 | • 비접속 프로토콜<br>• 연결을 설정하지 않고 데이터 전송<br>• 빠른 데이터 전송을 필요로 하는 1:1 또는 클라이언트/서버 구조의 네트워크 |
| 장점 | • 양방향 모두 가능<br>• 데이터의 신뢰성 있는 전송으로 데이터의 손실이 적음<br>• 안정적<br>• 같은 장소에 많은 정보량을 전송할 때 유용<br>• FIFO 방식 | • 메시지는 손실·중복·비순서적으로 도착할 수 있음<br>• 작은 데이터를 보낼 때 유용<br>• TCP에 비해 전송 속도가 빠름<br>• 멀티미디어 작업 시 주로 사용 |
| 단점 | • 속도가 느림<br>• 재전송으로 인한 대역폭 소비 | • 수신된 메시지의 순서 무시<br>• 데이터의 전송 보장 못함<br>• 패킷 파괴 및 손실 검출 불가능 |

ㄹ 응용계층

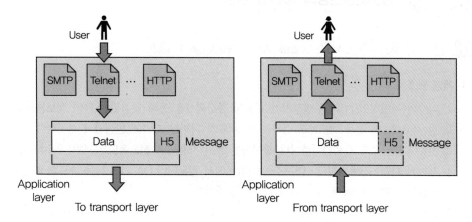

- 여러 사용자 응용프로그램을 지원하기 위해 필요한 로직을 포함
- Telnet : 클라이언트가 서버에 접속이 가능하도록 해주는 응용계층 프로토콜
- SMTP(Send Mail Transfer Protocol) : TCP에 기반한 인터넷 전자우편 프로토콜

---

**더 알아두기**

**TCP/IP 프로토콜과 OSI 모델 비교**
- 공통점
  - 계층모델
  - 여러 서비스 기능을 지닌 응용 프로그램 계층이 존재
  - 전송계층/네트워크계층과 호환하는 계층이 존재
  - 전송계층은 두 호스트 간의 종단 간 통신을 가능하게 함
  - 패킷교환 기술을 기초로 함
- 차이점
  - TCP/IP 프로토콜의 응용계층은 OSI 모델의 표현계층 및 세션계층을 포함
  - TCP/IP 프로토콜은 물리계층 및 데이터링크계층을 하나로 취급

---

## 제3절 　컴퓨터통신망의 종류와 활용

### 1 근거리 통신망(LAN ; Local Area Network) 종요

**(1) 개념** 기출

① 다수의 독립적인 PC와 주변장치가 전용의 통신회선을 통해 연결된 소단위 **정보통신망**이다.

② 한 사무실, 한 건물, 한 학교 등과 같이 비교적 **가까운 지역**에 한정되어 설치한다.

③ 전송매체는 주요 동축케이블이나 광케이블 등이 사용되며 **전송속도**는 매우 우수하다.

④ 제한된 지역·건물·학교·연구소·병원 등에서 컴퓨터나 OA 기기 등을 속도가 빠른 통신선로로 연결해서 기기 간에 통신이 가능하도록 한 것이다.

⑤ **종류** : 이더넷(Ethernet), 패스트 이더넷(Fast Ethernet), 기가비트 이더넷(Gigabit Ethernet), 토큰링(Tocken Ring), 토큰 버스(Tocken Bus), FDDI, DQDB 등

> **더 알아두기**
>
> **광케이블** 기출
> 컴퓨터통신망 중에서 제일 빠른 통신망이다.

**(2) 효과** 기출 종요

① 하드웨어 및 주변장치의 공유

② 프로그램 및 파일의 공유

③ 효율적인 정보관리 가능

④ 데이터베이스의 공유 가능

⑤ 통제 및 관리가 용이한 관계로 여러 운영체제 사용

**(3) 특징** 종요

① 생산성의 향상을 위한 네트워크의 극대화

② 정보통신의 집중성 및 국부성

③ 용이한 자원공유를 위한 사용자의 손쉬운 접근 허용

④ 구성변화에 대한 신뢰성, 확장의 용이성, 높은 호환성, 적응성

## 2 도시지역 통신망(MAN ; Metropolitan Area Network)

(1) 도시지역 통신망이라고 칭하며, 하나의 도시권역을 연결한 망을 말한다.

(2) 개념적으로는 LAN과 WAN의 중간 규모이다.

(3) 지역 통신망, 지역 케이블 방송 등이 여기에 속하며, 최근에는 WAN의 개념에 통합되는 추세이다.

## 3 원거리 통신망(WAN ; Wide Area Networks)

(1) 광역통신망이라고도 하는 원거리 통신망은 근거리 통신망 또는 중거리 통신망을 다시 하나로 묶는 거대한 네트워크이다. 즉, 하나의 도시·국가·대륙과 같이 매우 넓은 지역에 설치된 컴퓨터들 간 정보 및 자원을 공유하기에 적합하도록 설계한 컴퓨터통신망이다.

(2) 주로 전화회선 등과 같은 저속의 통신 매체를 활용하고, 불특정 다수의 사용자들이 공동으로 사용한다.

(3) 비교적 적은 양의 정보 통신에 사용되고, 용도에 따라 서비스의 내용을 다양화할 수 있다.

(4) 불특정 다수의 사용자가 이용할 수 있는 관계로 정보의 보안 기술이 중요하다.

(5) 국내에 구축되어 있는 대표적 원거리 통신망으로는 교육 전산망, 행정 전산망, 금융 전산망 등이 있다.

## 4 초고속 통신망

(1) 초고속 전송속도를 갖춘 첨단 광케이블 망을 연결함으로써 대량의 정보를 주고받을 수 있는 최첨단 통신시스템이다.

(2) 국가정보의 기간망이자 행정 전산망, 교육 연구망 등의 백본이 되는 기간 통신망으로, 개별 전산망과 이를 이용하는 이용 기관 사이에서 보다 효과적인 정보채널 역할을 담당한다.

# ○✕ 로 점검하자 | 제8장

※ 다음 지문을 읽고 내용이 맞으면 ○, 틀리면 ✕를 체크하시오. [1~7]

**01** 컴퓨터통신이란 컴퓨터에 의한 데이터 전송 기술 및 정보처리 기술이 통합된 형태를 말한다.
( )

**02** 수신자란 데이터 메시지를 보내는 장치를 말한다. ( )

**03** 하나의 통신회선에 여러 대의 단말기를 접속하는 방식을 링형 통신망이라고 한다. ( )

**04** 중앙에 있는 컴퓨터에 여러 대의 단말기가 연결되고 각각의 단말기들은 일정 지역에 설치된 단말기와 다시 접속하는 방식을 성형 통신망이라고 한다. ( )

**05** 데이터는 전송방향에 따라 단방향통신, 반이중통신, 전이중통신으로 구분된다. ( )

**06** 하나의 문자를 구성하는 각 비트들이 하나의 전송선을 통해 순서적으로 전송하는 것을 병렬전송이라고 한다. ( )

**07** 통신장치 간 교환기를 통해 송·수신자 사이에 통신이 끝날 때까지 통신회선을 계속 연결된 상태로 유지하는 방식을 패킷교환방식이라고 한다. ( )

---

**정답과 해설** 01 ○ 02 ✕ 03 ✕ 04 ✕ 05 ○ 06 ✕ 07 ✕

**02** 수신자란 메시지를 수신하는 장치이다.
**03** 하나의 통신회선에 여러 대의 단말기를 접속하는 방식을 버스형 통신망이라고 한다.
**04** 중앙에 있는 컴퓨터에 여러 대의 단말기가 연결되고 각각의 단말기들은 일정 지역에 설치된 단말기와 다시 접속하는 방식을 트리형 통신망이라고 한다.
**06** 하나의 문자를 구성하는 각 비트들이 하나의 전송선을 통해 순서적으로 전송하는 것을 직렬전송이라고 한다.
**07** 통신장치 간 교환기를 통해 송·수신자 사이에 통신이 끝날 때까지 통신회선을 계속 연결된 상태로 유지하는 방식을 회선교환방식이라고 한다.

**01** 다음 중 데이터통신의 구성요소에 해당하지 <u>않는</u> 것은?

① 송신자

② 입·출력 장치

③ 수신자

④ 프로토콜

**02** 다음 중 컴퓨터통신망의 목적으로 거리가 <u>먼</u> 것은?

① 최소의 비용으로 최대의 효과를 사용자에게 제공

② 신뢰도의 향상

③ 시스템 간의 호환성의 확대

④ 처리기능의 집중

**03** 다음 그림을 보고 추론 가능한 내용으로 거리가 <u>먼</u> 것은?

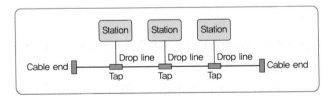

① 각 컴퓨터는 동등하며 양방향 통신이 가능하다.

② 케이블 설치에 소요되는 비용이 최소이다.

③ 하나의 통신회선에 여러 대의 단말기를 접속하는 방식이다.

④ 단말기가 타 노드에 영향을 주지 않으므로 단말기의 증설 및 삭제가 용이하다.

**01** 데이터통신의 구성요소
- 메시지
- 송신자
- 수신자
- 전송매체
- 프로토콜

**02** 컴퓨터통신망의 목적
- 시스템 간의 호환성의 확대
- 최소의 비용으로 최대의 효과를 사용자에게 제공
- 신뢰도의 향상
- 자원의 공유
- 처리기능의 분산
- 프로세스 간의 통신을 제공

**03** 버스형 통신망에서 각 컴퓨터는 동등하며 단방향 통신이 가능하다.

**정답** 01 ② 02 ④ 03 ①

**04** 트리형 통신망은 분산처리시스템에
주로 사용된다.

**04** 다음 그림을 보고 추론 가능한 내용으로 거리가 **먼** 것은?

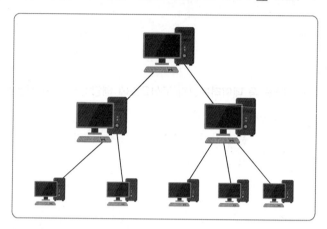

① 단말기들을 가까운 지역별로 하나의 통신 회선에 연결하기 위해서 단말기 제어기에 연결된다.

② 중앙의 컴퓨터와 일정지역의 단말기까지는 하나의 회선으로 연결되어 있고, 그 이웃하는 단말기는 이 단말기로부터 근처의 다른 단말기로 회선이 연장된 형태로 한 컴퓨터가 고장이 나더라도 나머지 컴퓨터의 통신이 가능하다.

③ 시분할시스템에 주로 활용된다.

④ 중앙에 있는 컴퓨터에 여러 대의 단말기가 연결되고 각각의 단말기들은 일정 지역에 설치된 단말기와 다시 접속하는 방식을 취한다.

**05** 직렬전송(Serial Transmission)은 하나의 전송선을 통해 순서적으로 데이터를 전송하므로 전송시간이 많이 소요된다.

**05** 데이터 전송방법에 따른 분류 중 직렬전송에 대한 설명으로 옳지 **않은** 것은?

① 하나의 문자를 구성하는 각 비트들이 하나의 전송선을 통해 순서적으로 전송되는 것을 말한다.

② 전송시간은 느리지만 원거리 전송의 경우에는 전송매체의 비용이 적게 소요된다.

③ 전송대역을 유효하게 사용할 수 있다.

④ 전송시간이 많이 소요되지 않는다.

**정답** 04 ③  05 ④

**06** 다음 그림을 보고 추론 가능한 내용으로 바르게 짝지어진 것은?

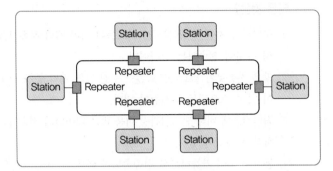

> ㉠ 장치가 단순하고, 분산제어 및 검사·회복 등이 가능하지만, 같은 링에 있는 컴퓨터에 오류가 생기면 전체 네트워크에 통신을 할 수 없으므로 2중화 대책이 필요하다.
> ㉡ 단말기의 추가 시 회선을 절단해야 하고, 기밀 보안이 어렵다는 문제점이 있다.
> ㉢ 전체적인 통신량이 증가한다.
> ㉣ 컴퓨터들이 이웃한 것들끼리만 연결된 형태로 원 모양을 형성하는 방식으로 원거리 통신망에 주로 사용된다.
> ㉤ 단방향 통신이 가능하다.

① ㉠, ㉡, ㉢
② ㉡, ㉤
③ ㉡, ㉣
④ ㉢, ㉣, ㉤

**06** 링형은 컴퓨터들이 이웃한 것들끼리만 연결된 형태로 원 모양을 형성하는 방식으로 근거리 통신망(LAN)에 사용되며, 양방향 통신이 가능하다.

정답 06 ①

**07** 병렬전송(Parallel Transmission)은 동시 전송이 가능하므로 전송속도가 빠르며, 대량의 정보 전송이 가능하다.

**07** 데이터 전송방법에 따른 분류 중 병렬전송에 대한 설명으로 옳지 <u>않은</u> 것은?

① 하나의 문자를 구성하는 각 비트들이 여러 개의 전송선을 통해 동시에 전송하는 방식이다.

② 많은 전송로가 필요하므로 송·수신 간의 거리 증가 시 비용이 많이 소요되는 문제점이 있다.

③ 직렬전송에 비해 단위시간당 더욱 많은 데이터의 전송이 가능하다는 특징이 있다.

④ 동시 전송이 가능하므로 전송속도가 빠른 반면에, 대량의 정보 전송은 불가능하다.

**08** 비동기식 전송은 5비트에서 8비트까지의 한 문자 단위마다 전후에 문자의 시작과 끝을 알리는 스타트 비트와 스톱 비트를 두고 매 문자 단위로 전송하는 방식이다.

**08** 다음 내용이 설명하는 것은?

> 보통 한 문자 단위와 같이 매우 작은 비트 블록의 앞과 뒤에 각각 스타트 비트와 스톱 비트를 삽입해서 비트 블록의 동기화를 취해 주는 방식이다.

① 병렬전송(Parallel Transmission)

② 비동기식 전송(Asynchronization Transmission)

③ 직렬전송(Serial Transmission)

④ 동기식 전송(Synchronization Transmission)

**09** ④ 동기화 방식에 따른 분류
①·②·③ 데이터 전송방향에 따른 분류

**09** 다음 중 성격이 <u>다른</u> 하나는?

① 단방향 통신

② 반이중 통신

③ 전이중 통신

④ 동기식 전송

**정답** 07 ④  08 ②  09 ④

**10** 다음 중 회선교환(Circuit Switching)에 대한 설명으로 거리가 먼 것은?

① 전송 중 항상 동일한 경로를 가진다.
② 길이가 긴 연속적인 데이터 전송에 적합한 방식이다.
③ 변동적인 대역폭을 사용한다.
④ 데이터의 전송량이 많지 않을 경우에는 경제적 속도이지만 코드의 변환이 불가능하다.

**11** 다음 중 패킷교환방식(Packet Switching System)에 대한 설명으로 거리가 먼 것은?

① 트래픽 용량이 작은 경우에 유리한 방식이다.
② 자료를 일정한 크기 및 형식의 패킷으로 나누어서 각각의 패킷을 독립적으로 전송하는 방식이다.
③ 전송품질 및 신뢰성이 높은 방식이다.
④ 빠른 응답시간이 요구되는 응용에 활용된다.

**12** 다음 중 메시지교환방식(Message Switching System)에 대한 설명으로 옳지 않은 것은?

① 메시지를 받아서 알맞은 송신 회로를 사용할 수 있을 때까지 저장했다가 다시 전송하는 방식이다.
② 교환기로 전송할 때까지 일시적으로 저장되었다가 다시 전송해야 하므로 저장 후 전송이라고도 한다.
③ 각 메시지마다 수신 주소를 넣어서 전송한다.
④ 각 메시지마다 전송경로가 모두 동일하다는 특징이 있다.

---

**10** 회선교환은 고정적인 대역폭을 사용한다.

**11** 패킷교환은 트래픽 용량이 큰 경우에 유리한 방식이다.

**12** 메시지 교환은 각 메시지마다 전송경로가 다르다.

**정답** 10 ③  11 ①  12 ④

13 메시지교환방식은 실시간 처리에 부적합하다.

**13** 다음 중 메시지교환방식에 대한 설명으로 옳지 **않은** 것은?

① 통신을 원하는 두 스테이션 간에 어떠한 경로를 미리 제공할 필요가 없이 메시지 데이터의 논리적 단위를 교환하는 것이다.

② 실시간 처리에 적합한 방식이다.

③ 네트워크에서 속도 및 코드의 변환이 가능하다.

④ 응답 시간이 느리며, 대화형으로 응용이 불가능하다는 단점이 있다.

14 프로토콜은 정보기기들 사이, 즉 컴퓨터끼리 또는 컴퓨터와 단말기 사이 등에서 서로 간의 정보 교환이 필요한 경우 원활하게 하기 위해 정한 여러 가지 통신규칙 및 방법에 대한 약속이다.

**14** 컴퓨터 간에 정보를 주고받을 때의 통신방법에 대한 규칙과 약속을 무엇이라고 하는가?

① 프로토콜

② 인터넷

③ 캡슐화

④ 방화벽

15 [문제 하단의 표 참고]

**15** 다음 중 프로토콜의 기본 요소로서 옳지 **않은** 것은?

① 시간

② 구문

③ 의미

④ BPS

»»Q

[프로토콜의 기본 요소]

| | |
|---|---|
| 구문(Syntax) | 전송하고자 하는 데이터의 형식을 의미 |
| 의미(Semantics) | 전송제어와 오류관리를 위한 제어정보를 포함 |
| 시간(Timing) | 두 기기 간의 통신 속도 |

정답  13 ② 14 ① 15 ④

**16** 다음 중 프로토콜의 기능으로 옳지 <u>않은</u> 것은?

① 비동기화

② 주소지정

③ 오류제어

④ 동기화

**17** 다음 중 데이터 전송률의 단위로, 통신장치를 통해 1초에 보내지는 비트 수를 무엇이라고 하는가?

① PER

② TCP/IP

③ BPS

④ Protocol

**17** BPS(Bit Per Second)는 데이터 전송속도를 측정하는 데 적합한 단위이며, 통신장치를 통해 1초에 보내지는 비트의 수를 의미한다.

**18** 태그 안에 물체의 ID를 담아놓고, 리더와 안테나를 이용해 태그를 부착한 동물·사람·사물 등을 판독·관리·추적할 수 있는 기술을 무엇이라고 하는가?

① BPS

② RFID

③ SCM

④ CRM

**18** RFID(Radio Frequency Identification)는 여러 개의 정보를 동시에 판독하거나 수정·갱신할 수 있는 장점을 가지고 있어 바코드 기술이 극복하지 못한 여러 가지 문제점들을 해결하고 능동적으로 대처한다.

**정답** 16 ① 17 ③ 18 ②

**19** **RFID의 구성요소**
- 태그(Tag)
- 안테나(Antenna)
- 리더(Reader)
- <u>호스트(Host)</u>

**20** RFID는 유지보수가 간편하며, 바코드 시스템처럼 유지비가 들지 않는다.

## 19 RFID의 구성요소로 적절하지 <u>않은</u> 것은?

① 리더(Reader)

② 호스트(Host)

③ 태그(Tag)

④ 컨트롤러(Controller)

## 20 다음 중 RFID에 대한 내용으로 거리가 <u>먼</u> 것은?

① 직접적인 접촉을 하지 않더라도 자료의 인식이 가능하다.

② 유지 및 보수가 어렵고, 바코드 시스템처럼 유지비가 많이 든다.

③ 인식 방향에 관계없이 ID 및 정보의 인식이 가능하다.

④ 태그는 재사용이 가능하다.

# Self Check로 다지기 | 제8장

⇥ **데이터통신의 구성요소**

메시지, 송신자, 수신자, 전송매체, 프로토콜

⇥ **데이터 전송방향에 따른 분류**

단방향통신, 반이중통신, 전이중통신

⇥ **데이터 교환방식**

회선교환, 메시지교환, 패킷교환

⇥ **프로토콜**

컴퓨터 간에 정보를 주고받을 때의 통신방법에 대한 규칙과 약속

⇥ **프로토콜 기본 요소**

구문, 의미, 시간

⇥ **프로토콜 기능**

주소지정, 순서지정, 단편화 및 재조합, 데이터의 흐름제어, 연결제어, 캡슐화, 오류제어, 동기화, 멀티 플렉싱, 전송 서비스

⇥ **BPS(Bit Per Second)**

통신장치를 통해 1초에 보내지는 비트 수

⇥ **RFID**

자동인식 기술의 하나로 데이터 입력장치로 개발된 무선으로 인식하는 기술

⇥ **RFID의 구성요소**

태그(Tag), 안테나(Antenna), 리더(Reader), 호스트(Host)

⇥ **근거리 통신망(LAN)**

다수의 독립적인 PC와 주변장치가 전용의 통신회선을 통해 연결되어 있는 소단위 정보통신망

### ➡ 원거리 통신망(WAN)

광역통신망라고도 하는 원거리 통신망은 근거리 통신망 또는 중거리 통신망을 다시 하나로 묶는 거대한 네트워크

### ➡ 패킷교환방식

자료를 소화물의 덩어리처럼 일정한 단위 길이로 구분해서 전송한다고 해서 붙여진 명칭

### ➡ 메시지교환방식

메시지를 받아서 알맞은 송신 회로를 사용할 수 있을 때까지 저장했다가 다시 전송하는 방식

### ➡ IP 프로토콜의 특징

- 비연결 프로토콜
- 최대 65,535바이트의 패킷
- IP 주소를 활용하여 주소를 지정

### ➡ 초고속 통신망

초고속 전송속도를 갖춘 첨단 광케이블 망을 연결함으로써 대량의 정보를 주고받을 수 있는 최첨단 통신시스템

# 제 9 장

# 인터넷과 전자상거래

할 수 있다고 믿는 사람은 그렇게 되고, 할 수 없다고 믿는 사람도 역시 그렇게 된다.

－샤를 드골－

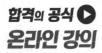
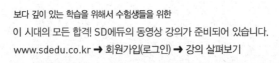

# 제 9 장 | 인터넷과 전자상거래

## 제1절 인터넷의 개요

### 1 인터넷(Internet)의 개념

#### (1) 배경

① 기원은 1969년 미국 국방성의 지원으로 미국의 4개의 대학을 연결하기 위해 구축한 알파넷(ARPANET)이다.

② 본래는 군사적인 용도로 구축되었지만 프로토콜로 TCP/IP를 채택하면서 일반인을 위한 알파넷과 군용의 MILNET으로 분리되어 현재의 인터넷 환경의 기반을 갖추게 되었다.

③ 미국 국립과학재단도 TCP/IP를 사용하는 NSFNET이라고 하는 새로운 통신망을 1986년에 구축해서 이를 운영하기 시작하였다.

④ NSFNET은 전 미국 내의 5개소의 슈퍼컴퓨터 센터를 상호 접속하기 위해 구축되었는데 1987년에는 이러한 ARPANET를 대신해서 인터넷의 근간망의 역할을 수행하게 되었다. 이 때문에 인터넷은 본격적으로 자리를 잡게 되었다.

#### (2) 개념 기출

① 인터넷은 많은 컴퓨터 네트워크를 연결시키는 네트워크이다.

② 통상적으로 사용자들은 인터넷 서비스를 제공해주는 업체의 호스트 컴퓨터에 접속해서 인터넷을 사용할 수 있다.

③ 대표적인 인터넷 서비스로는 전자우편(E-Mail), 텔넷(TELNET), 아키(Archie), 고퍼(Gopher), 파일전송(FTP), 인터넷 채팅(IRC) 등이 있다.

---

> **용어 설명**
>
> - 전자우편(E-Mail) : PC통신의 전자우편과 비슷한 개념으로 전 세계를 대상으로 편지를 보낼 수 있는 서비스이다.
> - 유즈넷(Usenet) : 전자게시판의 일종으로 인터넷이 발달하던 초기에는 단순한 전자게시판의 성격이었지만 최근에는 전 세계의 언론이 참여하는 공간으로 확대되고 있다.
> - 텔넷(TELNET) : Teletype Network의 약자로, 인터넷상에서 멀리 떨어져 있는 컴퓨터에 접속해서 상대 컴퓨터를 자신의 컴퓨터처럼 사용하는 원격 접속 기능을 말한다.
> - 아키(Archie) : 전 세계에 흩어져 있는 공개 FTP의 특정한 자료를 찾아주는 서비스를 말한다.
> - 고퍼(Gopher) : 해당 정보를 찾아가서 퍼오는 작업을 도와주는 서비스를 말한다.
> - 파일전송(FTP) : 인터넷으로 연결된 컴퓨터 간의 자료를 전송하기 위해서 만들어진 통신규약을 말한다.

## 2 인터넷의 기능 `기출` `중요`

**(1) 신속성** : 인터넷이 지니는 여러 장점 중 하나는 사용자들이 필요로 하는 정보를 적은 비용으로도 빠르고 정확하게 주고받을 수 있다는 것이다.

**(2) 개방성** : 인터넷은 개방형으로 설계되어 있어서 이전의 사내 LAN 및 컴퓨터시스템과 통합이 용이하다.

**(3) 무정부성** : 인터넷은 어떤 특정한 소유주 및 운영자가 따로 정해지지 않은 무정부 네트워크이다.

**(4) 상호작용성** : 시·공간을 초월하는 쌍방향의 멀티미디어 네트워크인 인터넷은 웹 기술의 발전으로 인해 문자·이미지·동영상 등의 갖가지 멀티미디어의 정보전달이 가능하다. 더불어, 컴퓨터 기종 및 지리적 위치 등과 관계없이 쌍방향 데이터의 송·수신이 가능하다.

**(5) 활용가능성** : 인터넷은 활용가능성이 무한한 네트워크이다.

> **더 알아두기**
>
> **도메인(Domain)** `기출` `중요`
> - 도메인은 인터넷상의 컴퓨터 주소를 알기 쉬운 영문으로 표현한 것으로 네트워크를 관리하기 위한 영역이다.
> - 도메인 이름은 최상위 도메인과 서브 도메인, 호스트 이름 등에 의해 계층적으로 구성된다.
> - DNS(Domain Name System)란, 인터넷의 도메인 체계로 도메인 이름을 IP 주소로 변환하는 역할을 한다.

## 제2절 전자상거래의 개요

## 1 전자상거래(Electronic Commerce)의 개념

**(1) 개념** `중요`

① 협의의 전자상거래는 인터넷상에 홈페이지로 개설된 상점을 통하여 실시간으로 제품을 거래하는 것을 의미한다.

② 거래되는 제품에는 전자부품 등과 같은 실물뿐 아니라, 의학적 진단 및 원거리 교육 같은 서비스도 포함한다.

③ 뉴스·오디오·소프트웨어와 같은 디지털 제품도 포함되며, 이들의 비중이 점차적으로 높아지고 있는 추세이다.

④ 광의의 전자상거래는 소비자와의 거래뿐만 아니라 거래와 관련되는 공급자·금융기관·운송기관·정부기관 등과 같이 거래에 관련되는 모든 기관과의 관련된 행위를 포함한다.

⑤ 전자상거래 시장은 생산자·중개인·소비자가 디지털 통신망을 활용해서 상호 거래하는 시장으로서 이는 실물시장과 대비되는 가상 시장을 의미한다.

## (2) 배경

① 전자상거래의 등장은 통상적으로 1970년대 미국에서 시작된 EDI로부터 시작되었다.

② EDI는 전자문서교환이라고도 하며, **기업 사이에 컴퓨터를 통해서 표준화된 양식의 문서를 전자적으로 교환하는 정보전달방식이다.** 기출

③ EDI의 의미로 Electronic Document Interchange와 Electronic Data Interchange를 혼용하고 있으며, 최근에는 좀 더 포괄적 의미를 지칭하기 위해 Data로 더 많이 쓰고 있다.

④ EDI는 상품의 수·발주 상의 착오를 줄이고 처리시간을 단축하며, 데이터의 2중 입력이나 문서작성 등의 번거로움을 줄임으로써 업무의 효율화를 달성하는 데 있다.

⑤ EDI 이후로는 CALS로 확장되었다.

⑥ CALS는 기술적 측면에서 기업의 설계·생산과정·보급·조달 등을 운영하는 운용지원 과정을 연결시키고, 이들 과정에서 사용되는 문자와 그래픽 정보를 표준을 통해 디지털화하여 종이 없이 컴퓨터에 의한 교류환경에서 설계·제조 및 운용지원 자료와 정보를 통합하여 자동화시키는 개념이다.

⑦ 최근에는 기업 간의 상거래까지를 포괄하는 개념, 즉 광속상거래 또는 초고속 경영통합 정보시스템의 개념으로까지 확대되고 있다.

⑧ CALS의 원래 의미는 Continuous Acquisition and Life-Cycle Support였으나, Commerce At Light Speed(광속상거래)로 변경되었다.

---

**더 알아두기**

**전자상거래의 특징** 기출
- 시·공간의 제약이 없다.
- 새로운 제품판매 채널이다.
- 소비자 행동에 대한 피드백이 용이하다.
- 세분화된 소비자전략 수립이 가능하다.
- 시장으로의 진입이 용이하다.

---

## 2 전자상거래의 유형 [기출] [중요]

### (1) 기업과 소비자 간의 전자상거래(B to C ; Business to Consumer)

① 상품의 생산자나 판매자들이 소비자들을 상대로 가상의 공간인 인터넷에서 상점을 개설하고 상품을 판매하는 전자 소매에 해당하는 것으로 World Wide Web의 보급으로 인해 급속도로 성장한 유형이다.
   例 서적과 같은 지적 저작물, 브랜드 등의 확실한 소비재 상품, 홈뱅킹, 인터넷 뱅킹, 대금납부 등
② 인식이 부족한 공산품의 경우에는 신뢰 기반이 취약한 관계로 활성화되기에는 한계점이 있다.
③ 인터넷상에서는 역경매가 이루어지는데, 역경매는 일반경매와는 달리 판매자들끼리 가격흥정을 붙여서 소비자가 가장 낮은 가격에 물품을 구입하는 소비자 중심의 전자상거래이다.
④ 역경매의 거래방식에 해당한다.

### (2) 기업과 기업 간의 전자상거래(B to B ; Business to Business)

① 기업이 기업을 상대로 해서 각종 서비스 및 물품을 판매하는 방식의 전자상거래이다.
② 장점으로는 전자적으로 업무를 처리함으로써 업무처리의 비용 및 시간이 절감되며, 자료의 재입력이 없어지면서 입력오류의 방지 및 업무처리절차의 개선이 있다.
③ 기업 간의 전자상거래는 네트워크를 통해 연결된 2개 이상의 기업이 원자재, 부품의 조달 및 유통 등의 활동, 신제품의 공동개발, 생산의 전자적 방식으로 인한 효율을 높이고자 하는 것이다.
   例 전자자금이체, EDI, Extranet

### (3) 기업과 정부 간의 전자상거래(B to G ; Business to Government)

① 인터넷상에서 이루어지는 기업과 정부 간의 전자상거래이다.
② 정부뿐 아니라 지방정부·공기업·정부투자기관·교육기관 등을 의미하기도 한다.

### (4) 소비자와 소비자 간의 전자상거래(C to C ; Consumer to Consumer)

소비자와 소비자 간의 전자상거래를 말한다. 즉, 인터넷 상에서 소비자들끼리 제품을 사고파는 것을 의미한다.
   例 경매 및 직거래

### (5) 정부와 소비자 간의 전자상거래(G to C ; Government to Consumer)

① 정부와 소비자 간의 전자상거래이다.
② 전자매체를 통해 정부가 제공하는 서비스를 소비자가 사용하는 것이다.

> **더 알아두기**
>
> **전자상거래의 장애요인**
> • 취약한 콘텐츠의 수준
> • 암호화 및 보안의 문제
> • 온라인 및 오프라인 간의 갈등국면 지속
> • 전자상거래 담당 전문 인력의 절대적인 부족
> • 전자상거래를 위한 정보기술 인프라를 구축하지 못하는 등의 영세성

## 3 전자상거래의 활용현황 기출

| 구분 | 전자상거래(Internet Shopping Mall) | 일반상거래(Privating Mall) |
|---|---|---|
| 유통 | 기업 ↔ 소비자(1:1 구조) | 기업 → 도매상 → 소매상 → 판매상 → 소비자 |
| 거래대상지역 | 전세계(Global Marketing) – 온라인으로 구매 | 일부지역 – 소비자가 직접 구매 |
| 거래시간 | 365일 24시간 | 소비자가 직접 구매(경비 및 시간 낭비) |
| 고객수요파악 | 온라인으로 수시 획득(회원/비회원) | 영업으로 획득(인력 및 시간 낭비) |
| 마케팅 활동 | • 쌍방향 통신을 통한 1:1<br>• Interactive Marketing, E-mail Marketing | 일반적인 마케팅(이벤트 행사, 정보신문 게재) |
| 고객대응 | 정보를 신속히 포착, 즉시 대응 | 정보 포착이 어렵고, 대응 지연 |
| 판매거점 | Cyberspace | 판매 공간 필요 |

### (1) 전자문서교환(EDI ; Electronic Data Interchange) 기출 중요

① EDI란 전자문서교환이라고 하며, 기업 사이에 **컴퓨터를 통해 표준화된 양식의 문서를 전자적으로** 교환하는 정보전달방식이다.

② 기업 간 거래에 관한 데이터와 문서를 표준화해서 컴퓨터통신망으로 거래 당사자가 직접 전송·수신하는 정보전달 체계이다.

③ 주문서·납품서·청구서 등 각종 무역관련 서류를 서로 합의된 전자신호로 변경, 컴퓨터 통신망을 통해 거래처에 전송한다.

④ 국내 기업 간 거래는 물론 국제무역에서 각종 서류의 작성과 발송, 서류정리절차 등의 번거로운 사무처리가 없어져 처리시간 단축, 비용절감 등으로 제품의 주문·생산·납품·유통의 모든 단계에서 생산성이 획기적으로 향상된다.

### (2) 광속상거래(CALS ; Commerce at Light Speed)

① 컴퓨터에 의한 조달지원으로 각종 서식 및 문서 등을 표준화해서 정보의 통합과 교환을 용이하게 하고자 시작되어, 현재는 전자적인 수단에 의한 신속한 거래행위인 광속상거래의 개념으로 발전하였다.

② EC라는 용어가 보편화되기 전에 사용된 용어이다.

### (3) 공급사슬망 관리(SCM ; Supply Chain Management) 기출 중요

① 기업에서 생산 및 유통 등 모든 공급망의 단계를 최적화하여 수요자가 원하는 제품을 원하는 시간과 장소에 제공하는 '공급망 관리'를 의미한다.

② 기존 기업 내 부문별 또는 개별기업 내부에 한정된 혁신 활동의 한계를 극복하기 위해서 원재료 공급업체에서 출발해서 최종 소비자에게로 제품이 전달되는 모든 과정이다.

③ 부품 공급업체와 생산업체, 소비자에 이르기까지 거래관계에 있는 기업들 간의 IT를 활용한 실시간 정보공유를 통해서 시장 또는 수요자들의 요구에 빠르게 대응하도록 지원한다.

④ 기업들은 SCM을 통해 경영의 세계화 및 시장의 역동화, 소비자 필요성의 다양화 등에 대응함으로써 기업의 경쟁력 강화를 제고할 수 있고, 모든 거래 당사자들의 관련된 사업범위 내에서 가상 조직처럼 정보 공유가 가능하다.

⑤ 기업 내의 생산·물류·판매·구매·재고·재무 등의 모든 업무 기능 및 프로세스를 통합적으로 연동하여 관리해주며, 주위에서 발생하는 정보를 서로가 공유하고 새로운 정보의 생성 및 빠른 의사결정을 하기 위한 정보를 제공해주는 통합정보시스템이다.

⑥ 제품을 생산하는 기업이 부품의 구매·제조·판매까지의 모든 일정을 수립하고 소비자들의 수요계획 및 물류현황을 체계적으로 정리하며, 제품의 흐름을 원활하면서도 효율적으로 수행할 수 있게 한다.

### (4) 고객관계관리(CRM ; Customer Relationship Management) 기출 중요

① 소비자들에게 관련된 기업의 내·외부 자료를 분석하고, 이를 통합해서 소비자 특성에 기초한 마케팅 활동을 계획·지원·평가하는 일련의 과정이다.

② 고객 데이터의 세분화를 실시하여 신규고객 획득, 우수고객 유지, 고객가치 증진, 잠재고객 활성화, 평생고객화와 같은 사이클을 통해 소비자들을 적극적으로 관리 및 유도하며 소비자의 가치를 극대화시킬 수 있는 전략을 통해 마케팅을 실시한다.

③ 기업들이 소비자들의 성향 및 욕구를 미리 파악해서 이를 충족시켜 주고 기업들이 목표로 하는 수익 및 광고효과 등의 원하는 바를 얻어내는 기법이다.

④ 단순히 제품 판매보다는 '소비자들과 어떠한 관계를 형성해 나갈 것인가', '소비자들이 어떤 것을 원하는가' 등에 초점을 맞춘다.

⑤ 소비자들의 성향 및 취향을 먼저 파악한 후 이를 토대로 소비자가 원하는 제품을 만들고 그에 맞는 마케팅 전략을 개발한다.

⑥ 신규 소비자들의 창출보다는 기존 고객의 관리에 초점을 맞추고 있다.

⑦ 기존 고객을 잘 관리해 고객들의 욕구를 수용하고 이들로부터 기업이 원하는 수익 등을 얻는다.

⑧ 고객들의 행동패턴, 소비패턴 등을 통해 고객들이 원하는 것을 알아내야 하는 경우가 많으므로 고도의 정보 분석기술을 필요로 한다.

※ 다음 지문을 읽고 내용이 맞으면 ○, 틀리면 ✕를 체크하시오. [1~8]

**01** 인터넷은 많은 컴퓨터 네트워크를 연결시키는 네트워크라고 한다. (　　)

**02** 도메인은 인터넷상의 컴퓨터 주소를 알기 쉬운 영문으로 표현한 것을 말한다. (　　)

**03** 전자상거래에서 거래되는 제품에는 전자부품 등과 같은 실물만 해당하며, 의학적 진단 및 원거리 교육 같은 서비스는 포함되지 않는다. (　　)

**04** 기업과 기업 사이에 컴퓨터를 통해 표준화된 양식의 문서를 전자적으로 교환하는 정보전달방식을 CALS라고 한다. (　　)

**05** 전자상거래는 시·공간의 제약이 있다. (　　)

**06** 기업과 소비자 간의 전자상거래를 B to C라고 한다. (　　)

**07** CRM이란 기업에서 생산 및 유통 등 모든 공급망의 단계를 최적화하여 수요자가 원하는 제품을 원하는 시간과 장소에 제공하는 '공급망 관리'를 의미한다. (　　)

**08** 기업의 내·외부 자료를 분석하고, 이를 통합해서 소비자 특성에 기초한 마케팅 활동을 계획·지원·평가하는 일련의 과정을 CALS라고 한다. (　　)

---

**정답과 해설**　01 ○　02 ○　03 ✕　04 ✕　05 ✕　06 ○　07 ✕　08 ✕

03 전자상거래에서 거래되는 제품에는 전자부품 등과 같은 실물뿐 아니라, 의학적 진단 및 원거리 교육 같은 서비스도 포함된다.

04 기업 사이에 컴퓨터를 통해서 표준화된 양식의 문서를 전자적으로 교환하는 정보전달방식을 EDI라고 한다.

05 전자상거래는 시·공간의 제약이 없다.

07 SCM이란 기업에서 생산 및 유통 등 모든 공급망의 단계를 최적화하여 수요자가 원하는 제품을 원하는 시간과 장소에 제공하는 '공급망 관리'를 의미한다.

08 기업의 내·외부 자료를 분석하고, 이를 통합해서 소비자 특성에 기초한 마케팅 활동을 계획·지원·평가하는 일련의 과정을 CRM이라고 한다.

01 인터넷(Internet)은 많은 컴퓨터 네트워크를 연결시키는 네트워크이며, 군사적인 용도로 구축되었지만 프로토콜로 TCP/IP를 채택하면서 일반인을 위한 알파넷과 군용의 MILNET으로 분리되어 현재의 인터넷 환경의 기반을 갖추게 되었다.

**01** 다음 중 많은 컴퓨터 네트워크를 연결시키는 네트워크를 지칭하는 것은?

① 엑스트라넷
② 인터넷
③ 이메일
④ 인트라넷

02 인터넷의 기능
  • 신속성
  • 개방성
  • 무정부성
  • 상호작용성
  • 활용가능성

**02** 다음 중 인터넷의 기능으로 거리가 먼 것은?

① 무정부성
② 상호작용성
③ 신속성
④ 폐쇄성

03 전자상거래는 소비자와의 거래뿐만 아니라 거래와 관련되는 공급자·금융기관·운송기관·정부기관 등과 같이 거래에 관련되는 모든 기관과의 관련된 행위를 포함한다.

**03** 다음 중 인터넷상에 홈페이지로 개설된 상점을 통하여 실시간으로 제품을 거래하는 것을 무엇이라고 하는가?

① 인터넷
② 전자상거래
③ 경매
④ 역경매

**정답** 01 ② 02 ④ 03 ②

**04** 다음 중 전자상거래의 특징으로 옳지 않은 것은?

① 시·공간의 제약이 없다.

② 세분화된 소비자전략 수립이 가능하다.

③ 시장으로의 진입이 어렵다.

④ 소비자 행동에 대한 피드백이 용이하다.

**05** 다음 내용이 설명하는 것은?

> • 역경매의 거래방식에 해당한다.
> • 인식이 부족한 공산품의 경우에는 신뢰 기반이 취약한 관계로 활성화되기에는 한계점이 있다.

① B to C

② B to B

③ B to G

④ C to C

**06** 다음 중 전자상거래의 장애요인으로 거리가 먼 것은?

① 취약한 콘텐츠의 수준

② 온라인 및 오프라인 간의 갈등국면의 지속

③ 불안한 웹기반 시설

④ 전자상거래 담당 전문 인력의 절대적인 부족

---

**04** 전자상거래는 시장으로의 진입이 용이하다.

**05** 기업과 소비자 간의 전자상거래(B to C ; Business to Consumer)는 상품의 생산자나 판매자들이 소비자들을 상대로 가상의 공간인 인터넷에서 상점을 개설하고 상품을 판매하는 전자 소매에 해당하는 것으로 World Wide Web의 보급으로 인해 급속도로 성장한 유형이다.

**06** 전자상거래의 장애요인
• 취약한 콘텐츠의 수준
• 암호화 및 보안의 문제
• 온라인 및 오프라인 간의 갈등국면 지속
• 전자상거래 담당 전문 인력의 절대적인 부족
• 전자상거래를 위한 정보기술 인프라를 구축하지 못하는 등의 영세성

**정답** ( 04 ③  05 ①  06 ③ )

07  EDI(Electronic Data Interchange)
    는 전자문서교환이라고 하며, 기업
    사이에 컴퓨터를 통해 표준화된 양
    식의 문서를 전자적으로 교환하는
    정보전달방식이다.

**07** 기업 간 거래에 관한 데이터와 문서를 표준화해서 컴퓨터 통신망
으로 거래 당사자가 직접 전송·수신하는 정보전달방식을 무엇
이라고 하는가?

① CRM

② SCM

③ CALS

④ EDI

08  SCM은 기존의 기업 내 부문별 또는
    개별기업 내부에 한정된 혁신 활동
    의 한계를 극복하기 위해서 원재료
    공급업체에서 출발해서 최종 소비자
    에게로 제품이 전달되는 모든 과정
    을 말한다.

**08** 기업에서 생산 및 유통 등 모든 공급망의 단계를 최적화하여 수
요자가 원하는 제품을 원하는 시간과 장소에 제공하는 것을 무엇
이라고 하는가?

① SCM

② EDI

③ CRM

④ CALS

09  고객관계관리(CRM ; Customer Rela
    tionship Management)는 고객 데
    이터를 세분화하여 신규고객 획득,
    우수고객 유지, 고객가치 증진, 잠재
    고객 활성화, 평생고객화와 같은 사
    이클을 통해 소비자들을 적극적으로
    관리 및 유도하며 소비자의 가치를
    극대화시킬 수 있는 전략을 통해 마
    케팅을 실시하는 것이다.

**09** 다음 내용이 설명하는 것은?

- 단순히 제품 판매보다는 '소비자들과 어떠한 관계를 형성해
  나갈 것인가', '소비자들이 어떤 것을 원하는가' 등에 초점을
  맞춘다.
- 소비자들의 성향 및 취향을 먼저 파악한 후 이를 토대로 소
  비자가 원하는 제품을 만들고 그에 맞는 마케팅 전략을 개
  발한다.

① CALS

② CRM

③ EDI

④ SCM

정답  07 ④  08 ①  09 ②

10 인터넷상의 컴퓨터 주소를 알기 쉬운 영문으로 표현한 것으로 네트워크를 관리하기 위한 영역을 무엇이라고 하는가?

① Protocol

② FTP

③ Gopher

④ Domain

10 도메인(Domain)은 인터넷상의 컴퓨터 주소를 알기 쉬운 영문으로 표현한 것으로 네트워크를 관리하기 위한 영역을 의미한다.

정답 10 ④

➡ **인터넷**

많은 컴퓨터 네트워크를 연결시키는 네트워크

➡ **인터넷 기능**

신속성, 개방성, 무정부성, 상호 작용성, 활용 가능성

➡ **도메인**

인터넷상의 컴퓨터 주소를 알기 쉬운 영문으로 표현한 것으로 네트워크를 관리하기 위한 영역

➡ **DNS(Domain Name System)**

인터넷의 도메인 체계로 도메인 이름을 IP 주소로 변환하는 역할을 수행

➡ **EDI**

기업 사이에 컴퓨터를 통해서 표준화된 양식의 문서를 전자적으로 교환하는 정보전달방식

➡ **B to C**

기업과 소비자 간의 전자상거래

➡ **B to B**

기업과 기업 간의 전자상거래

➡ **B to G**

기업과 정부 간의 전자상거래

➡ **C to C**

소비자와 소비자 간의 전자상거래

➡ **G to C**

정부와 소비자 간의 전자상거래

➡ **SCM**

기업에서 생산 및 유통 등 모든 공급망의 단계를 최적화하여 수요자가 원하는 제품을 원하는 시간과 장소에 제공하는 '공급망 관리'

### CRM

기업의 내·외부 자료를 분석하고, 이를 통합해서 소비자 특성에 기초한 마케팅 활동을 계획·지원·평가하는 일련의 과정

### 전자우편(E-Mail)

PC통신의 전자우편과 비슷한 개념으로 전 세계를 대상으로 편지를 보낼 수 있는 서비스

### 아키(Archie)

전 세계에 흩어져 있는 공개 FTP의 특정한 자료를 찾아주는 서비스

### 고퍼(Gopher)

해당 정보를 찾아가서 퍼오는 작업을 도와주는 서비스

### 파일전송(FTP)

인터넷으로 연결된 컴퓨터 간의 자료를 전송하기 위해서 만들어진 통신 규약

SD에듀와 함께, 합격을 향해 떠나는 여행

# 제 10 장

# 정보시스템의 보안 · 통제 및 감사

비관론자는 어떤 기회가 찾아와도 어려움만을 보고,
낙관론자는 어떤 난관이 찾아와도 기회를 바라본다.

– 윈스턴 처칠 –

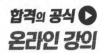
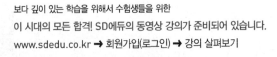

## 제1절 정보시스템의 보안

### 1 정보시스템 보안의 필요성

통상적으로 정보시스템에서의 보안은 비즈니스 프로세스, 자원의 무결성 · 정확성 · 안전성 등을 유지하고자 한다.

#### (1) 자료 보안

네트워크를 통해 전송 중인 자료의 보안 및 DB 안에 저장되어 있는 자료의 보안을 말한다.

#### (2) 시스템 보안 기출

컴퓨터시스템의 운영체제 · 서버 · 응용 프로그램 등의 약점을 활용해서 해커들이 컴퓨터시스템 내부로 침입해서 이를 임의로 사용 또는 해당 시스템의 기능을 마비 또는 파괴하는 것을 방지하는 것을 의미한다.

#### (3) 정보시스템 보안의 필요성

통상적으로 정보시스템에서의 보안 도구는 방화벽과 암호화가 대표적인 도구라 할 수 있다.

① 방화벽(Firewall) 기출 중요

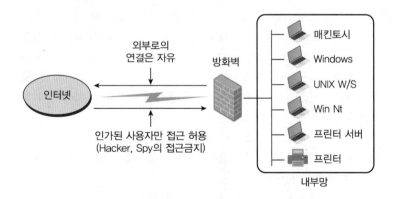

㉠ 기업이나 조직의 모든 정보가 컴퓨터에 저장되면서, 컴퓨터의 정보 보안을 위해 **외부에서 내부, 내부에서 외부의 정보통신망에 불법으로 접근하는 것을 차단하는** 시스템이다.

㉡ 기업이나 조직 내부의 네트워크와 인터넷 간 전송되는 정보를 선별해서 이를 수용·거부·수정 하는 능력을 지닌 보안시스템이다.

㉢ 외부의 인터넷과 조직 내부의 전용통신망 경계에 건물의 방화벽과 같은 기능을 가진 시스템, 즉 라우터 및 응용 게이트웨이 등을 설치해서 모든 정보의 흐름이 이들을 통해서만 이루어지는 방식 이다.

㉣ 방화벽의 종류로는 **서킷 게이트웨이**(Circuit Gateway) 방식, **애플리케이션 게이트웨이**(Application Gateway) 방식, **패킷 필터링**(Packet Filtering) 방식, **하이브리드**(Hybrid) 방식 등이 있다.

  ⓐ 서킷 게이트웨이(Circuit Gateway) 방식

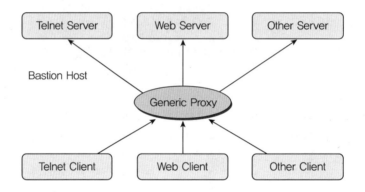

- 서킷 게이트웨이 방식은 OSI 7계층 구조의 세션계층과 애플리케이션계층 사이에서 접근제 어를 실시하는 방화벽을 지칭한다.
- 애플리케이션 게이트웨이와는 달리 각 서비스별로 프락시가 존재하는 것이 아니고, 어느 서비스의 프로토콜도 사용이 가능한 일반적인 대표 프락시를 활용한다.
- 서킷 게이트웨이 방화벽을 통해 내부시스템으로 접속하기 위해서는 사용자 측 PC 방화벽에 위치한 대표 프락시와 통신하기 위한 수정된 클라이언트 프로그램이 필요하다.
- 클라이언트 프로그램은 모든 통신에 앞서 방화벽에 있는 프락시와 연결을 맺고 안전한 통신 채널인 서킷을 구성한 후에 이 서킷을 통해서 내부시스템과 통신을 한다.
- 특징
  - 내부의 IP 주소를 숨길 수 있다.
  - 수정된 클라이언트 프로그램이 설치된 사용자에게 별도의 인증절차 없이 투명한 서비스 의 제공이 가능하다.
  - 방화벽 접속을 위한 서킷 게이트웨이를 인식할 수 있는 수정된 클라이언트 프로그램이 필요하므로 사용자들에게 프로그램을 배포해야 하거나 또는 활용 중인 응용프로그램을 수정해야 하는 번거로움이 존재한다.

ⓑ 애플리케이션 게이트웨이(Application Gateway) 방식

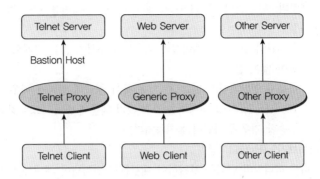

- OSI 7계층 모델 중 애플리케이션계층까지 동작하며 지나가는 패킷의 헤더 안의 데이터 영역까지도 체크하여 통제한다.
- 해당 서비스별로 프락시라는 통신 중계용 데몬이 구동되어 각 서비스 요청에 대해 방화벽이 접근규칙을 적용하고 연결을 대신하는 역할을 수행한다.
- 외부시스템 및 내부시스템은 방화벽의 프락시를 통해서만 연결이 허용되며, 직접연결은 허용되지 않으므로 외부에 대한 내부망의 완벽한 경계선 방어 및 내부의 IP 주소를 숨길 수 있다.
- 특징
  - 패킷 필터링 기능의 방화벽보다 보안성이 뛰어나다.
  - 타 방화벽에 비해 강력한 로깅 및 감사 기능을 제공한다.
  - 프락시의 특성인 프로토콜 및 데이터 전달기능을 사용해서 사용자 인증이나 바이러스 검색기능과 같은 부가적인 서비스를 지원한다.
  - 트래픽이 OSI 7계층에서 처리되는 관계로 타 방식과 비교해서 방화벽의 성능이 떨어진다.

    ※ 트래픽(Traffic) 기출 : 특정 전송로상에서 일정 시간 내 흐르는 Data의 양을 의미한다.

  - 일부 서비스에 대해서 사용자에게 투명한 서비스를 제공하기가 어렵다.
  - 방화벽에서 새로운 서비스를 제공하기 위해 새로운 프락시 데몬이 추가적으로 필요하므로, 새로운 서비스에 대한 유연성이 떨어진다.

ⓒ 패킷 필터링(Packet Filtering) 방식

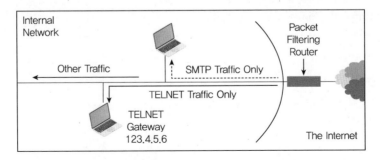

- 패킷 필터링 방식은 OSI 7계층 구조의 전송계층과 네트워크계층에서 동작하며, 지나가는 패킷의 헤더 안의 IP address 및 Port address만을 단순 검색해서 통제한다.
- 특징
    - 세션관리 및 애플리케이션의 내용을 참조하지 않는 관계로 부가기능의 지원 및 보안성 등이 많이 떨어진다.
    - 사용자 인터페이스 및 로깅 기능 등이 취약해 관리가 매우 불편하다.
    - TCP Header의 Data영역을 보지 않기 때문에 바이러스에 감염된 Mail과 첨부파일 등을 전송할 경우에 차단이 불가능하다.
    ⓓ 하이브리드(Hybrid) 방식
- 패킷 필터링의 단점을 보완하여 대부분의 방화벽이 채택하는 방식이다.
- Packet Filtering 방식과 Application Gateway 방식의 혼합이다.
- 사용자의 편의성 및 기업환경에 따라 유연성 있게 방화벽을 구성할 수 있는 반면에, 관리상 복잡하다는 단점이 있다.

---

**더 알아두기**

**방화벽(Firewall)**
- 기업 및 조직의 모든 정보가 컴퓨터에 저장되면서, 이로 인해 컴퓨터의 정보 보안을 위한 외부에서 내부, 내부에서 외부의 정보통신망에 불법으로 접근하는 것을 차단하는 시스템이다.
- 기업 및 조직 내부의 네트워크와 인터넷 간에 전송되는 정보를 선별해서 이를 수용·거부·수정하는 보안시스템이다.
- 외부 인터넷과 조직 내부의 전용통신망 경계에 건물의 방화벽과 같은 기능을 가진 시스템, 즉 라우터나 응용 게이트웨이 등을 설치해서 모든 정보의 흐름이 이들을 통해서만 이루어지는 방식이다.

**방화벽시스템 구축 시의 요구사항** 기출
- 사용자의 투명성
- 관리자 운영 시의 편의성
- 다양한 접근 제어의 지원
- 모니터링의 가능
- 잘 정리된 로그 정보의 필요
- 높은 보안성 및 유연성
- 정보의 분류·분석이 가능할 것
- 대규모 네트워크에 사용 가능한 확장성

② **암호화(Encryption)** 기출

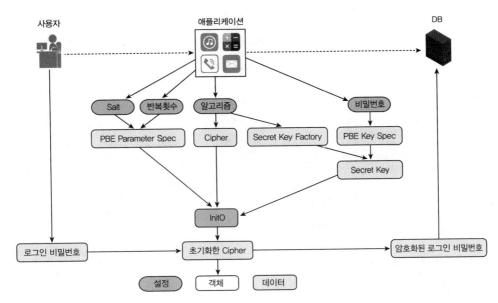

ㄱ 수학적인 알고리즘을 활용해서 기록을 구성하는 디지털 숫자 열을 변형함으로써 암호를 풀 수 있는 인증키를 지닌 사람만이 해당 기록을 볼 수 있도록 변환하는 과정을 말한다. 이러한 암호화는 기록의 진본성의 유지와 더불어 사용자 인증을 위해서도 유용한 기법이다.

ㄴ 의미를 알 수 없는 형식으로 정보를 변환한다.

ㄷ 암호문의 형태로서 정보를 기억 장치에 저장하거나 통신 회선을 통해 정보를 전송함으로써 정보의 보호가 가능하다.

> **더 알아두기**
>
> **암호화 방식 비교** 기출
>
> | 비대칭형 | 대칭형 |
> |---|---|
> | 속도가 느림 | 속도가 빠름 |
> | 키 분배, 전자서명 등에 활용 | 키 분배 및 관리가 힘듦 |
> | 서로 다른 키 활용 | 같은 키 활용 |
> | 공개 키 알고리즘(RSA) | 비밀 키 알고리즘(DES) |

## 2 정보시스템 보안의 주요 위험요소

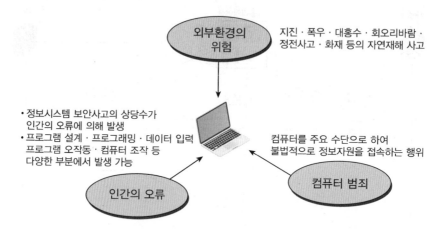

### (1) 컴퓨터 범죄(Computer Crime)

① **개념** : 컴퓨터 범죄는 컴퓨터시스템 또는 망을 활용해서 일으키는 범죄이다.

② **컴퓨터 범죄 유형**

ㄱ 절취형 범죄 : 개인 및 집단 등이 자신들의 이익을 위해 불법적으로 하드웨어 및 소프트웨어시스템, 데이터 및 정보 등을 가져가는 형태의 범죄

ㄴ 인터넷을 활용한 범죄 : 타 기관이나 타인의 컴퓨터에 몰래 침입해서 해당 시스템의 정보를 꺼내어 이를 손상시키거나 활용하는 형태의 범죄

ㄷ 변조형 범죄 : 타인이나 타 기관에 피해를 주기 위해 정보 및 소프트웨어를 변조하는 형태의 범죄

### (2) 외부환경의 위험

① **개념** : 정보시스템은 자연적 원인인 태풍·홍수·지진 등에 의한 손상을 입을 수 있다.

② **유형** : 지진·폭우·대홍수·정전사고·화재 등

### (3) 인간에 의한 오류 및 바이러스의 침투

① **개념**

ㄱ 바이러스는 다수의 시스템의 데이터를 삭제 또는 시스템의 동작을 중단시키고, 오류를 발생시키는 프로그램이다.

ㄴ 통상적으로 통신망 또는 저장매체 등을 통해 컴퓨터에서 컴퓨터로 이동하는 형태를 취한다.

ㄷ 인간에 의한 오류를 악용하여 보안을 위협하는 것을 사회공학적 해킹이라고 칭하기도 한다.

② **유형** : 프로그램 설계, 데이터 입력, 바이러스로 인한 프로그램의 오작동 등

**정보시스템 위협요소의 특성**
- 인간의 의도적 침입은 많으며, 침입형태 또한 다양하게 나타난다.
- 고의 또는 우연적이라도 이는 정보시스템에 치명적으로 작용할 수 있다.
- 정보시스템에 위해가 가해지게 되면, 이는 무형 또는 유형의 결과로 나타날 수 있다.
- 정보시스템에 대한 가해 대상은 데이터를 포함해서 Network, S/W, H/W 등 다양하다.

## 제2절  정보시스템의 통제

### 1  일반 통제(General Control)

일반 통제는 컴퓨터 프로그램을 포함해서 여러 파일의 설계·보안 및 활용에 대한 사항을 조직의 전체적인 관점에서 통제하는 것을 말한다.

#### (1) 실행 통제

① 보통 시스템 실행 통제에 있어 여러 가지의 활동 등이 포함된다.

② 시스템 개발수명주기의 여러 시점에서 활동들이 명확하게 관리되었는지를 확인해야 한다.

③ 각각의 단계에서는 일정 수준의 사용자들의 참여가 있어야 하며, 시스템 실행가능성을 확보하기 위해 비용-효과분석 등이 이루어져야 한다.

#### (2) S/W 통제

① 보통 S/W 통제는 소프트웨어 개발 과정이 능률적이거나 오류에 대한 수정은 완벽한지, 또는 효율적으로 유지·보수되는지를 확인함으로써 해당 시스템에서 활용되는 소프트웨어의 품질을 확보하기 위한 활동이다.

② 유틸리티 프로그램, 컴파일러, 라이브러리 관리프로그램, 여러 성과 모니터 등이 있다.

③ S/W의 변경 통제는 S/W의 품질을 유지하면서 시스템에 대해 허가되지 않은 자들에 대한 프로그램의 변경을 방지하는 데 그 목적이 있다.

#### (3) 물리적 H/W 통제

① 컴퓨터를 포함한 각종 통신장비들은 물리적으로 보호되어야 한다.

② 다수의 컴퓨터 하드웨어는 설비고장 등의 점검을 수행하기 위한 자체적 수단을 지니고 있다.

   예 타당성 체크(Validity Check), 패리티 체크(Parity Check), 에코 체크(Echo Check) 등

### (4) 컴퓨터 운영 통제

① 보통 컴퓨터 운영 통제는 컴퓨터 부서의 작업수행과정에 따른 통제 활동과 연관된다.

② 작업을 위한 준비, 실제적 운영, 백업 또는 비정상적으로 마무리된 작업에 대한 복구 등이 해당된다.

### (5) 자료 보안 통제

자료 보안 통제는 디스크 및 테이프 등에 탑재되어 있는 자료들에 대해 허가받지 않은 접근, 파괴행위 및 변경 등이 발생하는 것을 막는 활동이다.

### (6) 관리적인 통제 `기출`

① 통제가 효과적으로 이루어지기 위해서는 공식화된 규칙·표준·절차 및 통제규율의 확립이 필수적 이다.

② 조직의 기본적 내부 통제의 원리에 기반한 것으로 범죄 및 오류 등에서 나타날 수 있는 위험 등을 최소화할 수 있도록 이를 여러 가지의 단위로 분산·설계하는 것을 의미한다.

---

**용어 설명**

- 타당성 체크(Validity Check) : 바이트를 구성하는 온-오프 상태의 구조가 특정한 H/W의 코드 체계에 맞는지를 검사
- 패리티 체크(Parity Check) : 자료 처리의 과정 동안에 바이트를 구성하는 비트 내 변경 등이 발생하는지를 검사
- 에코 체크(Echo Check) : H/W 장비의 작동준비가 되었는지를 검사

---

## 2 응용 통제(Application Control)

**(1)** 급여, 판매 및 재고 등의 여러 개별적인 응용 업무들에 대해서 적용되는 통제를 의미한다.

**(2)** 해당 응용업무가 정확하면서도 완전하게 실행할 수 있도록 하기 위한 수작업 절차 및 자동화된 절차가 포함된다.

### (3) 응용 통제의 초점

① 발생하는 모든 거래는 하나도 빠짐없이 입력 및 갱신되어야 한다.

② 입력 및 갱신은 명확하게 이루어져야 한다.

③ 해당 자료는 거래의 내용 등에 대비해서 타당성 검토 내지 승인을 받아야 한다.

④ 파일은 항상 정확한 최신의 상태를 유지해야 한다.

| 입력 통제 | 입력에 대한 정확성 및 완전성을 확인 및 점검하는 것으로, 입력에 대한 승인, 자료의 변환, 자료에 대한 오류처리 및 편집 등의 통제활동으로 이루어진다. |
|---|---|
| 처리 통제 | 입력된 자료가 정확하면서도 완전하게 처리될 수 있도록 수행하는 통제활동을 말한다. |
| 출력 통제 | 처리가 마무리된 출력 정보가 완전하고 정확한지를 확인하고 더 나아가 이러한 정보가 적시에 전달될 수 있도록 하게 하는 활동이다. |
| 저장 통제 | 암호화, 보안코드, DB 운영, 백업파일 |

> **더 알아두기**
>
> **정보시스템 통제** 기출
> • 일반적 통제
>   – 물리적 통제 : 컴퓨터 시설 및 자원 보호
>   – 접근 통제 : 사용자가 불법적으로 컴퓨터시스템에 접근하는 것을 제한(예) 암호, 생체측정기기, IC 카드 등)
>   – 데이터 보안 통제 : 불법적인 유출·변조·파괴 혹은 자연재해로부터 데이터 보호(예) 백업)
>   – 네트워크 통제 : 통신 네트워크상에서의 데이터 보호(예) 암호화 코딩)
>   – 관리 통제 : 정보시스템의 보안기능을 강화
> • 애플리케이션 통제
>   – 입력 통제 : 데이터의 입력 시 데이터가 정확성·완전성·일관성을 유지하게 하도록 함
>   – 처리 통제 : 데이터의 처리 시 데이터의 정확성·완전성·일관성을 확인하고 프로그램이 제대로 실행되었는지 확인
>   – 출력 통제 : 애플리케이션 프로그램의 처리결과에 대해 정확성·유효성·완전성·일관성을 확인

## 제3절   정보시스템의 감사

### 1 정보시스템 감사의 개념

(1) 정보시스템 감사는 현 정보시스템이 지니는 능력 및 한계를 확인하고 차후 정보시스템의 개선 및 방향에 대한 대안을 마련하기 위한 자료를 취득하기 위해 이루어진다.

(2) 적합한 관리규정 또는 보안대책이 마련되어 있는지, 만약에 마련되어 있다면 이는 명확하게 잘 지켜지고 있는지를 평가하는 것이다.

(3) 주로 활용 중인 S/W, 입·출력 데이터의 무결성 및 정확성 등을 검사한다.

## 2 감사의 방법

**(1) 컴퓨터 주변감사** : 입력을 처리하는 과정에 대한 평가는 포함하지 않고, 입력 및 출력의 정확성, 적절성의 여부만을 확인하는 방법

**(2) 컴퓨터를 통한 감사**

① 입·출력은 물론 프로세싱에 대한 완전성 및 정확성까지 확인하는 방법

② 입력을 처리하는 S/W까지 조사하게 되므로 보다 더 복잡함

③ 정보시스템이 보유하고 있는 자료의 질에 대한 분석 및 평가에 활용되는 방법

    ㉠ 전체 파일의 조사

    ㉡ 파일 표본에 대한 조사

    ㉢ 최종 사용자의 자료의 질에 대한 인식 조사

# ○✕로 점검하자 | 제10장

※ 다음 지문을 읽고 내용이 맞으면 ○, 틀리면 ✕를 체크하시오. [1~7]

**01** 통상적으로 정보시스템에서의 보안 도구는 방화벽 및 암호화가 대표적인 도구라 할 수 없다. ( )

**02** 서킷 게이트웨이 방식은 내부의 IP 주소를 숨길 수 있다. ( )

**03** 애플리케이션 게이트웨이 방식은 일부 서비스에 대해 사용자에게 투명한 서비스를 제공하기가 상당히 용이하다. ( )

**04** 패킷 필터링 방식은 사용자 인터페이스 및 로깅 기능 등이 강해서 관리가 매우 쉽다. ( )

**05** 컴퓨터 프로그램을 포함해서 여러 파일의 설계·보안 및 활용에 대한 사항을 조직의 전체적인 관점에서 통제하는 것을 실행 통제라고 한다. ( )

**06** 자료 처리의 과정 동안에 바이트를 구성하는 비트 내 변경 등이 발생하는지를 검사하는 것을 패리티 체크라고 한다. ( )

**07** 입력된 자료가 정확하면서도 완전하게 처리될 수 있도록 수행하는 통제활동을 출력 통제라고 한다. ( )

---

**정답과 해설** 01 ✕ 02 ○ 03 ✕ 04 ✕ 05 ✕ 06 ○ 07 ✕

01 통상적으로 정보시스템에서의 보안 도구는 방화벽 및 암호화가 대표적인 도구라 할 수 있다.
03 애플리케이션 게이트웨이 방식은 일부 서비스에 대해서 사용자에게 투명한 서비스를 제공하기가 어렵다.
04 패킷 필터링 방식은 사용자 인터페이스 및 로깅 기능 등이 취약해 관리가 매우 불편하다.
05 컴퓨터 프로그램을 포함해서 여러 파일의 설계·보안 및 활용에 대한 사항을 조직의 전체적인 관점에서 이를 통제하는 것을 일반 통제라고 한다.
07 입력된 자료가 정확하면서도 완전하게 처리될 수 있도록 수행하는 통제 활동을 처리 통제라고 한다.

# 제 10 장 │ 실전예상문제

01 방화벽(Firewall)은 기업이나 조직 내부의 네트워크와 인터넷 간 전송되는 정보를 선별해서 이를 수용·거부·수정하는 능력을 지닌 보안시스템을 말한다.

**01** 다음 중 컴퓨터의 정보 보안을 위해 외부에서 내부, 내부에서 외부의 정보통신망에 불법으로 접근하는 것을 차단하는 시스템을 무엇이라고 하는가?

① 프로토콜

② 방화벽

③ FTP

④ 인터넷

02 **방화벽의 종류**
- 서킷 게이트웨이(Circuit Gateway) 방식
- 애플리케이션 게이트웨이(Application Gateway) 방식
- 패킷 필터링(Packet Filtering) 방식
- 하이브리드(Hybrid) 방식

**02** 다음 중 방화벽의 종류로서 거리가 먼 것은?

① 서킷 게이트웨이 방식

② 애플리케이션 게이트웨이 방식

③ 패킷 필터링 방식

④ FTP 방식

03 서킷 게이트웨이 방식은 OSI 7계층 구조의 세션 계층과 애플리케이션계층 사이에서 접근제어를 실시하는 방화벽을 지칭한다.

**03** 다음 내용이 설명하는 것은?

> - 내부의 IP 주소를 숨길 수 있는 기능을 지닌다.
> - 수정된 클라이언트 프로그램이 설치된 사용자에게 별도의 인증절차 없이 투명한 서비스의 제공이 가능하다.

① 서킷 게이트웨이 방식

② 애플리케이션 게이트웨이 방식

③ 패킷 필터링 방식

④ CALS 방식

**정답** ( 01② 02④ 03① )

**04** 다음 내용이 설명하는 것은?

> • 타 방화벽에 비해 강력한 로깅 및 감사 기능을 제공한다.
> • 프락시의 특성인 프로토콜 및 데이터 전달기능을 사용해서 사용자 인증이나 바이러스 검색기능과 같은 부가적인 서비스를 지원한다.

① CALS 방식
② 패킷 필터링 방식
③ 애플리케이션 게이트웨이 방식
④ 서킷 게이트웨이 방식

**05** 다음 중 방화벽시스템 구축 시의 요구사항으로 옳지 <u>않은</u> 것은?

① 모니터링의 가능
② 사용자의 투명성
③ 잘 정리된 로그 정보의 필요
④ 낮은 보안성

**06** 다음 중 정보시스템 보안의 주요 위험요소 중 자연적인 외부환경의 위험에 속하지 <u>않는</u> 것은?

① 폭우
② 절취형 범죄
③ 정전사고
④ 화재

**04** 애플리케이션 게이트웨이 방식은 OSI 7계층 모델 중 애플리케이션계층까지 동작하며 지나가는 패킷의 헤더 안의 데이터 영역까지도 체크하여 통제한다.

**05** 방화벽시스템 구축 시의 요구사항
• 사용자의 투명성
• 관리자 운영 시의 편의성
• 다양한 접근 제어의 지원
• 모니터링의 가능
• 잘 정리된 로그 정보의 필요
• 높은 보안성 및 유연성
• 정보 분류·분석이 가능할 것
• 대규모 네트워크에 사용 가능한 확장성

**06** 외부환경의 위험 요소
• 지진
• 폭우
• 대홍수
• 정전사고
• 화재

**정답** 04 ③  05 ④  06 ②

⇥ **방화벽**

컴퓨터의 정보 보안을 위해 외부에서 내부, 내부에서 외부의 정보통신망에 불법으로 접근하는 것을 차단하는 시스템

⇥ **방화벽의 종류**

서킷 게이트웨이 방식, 애플리케이션 게이트웨이 방식, 패킷 필터링 방식, 하이브리드 방식

⇥ **일반 통제**

컴퓨터 프로그램을 포함해서 여러 파일의 설계·보안 및 활용에 대한 사항을 조직의 전체적인 관점에서 통제하는 것

⇥ **응용 통제**

급여, 판매 및 재고 등의 여러 개별적인 응용 업무들에 대해서 적용되는 통제

⇥ **타당성 체크**

바이트를 구성하는 온-오프 상태의 구조가 특정한 H/W의 코드 체계에 맞는지를 검사

⇥ **에코 체크**

H/W 장비의 작동준비가 되었는지를 검사

⇥ **입력 통제**

입력에 대한 정확성 및 완전성 확인 및 점검

⇥ **처리 통제**

입력된 자료가 정확하면서도 완전하게 처리될 수 있도록 수행하는 통제활동

⇥ **출력 통제**

처리가 마무리된 출력정보가 완전하고 정확한지를 확인하고 더 나아가 이러한 정보가 적시에 전달될 수 있도록 하는 활동

# 부록

# 최종모의고사

당신이 저지를 수 있는 가장 큰 실수는 실수를 할까 두려워하는 것이다.

– 앨버트 하버드 –

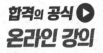

제한시간: 50분 | 시작 ___시 ___분 - 종료 ___시 ___분

➡ 정답 및 해설 243p

**01** 다음 중 정보의 특성에 해당하지 <u>않는</u> 것은?

① 정확성
② 경제성
③ 적절성
④ 복잡성

**02** 조직·체계·제도 등 요소들의 집합 또는 요소와 요소 간의 유기적인 집합을 무엇이라고 하는가?

① 지식
② 자료
③ 시스템
④ 정보

**03** 다음 중 시스템의 구성요소로 보기 <u>어려운</u> 것은?

① 중앙처리장치
② 입력
③ 처리
④ 출력

**04** 다음 내용이 의미하는 것은?

> 기업의 조직에서 일상적·반복적으로 수행되는 거래 등을 용이하게 기록·처리하는 정보시스템으로 기업 활동의 근간을 이루는 시스템이라 할 수 있다.

① 전략계획시스템
② 거래처리시스템
③ 관리통제시스템
④ 운영통제시스템

**05** 다음 중 거래처리시스템의 특징에 대한 설명으로 거리가 <u>먼</u> 것은?

① 다량의 자세한 데이터 처리
② 데이터의 정확성 및 현재성을 유지하기 위해 지속적인 갱신 노력의 요구
③ 반복되는 일상적인 거래의 처리
④ 동일 유형의 정보시스템을 위한 데이터 제공

**06** 다음 중 MRP의 기능으로 거리가 <u>먼</u> 것은?

① 재고관리의 기능
② 생산능력의 관리기능
③ 마케팅능력의 관리기능
④ 우선순위의 관리기능

**07** 1880년대 미국의 통계학자 홀러리스는 인구 통계국에서 10년마다 실시하는 국세 조사 자료 처리에서 분석시간을 단축하는 결과를 이루어냈는데, 이 시스템은 무엇인가?

① 주판
② 에니악
③ 에드박
④ 천공카드 시스템

**08** 1951년에 자기테이프를 보조기억장치로 이용한 상업용 컴퓨터는?

① EDVAC
② UNIVAC-I
③ EDSAC
④ ENIAC

**09** 다음 중 컴퓨터의 제1세대의 기본 회로소자로 사용된 것은?

① 트랜지스터
② 고밀도 및 초고밀도 집적회로
③ 진공관
④ 집적회로

**10** 다음 중 시스템 개발 수명주기의 순서로 옳은 것은?

① 시스템 조사 → 시스템 분석 → 시스템 설계 → 시스템 구현 → 시스템 실행 및 유지보수
② 시스템 분석 → 시스템 조사 → 시스템 설계 → 시스템 구현 → 시스템 실행 및 유지보수

③ 시스템 설계 → 시스템 조사 → 시스템 분석 → 시스템 구현 → 시스템 실행 및 유지보수
④ 시스템 조사 → 시스템 설계 → 시스템 분석 → 시스템 구현 → 시스템 실행 및 유지보수

**11** 다음 중 시스템 명세서에 기술된 내용으로 옳지 <u>않은</u> 것은?

① H/W 자원
② 인적 자원
③ S/W 자원
④ 환경 자원

**12** 다음 중 프로그램 구성에 있어서의 기본 단위는 무엇인가?

① 레코드
② 파일
③ 비트
④ 바이트

**13** 다음 중 2진수 3자리를 묶어 하나의 수로 표현하는 것은?

① 2진법
② 10진법
③ 16진법
④ 8진법

**14** 다음 중 파일시스템의 기본적 요건으로 거리가 먼 것은?

① 저장 공간의 한계성
② 편리한 자료의 갱신
③ 보안능력
④ 현실 세계의 구조표현 능력

**15** 다음 중 데이터베이스의 특징으로 옳지 않은 것은?

① 일시적인 변화
② 내용에 의한 참조
③ 실시간 접근성
④ 동시 공용

**16** 다음 중 데이터베이스 관리시스템에 대한 설명으로 거리가 먼 것은?

① 예비조치 및 회복기법의 어려움
② 데이터 보안의 보장 및 표준화의 유지
③ 데이터의 공용성·일관성·무결성의 유지
④ 데이터 중복의 최대화

**17** 기업의 경영에 당면하는 갖가지 문제를 해결하기 위해 여러 개의 대안을 개발하고, 비교 평가함으로써 최적안을 선택하는 의사결정 과정을 지원하는 것을 무엇이라고 하는가?

① 전문가시스템
② 의사결정지원시스템
③ 중역정보시스템
④ 집단의사결정지원시스템

**18** 다음 중 모형중심의 의사결정지원시스템에 속하지 않는 것은?

① 판매 후 모형
② 통계모형
③ 회계모형
④ 모의실험모형

**19** 다음 중 컴퓨터가 인간의 지능적인 행동을 모방할 수 있도록 하는 것은?

① 시뮬레이션
② 프로그램 복제
③ 인공지능
④ 시스템 복제

**20** 다음 중 회선교환 방식에 대한 설명으로 옳지 않은 것은?

① 전송품질이 양호하지 못하다.
② 과부하 시에도 접속이 용이하다.
③ 물리적 회선 제공이 가능하다.
④ 데이터 전송량이 많을 경우에는 경제적 이다.

**21** 다음 중 성격이 다른 하나는?

① 회선교환
② 메시지교환
③ 파일교환
④ 패킷교환

**22** 다음 중 패킷교환 방식에 대한 설명으로 옳지 <u>않은</u> 것은?

① 트래픽 용량이 큰 경우에 유리한 방식이다.

② 데이터 단위의 길이가 제한된다는 문제점이 있다.

③ 데이터 전송을 위해 추가적인 데이터를 필요로 하지 않는다.

④ 자료를 소화물의 덩어리처럼 일정한 단위의 길이로 잘라서 전송한다고 해서 붙여진 명칭이다.

**23** 다음 중 RFID에 대한 내용으로 옳지 <u>않은</u> 것은?

① 금속·액체 등의 전파장애에 대한 가능성이 없다.

② 유지보수가 간편하며, 바코드 시스템처럼 유지비가 들지 않는다.

③ 태그는 데이터를 저장하거나 읽어낼 수 있다.

④ 구성요소로는 태그, 안테나, 리더, 호스트 등이 있다.

**24** 다음 중 인터넷의 기능으로 옳지 <u>않은</u> 것은?

① 활용가능성

② 상호폐쇄성

③ 신속성

④ 무정부성

**25** 다음 내용이 설명하는 것은?

> 장점으로 전자적으로는 업무를 처리함으로써 업무처리의 비용 및 시간이 절감되며, 자료의 재입력이 없어지면서 입력오류의 방지 및 업무 처리절차의 개선이 있다.

① B to B

② B to G

③ C to C

④ C to G

**26** 기업이나 조직 내부의 네트워크와 인터넷 간 전송되는 정보를 선별해서 이를 수용·거부·수정하는 능력을 지닌 보안 시스템을 무엇이라고 하는가?

① CRM

② 프로토콜

③ SCM

④ 방화벽

**27** 정보의 특성으로 옳지 <u>않은</u> 것은?

① 중요한 정보가 충분히 내포되어 있을 때 비로소 완전한 정보라 할 수 있다.

② 정보는 단순해야 한다.

③ 정보는 과정을 지향한다.

④ 정보가 전달되기 위해서는 어떤 전달매체가 필요하다.

**28** 다음 중 정보의 발생형태가 <u>다른</u> 하나는 무엇인가?

① 유전적인 정보
② 기기적인 정보
③ 생체적인 정보
④ 직감적인 정보

**29** 다음 경영계층별 정보시스템의 구조 중 가장 상위 개념에 해당하는 것은 무엇인가?

① 거래처리시스템
② 전략계획시스템
③ 운영통제시스템
④ 관리통제시스템

**30** 생산 공정의 관리를 위한 생산정보시스템의 유형은 무엇인가?

① CAD 시스템
② CAPP 시스템
③ MRP 시스템
④ CAM 시스템

**31** 다음 중 최초의 대형 전자식 디지털 컴퓨터는 무엇인가?

① ENIAC
② EDSAC
③ EDVAC
④ UNIVAC

**32** 컴퓨터의 제2세대에서 기본 회로 소자로 사용한 것은?

① 진공관
② 트랜지스터
③ 집적회로
④ VLSI

**33** 다음 중 프로그램의 종류가 <u>다른</u> 하나는 무엇인가?

① 감시 프로그램
② 작업 제어 프로그램
③ 문제 프로그램
④ 자료 관리 프로그램

**34** 사용자 프로그램의 특징으로 옳지 <u>않은</u> 것은?

① 상대적으로 가격이 저렴하다.
② 운영방법이 복잡하다.
③ 동시에 여러 업무의 진행이 가능하다.
④ 대규모 조직 관리를 위해 필수적이다.

**35** 어셈블리어에 대한 설명으로 옳지 <u>않은</u> 것은?

① 프로그램의 수행시간이 빠르다.
② 주기억장치의 효율적 사용이 가능하다.
③ 기계어가 아니다.
④ 타 기종의 어셈블리어와 거의 일치한다.

**36** 다음 내용이 설명하는 코드의 종류는 무엇인가?

> 코드화의 대상이 되는 것들 중 공통성이 있는 것끼리 임의의 크기를 가진 블록으로 구분하고 각 블록 내에서 순서대로 번호를 붙이는 방법

① 순서코드
② 블록코드
③ 표의코드
④ 기호코드

**37** 파일 구성에서의 최소 단위를 무엇이라고 하는가?

① 바이트
② 비트
③ 필드
④ 레코드

**38** 데이터베이스의 개념으로 옳지 않은 것은?

① 어떠한 일이나 집단을 유지·관리하는 데 필요한 데이터들의 집합이다.
② 각 데이터들은 독립적인 관계에 의해서 구성된다.
③ 데이터베이스의 저장된 데이터는 사상·개념·의사·명령 등을 표현한 것이다.
④ 어느 특정 조직의 응용업무를 처리하는 다수의 응용 시스템들을 사용하기 위해 통합·저장된 운영 데이터의 집합이다.

**39** 의사결정지원시스템에 대한 설명으로 옳지 않은 것은?

① 시간 및 노력의 절감으로 의사결정의 질을 향상시킨다.
② 비구조적인 문제에 대해서는 언제나 유용하다.
③ 나타난 결과를 맹신할 경우 의사결정의 질이 떨어질 수 있다.
④ 효율적인 모델 구축을 위해서 기술 전문 인력이 필요하다.

**40** 다음에서 설명하는 컴퓨터통신망의 유형은 무엇인가?

> • 분산처리시스템에 주로 사용한다.
> • 중앙에 있는 컴퓨터에 여러 대의 단말기가 연결되고 각각의 단말기들은 일정 지역에 설치된 단말기로 다시 접속하는 방식이다.

① 버스형
② 트리형
③ 링형
④ 망형

제한시간: 50분 | 시작 ___시 ___분 - 종료 ___시 ___분

정답 및 해설 247p

**01** 관찰 및 측정을 통해 수집한 자료를 실제적으로 해결하고자 하는 문제에 도움이 될 수 있도록 정리한 지식을 무엇이라고 하는가?

① 자료
② 정보
③ 데이터
④ 파일

**02** 다음 중 시스템의 특징에 대한 내용으로 거리가 먼 것은?

① 통제되어야 한다.
② 계층적 구조의 성격을 지닌다.
③ 상승효과를 동반한다.
④ 하나의 전체가 아닌 각각의 요소가 인지되어야 한다.

**03** 다음 중 인간의 개입에 따른 시스템의 유형에 속하는 것은?

① 개방적인 시스템
② 인위적인 시스템
③ 폐쇄적인 시스템
④ 확률적인 시스템

**04** 다음 내용이 설명하는 것은?

> 이 시스템이 잘 구축된 경우에는 상위경영활동에 속하는 관리통제·운영통제 및 전략계획 등을 지원하는 타 시스템도 제대로 구축·운영될 수 있다.

① 운영통제시스템
② 전략계획시스템
③ 관리통제시스템
④ 거래처리시스템

**05** 다음의 내용을 포함할 수 있는 시스템의 유형은?

> • 은행거래처리시스템
> • POS 시스템
> • 예약정보시스템

① 거래처리시스템
② 운영통제시스템
③ 관리통제시스템
④ 전략계획시스템

**06** 다음 중 MRP에 대한 내용으로 적절하지 <u>않은</u> 것은?

① 자재계획 및 생산일정의 변경 용이
② 공정품을 포함한 종속수요품의 평균재고 감소
③ 생산 소요시간의 증가
④ 자재 및 부품 부족 현상의 최소화

**07** 다음 중 컴퓨터의 제2세대 기본 회로 소자로 사용한 것은 무엇인가?

① 집적회로
② 고밀도 및 초고밀도 집적회로
③ 진공관
④ 트랜지스터

**08** 다음 내용이 설명하는 것은?

> CPU가 직접적으로 참조하는 고속의 메모리로, 프로그램이 실행될 때 보조기억장치로부터 프로그램 및 자료를 이동시켜 실행시킬 수 있는 기억장소이다.

① 주기억장치
② 페이징
③ 가상메모리
④ 광디스크

**09** 다음 중 입력장치로 보기 <u>어려운</u> 것은?

① 스캐너
② 마우스
③ 모니터
④ 터치스크린

**10** 다음 중 예비조사 시의 필요 정보로서 옳지 <u>않은</u> 것은?

① 기업 구조
② 관련 법규
③ 업무량
④ 조직의 인원 수

**11** 다음 중 시스템 실현 가능성에 대한 4가지 영역에 속하지 <u>않는</u> 것은?

① 관리적인 실현 가능성
② 운영적인 실현 가능성
③ 기술적인 실현 가능성
④ 조직적인 실현 가능성

**12** 대량의 데이터를 컴퓨터 내에 정리·관리하고 그중에서 중요한 데이터를 검색하여, 소요의 형식으로 출력하도록 하는 즉, 대량의 기록을 다양하게 처리하는 것을 무엇이라고 하는가?

① 사용자처리
② 운영체제
③ 파일처리
④ 데이터 저장

**13** 다음 중 수행기능에 따른 파일의 분류에 해당하지 <u>않는</u> 것은?

① 마스터파일
② 운영파일
③ 보고서파일
④ 트랜잭션파일

**14** 다음 내용이 설명하는 것은?

> 어느 특정 조직의 응용업무를 처리하는
> 다수의 응용 시스템들을 사용하기 위해
> 통합·저장된 운영 데이터의 집합이다.

① 데이터
② 데이터 마이닝
③ 데이터 웨어하우스
④ 데이터베이스

**15** 데이터 종속성 및 데이터 중복성의 문제를
해결하기 위한 방법으로 제안된 것을 무엇이
라고 하는가?

① 데이터베이스 관리시스템
② 데이터베이스
③ 데이터마이닝
④ 데이터 웨어하우스

**16** 관계사상을 기초로 한 언어로 입력 릴레이션
으로부터 원하는 출력 릴레이션을 매핑시키
는 언어를 무엇이라고 하는가?

① Cobol
② C++
③ SQL
④ Java

**17** 다음 중 의사결정지원시스템에 대한 설명
으로 옳지 <u>않은</u> 것은?

① 나타난 결과를 맹신할 경우 의사결정의
질이 떨어질 수 있다.
② 효율적인 모델 구축을 위해 기술 전문 인
력이 필요하지는 않다.
③ 그래픽 또는 인터페이스 등의 기능으로
인해 의사결정지원시스템의 특징을 살리
지 못하는 경향이 있다.
④ 비구조적인 문제에 대해서 언제나 유용하
지는 않다.

**18** 다음 중 분석적 모델링 대안으로 거리가 <u>먼</u>
것은?

① 민감도 분석
② 최적화 분석
③ What-If 분석
④ 시스템 분석

**19** 전문가의 경험 및 지식을 컴퓨터에 저장시켜
컴퓨터를 통해서 전문가의 능력을 빌릴 수
있도록 만든 시스템을 무엇이라고 하는가?

① 전문가시스템
② 중역정보시스템
③ 의사결정지원시스템
④ 집단의사결정지원시스템

**20** 다음 중 회선교환(Circuit Switching) 방식에 대한 설명으로 거리가 <u>먼</u> 것은?

① 단시간 전송인 경우에는 가격이 저렴하다.
② 대규모의 트래픽 처리가 가능하다.
③ 실시간 대화용으로도 응용이 가능하다.
④ 접속시간의 지연으로 인해 즉시성이 결여될 수 있다.

**21** 다음 내용에서 괄호 안에 들어갈 말을 순서대로 바르게 짝지은 것은?

> 데이터를 전송함에 있어 전송방법은 여러 가지가 있는데, 전송방향에 따라 ( ), ( ), ( ) 등이 있다.

① 직렬전송, 병렬전송, 전이중전송
② 동기식 전송, 비동기식 전송, 반이중전송
③ 비트동기방식, 문자동기방식, 직렬전송
④ 단방향통신, 반이중통신, 전이중통신

**22** 다음 중 메시지 교환 방식에 대한 내용으로 적절하지 <u>않은</u> 것은?

① 사용자들의 형편에 따라 우선순위의 전송이 가능하다는 특징이 있다.
② 각 메시지마다 전송경로가 다르다.
③ 전송 지연 시간이 거의 없다.
④ 메시지를 받아서 알맞은 송신 회로를 사용할 수 있을 때까지 저장했다가 다시 전송하는 방식을 취한다.

**23** OSI 7계층 모델 구조의 원칙에 대한 설명으로 거리가 <u>먼</u> 것은?

① 서비스 접점의 경계를 두어 되도록 적은 상호작용이 되도록 한다.
② 적절한 수의 계층을 두어 시스템의 복잡도를 최대화한다.
③ 7개의 계층은 서로 상호 연관성 있게 작동한다.
④ 인접한 상·하위의 계층 간에는 인터페이스를 둔다.

**24** 다음 중 전자상거래의 특징으로 적절하지 <u>않은</u> 것은?

① 시장으로의 진입이 용이하다.
② 새로운 제품판매 채널이다.
③ 세분화된 소비자전략 수립이 불가능하다.
④ 소비자 행동에 대한 피드백이 용이하다.

**25** 다음 중 기업의 내·외부 자료를 분석하고, 이를 통합해서 소비자 특성에 기초한 마케팅 활동을 계획·지원하며, 평가하는 일련의 과정을 뜻하는 것은?

① SCM
② EDI
③ CRM
④ CALS

**26** 다음 내용에 대한 설명으로 옳은 것은?

> • 사용자 인터페이스 및 로깅 기능 등이 취약해 관리가 매우 불편하다.
> • 세션관리 및 어플리케이션의 내용을 참조하지 않는 관계로 부가기능의 지원 및 보안성 등에 있어 많이 떨어진다.

① 어플리케이션 게이트웨이 방식
② 패킷 필터링 방식
③ 서킷 게이트웨이 방식
④ CALS 방식

**27** 정보시스템의 발달 과정에서 관리정보시스템이 대표적인 시기는 언제인가?

① 1950~1960년
② 1960~1970년
③ 1970~1980년
④ 1980~1990년

**28** 운영통제시스템의 특징으로 옳지 않은 것은?

① 이루어지는 대부분의 업무가 정형화되어 있다.
② 주로 중간관리층이 의사결정을 지원한다.
③ 대부분 기업 내부의 데이터를 사용한다.
④ 거래 처리에 있어 관련된 데이터의 구성은 데이터베이스이다.

**29** 컴퓨터 산업의 제3세대에 대한 설명으로 옳지 않은 것은?

① 기본 회로 소자로 집적회로를 사용했다.
② 코어 메모리 대신 반도체 메모리를 사용하였다.
③ 운영체제(OS)가 활용되기 시작하였다.
④ 입·출력 장치들의 다양화와 고급화 등 컴퓨터의 사용 방법이 크게 변화되었다.

**30** 다음 중 객체지향언어에 속하는 것은 무엇인가?

① 코볼
② 베이직
③ JAVA
④ PASCAL

**31** 비절차언어는 몇 세대에 해당하는가?

① 1세대
② 2세대
③ 4세대
④ 5세대

**32** 비주얼 베이직 언어에 대한 설명으로 옳지 않은 것은?

① 주로 사무용 프로그램 개발에 사용된다.
② DB 연동이 어렵다.
③ 프로그램을 모듈과 폼으로 구성해서 작성한다.
④ 윈도우즈 기반의 프로그래밍이다.

**33** 시스템 개발 수명주기의 2단계인 시스템 분석의 산출물은 무엇인가?

① 기능 요구사항
② 시스템 명세서
③ 작동하는 시스템
④ 개선된 시스템

**34** 프로그램 테스트에 대한 설명으로 옳지 <u>않은</u> 것은?

① 프로그래밍 언어 사용에 있어 생기는 오류인 원시 프로그램을 교정해야 한다.
② 실제 상황과 같은 데이터를 활용해서 프로그램의 실행결과를 시험한다.
③ 사용자가 직접 시스템을 이용하는 부분까지도 테스트해야 한다.
④ 테스트는 전체적인 테스트를 하고 이후 개별적인 테스트를 해야 한다.

**35** 전 워드(Full Word)는 몇 바이트에 해당하는가?

① 2바이트
② 4바이트
③ 6바이트
④ 8바이트

**36** 데이터 처리를 위한 명령어 파일을 무엇이라고 하는가?

① 작업 파일
② 마스터 파일
③ 프로그램 파일
④ 트랜잭션 파일

**37** 데이터베이스 관리 시스템의 특징으로 옳지 <u>않은</u> 것은?

① 전산화 비용의 감소
② 데이터의 일관성 유지 가능
③ 데이터 표준화 기능
④ 최신의 데이터 유지

**38** 다음 내용이 설명하는 명령어는 무엇인가?

> 데이터베이스에 들어 있는 데이터를 조회하거나 검색하기 위한 명령어

① SELECT
② INSERT
③ RENAME
④ ROLLBACK

**39** 중역정보시스템에 대한 설명으로 옳지 <u>않은</u> 것은?

① 효율적인 운영을 위해 외부의 DB와 연결되어야 한다.
② 조직의 중역들의 활동을 지원하기 위해 별도의 DB가 존재해야 한다.
③ 주목적은 분석 및 의사결정지원이다.
④ 1980년대 초반에 등장하였다.

**40** 전문가시스템의 특징으로 옳지 <u>않은</u> 것은?

① 거시적 판단 능력이 높다.
② 지식을 문서화하기가 쉽다.
③ 대량 복사본을 쉽게 만들 수 있다.
④ 일관적 문제풀이의 과정의 유지가 가능하다.

| 01 | 02 | 03 | 04 | 05 | 06 | 07 | 08 | 09 | 10 | 11 | 12 | 13 | 14 | 15 |
|----|----|----|----|----|----|----|----|----|----|----|----|----|----|----|
| ④ | ③ | ① | ② | ④ | ③ | ④ | ② | ③ | ① | ④ | ② | ④ | ① | ① |
| 16 | 17 | 18 | 19 | 20 | 21 | 22 | 23 | 24 | 25 | 26 | 27 | 28 | 29 | 30 |
| ④ | ② | ① | ③ | ② | ③ | ③ | ① | ② | ① | ④ | ③ | ② | ② | ② |
| 31 | 32 | 33 | 34 | 35 | 36 | 37 | 38 | 39 | 40 | | | | | |
| ① | ② | ③ | ① | ④ | ② | ③ | ② | ② | ② | | | | | |

## 01 정답 ④

**정보의 특성**

정확성, 완전성, 경제성, 신뢰성, 관련성, 단순성, 적시성, 입증가능성, 통합성, 적절성, 누적가치성, 매체의존성, 결과지향성, 형태성 등

## 02 정답 ③

시스템은 지정된 정보 처리 기능을 수행하기 위해 조직화되고 규칙적으로 상호 작용하는 방법·절차·경우에 따라 인간도 포함하는 구성요소들의 집합을 말한다.

## 03 정답 ①

시스템의 구성요소로는 입력(Input), 처리(Process), 출력(Output)이 있다.

## 04 정답 ②

거래처리시스템이 제대로 구축되면 상위의 시스템들도 명확히 구축이 될 수 있다.

## 05 정답 ④

타 유형의 정보시스템을 위한 데이터 제공이다.

## 06 정답 ③

MRP의 기능으로는 우선순위의 관리기능, 재고관리의 기능, 생산능력의 관리기능 등이 있다.

## 07 정답 ④

천공카드 시스템은 데이터를 종이 카드에 구멍을 뚫어 표현하는 시스템으로, 1880년대 미국의 통계학자 홀러리스가 인구 통계국에서 10년마다 실시하는 국세 조사 자료 처리에서 분석시간을 효과적으로 단축하는 결과를 도출한 시스템이다.

## 08 정답 ②

UNIVAC-I은 1951년에 자기테이프를 보조기억장치로 이용한 상업용 컴퓨터로 모클리와 에커트가 개발하였다.

## 09 정답 ③

컴퓨터의 제1세대는 기본 회로 소자로 진공관(Vacuum Tube)을 사용하였다.

**10** 정답 ①

시스템 개발 수명주기(SDLC ; System Development Life Cycle)
시스템 조사 → 시스템 분석 → 시스템 설계 → 시스템 구현 → 시스템 실행 및 유지보수

**11** 정답 ④

시스템 명세서에 기술된 내용
• S/W 자원(프로그램 및 처리절차)
• H/W 자원(장비 및 매체)
• 인적 자원(최종사용자 및 정보시스템 요원)
• Network 자원(통신매체 및 네트워크)

**12** 정답 ②

파일은 프로그램 구성에 있어서의 기본 단위이며, 같은 종류의 여러 레코드가 모여서 구성된다.

**13** 정답 ④

8진법은 0~7까지의 숫자로 표현하며, 2진수 3자리(000~111)를 묶어 하나의 수로 표현한다.

**14** 정답 ①

파일시스템의 기본적 요건
• 신뢰성
• 보안능력
• 데이터 무결성에 대한 유지능력
• 편리한 자료의 갱신
• 빠른 자료의 검색
• 저장 공간의 경제성
• 현실 세계의 구조표현 능력

**15** 정답 ①

데이터베이스의 특징
• 실시간 접근성
• 계속적 변화
• 동시 공용
• 내용에 의한 참조

**16** 정답 ④

데이터 중복의 최소화이다.

**17** 정답 ②

의사결정지원시스템은 단순하게 정보를 수집·저장 및 분배하기 위한 시스템을 넘어서 사용자들이 기업의 의사결정을 용이하게 내릴 수 있도록 사업 자료를 분석해주는 역할을 하는 컴퓨터 응용프로그램이다.

**18** 정답 ①

모형중심의 의사결정지원시스템
• 모의실험모형
• 제안모형
• 통계모형
• 최적화모형
• 회계모형

**19** 정답 ③

인공지능은 인간의 지각 및 뇌의 정보처리 등을 컴퓨터로 시뮬레이트할 수 있도록 이를 모델화시킨 소프트웨어 시스템을 말한다.

**20** 정답 ②

회선교환 방식은 과부하 시에 접속이 어렵다는 문제점이 있다.

**21** 정답 ③

①·②·④는 데이터 교환 방식에 따른 분류이다.

**22** 정답 ③

패킷교환은 데이터 전송을 하기 위해 추가적인 데이터를 필요로 한다.

**23** 정답 ①

RFID는 금속·액체 등의 전파장애 가능성이 있다.

**24** 정답 ②

인터넷의 기능
- 신속성
- 개방성
- 무정부성
- 상호작용성
- 활용가능성

**25** 정답 ①

기업과 기업 간의 전자상거래(B to B ; Business to Business)는 기업이 기업을 상대로 해서 각종 서비스 및 물품을 판매하는 방식의 전자상거래를 말한다.

**26** 정답 ④

방화벽(Firewall)은 인터넷 등과 같은 외부의 통신 체제로부터 기업 조직의 네트워크를 보호해주는 하드웨어 또는 소프트웨어 체제를 의미한다.

**27** 정답 ③

정보는 개인 또는 조직이 효과적인 의사결정을 하는 데 의미가 있으며 유용한 형태로 처리된 자료들로서 결과지향적이다.

**28** 정답 ②

정보의 발생형태는 자연적인 정보와 인공적인 정보로 나눌 수 있다. 자연적인 정보에는 내적인 정보(생체적·유전적·직감적·본능적), 외적인 정보(날씨 및 기후 등의 상황에 따른 정보)가 있고, 인공적인 정보에는 기록정보, 행위정보, 구술정보, 기기적인 정보 등이 있다.

**29** 정답 ②

**경영계층별 정보시스템의 구조**

거래처리시스템(실무자 계층) → 운영통제시스템(하위경영층) → 관리통제시스템(중간경영층) → 전략계획시스템(상위경영층)

**30** 정답 ②

① CAD(Computer Aided Design) 시스템 : 제품의 설계를 위한 시스템
③ MRP(Material Requirements Planning) 시스템 : 원자재 관리를 위한 시스템
④ CAM(Computer Aided Manufacturing) 시스템 : 작업장의 공정제어, 설비의 통제 및 제어 등을 통해 제조활동을 지원하는 시스템

**31** 정답 ①

1946년에 미국 펜실베니아 대학의 존 모클리와 커트는 무게 30톤, 길이 24미터, 높이 5.4미터의 가장 큰 최초의 대형 전자식 디지털 컴퓨터인 ENIAC(Electronic Numerical Integrator and Computer)을 완성하였다.

**32** 정답 ②

컴퓨터의 제2세대는 기본 회로 소자로 트랜지스터를 사용하였다. 진공관은 컴퓨터의 제1세대, 집적회로는 컴퓨터의 제3세대, VLSI는 컴퓨터의 제4세대의 기본 회로 소자로 사용되었다.

**33** 정답 ③

①·②·④는 제어 프로그램에 속하고, ③은 처리 프로그램에 속한다.

**34** 정답 ①

사용자 프로그램은 주문형 소프트웨어라고도 하며, 프로그래밍 언어를 공부하고 컴퓨터를 활용하기 위해 작성하는 모든 프로그램들을 통칭한다. 고가이며, 운영방법이 복잡한 반면에 대규모 조직 관리를 위해 필수적이며 동시에 여러 업무의 진행이 가능하다는 특징이 있다.

**35** 정답 ④

어셈블리어는 기계어의 명령들을 알기 쉬운 언어로 표시해서 사용한 것을 말한다. 타 기종의 어셈블리어와 거의 일치하지 않으므로 언어의 호환성이 부족하다.

**36** 정답 ②

블록코드는 적은 자릿수로 많은 항목을 표시하기 좋으나 추가에 대한 충분한 고려가 필요하다.

**37** 정답 ③

① 문자를 표현하는 최소 단위
② 자료표현의 최소 단위
④ 하나 이상의 관련된 필드가 모여서 구성된 것

**38** 정답 ②

데이터베이스는 어떠한 일이나 집단을 유지·관리하는 데 필요한 데이터들의 집합으로 서로 관련 있는 데이터들을 효율적으로 관리하기 위해 수집된 데이터들의 집합체이다. 각 데이터들은 상호 유기적인 관계에 의해서 구성된다.

**39** 정답 ②

의사결정지원시스템은 주로 비구조적 또는 반구조적인 문제를 해결하기 위해 의사결정자가 데이터와 모델을 활용할 수 있게 해주는 대화식 컴퓨터시스템으로, 비구조적인 문제에 대해서 언제나 유용하지는 않다.

**40** 정답 ②

트리형은 중앙의 컴퓨터와 일정지역의 단말기까지는 하나의 회선으로 연결되어 있고, 그 이웃하는 단말기는 이 단말기로부터 근처의 다른 단말기로 회선이 연장된 형태로 한 컴퓨터가 고장나더라도 나머지 컴퓨터의 통신이 가능하다.

| 01 | 02 | 03 | 04 | 05 | 06 | 07 | 08 | 09 | 10 | 11 | 12 | 13 | 14 | 15 |
|----|----|----|----|----|----|----|----|----|----|----|----|----|----|----|
| ② | ④ | ② | ④ | ① | ③ | ④ | ① | ③ | ④ | ① | ③ | ② | ④ | ① |
| 16 | 17 | 18 | 19 | 20 | 21 | 22 | 23 | 24 | 25 | 26 | 27 | 28 | 29 | 30 |
| ③ | ② | ④ | ① | ① | ④ | ③ | ② | ③ | ③ | ② | ② | ② | ④ | ③ |
| 31 | 32 | 33 | 34 | 35 | 36 | 37 | 38 | 39 | 40 | | | | | |
| ③ | ② | ① | ④ | ② | ③ | ① | ① | ③ | ① | | | | | |

**01** 정답 ②
정보는 인간이 근본적으로 생활함에 있어 필요한 것을 의미한다.

**02** 정답 ④
시스템은 개개요소가 아닌 하나의 전체로 인지되어야 한다.

**03** 정답 ②
사람의 개입에 따른 시스템 유형에는 인위적인 시스템, 자연적인 시스템이 있다.

**04** 정답 ④
거래처리시스템은 기업 조직에서 일상적이면서 반복적으로 수행되는 거래를 쉽게 기록·처리하는 정보시스템이면서 기업 활동의 가장 기본적인 역할을 지원하는 시스템이다.

**05** 정답 ①
거래처리시스템의 처리 대상 데이터는 고객 주문사항의 처리, 원부자재의 구매, 상품재고의 관리, 고객 대금고지서 발송, 공급업체 물품대금지급 등과 같은 일상적 거래업무에서 발생하는 데이터이다.

**06** 정답 ③
MRP의 장점
자재 및 부품 부족 현상의 최소화, 공정품을 포함한 종속수요품의 평균재고 감소, 생산 소요시간의 단축, 자재계획 및 생산일정의 변경 용이 등이 있다.

**07** 정답 ④
컴퓨터 논리회로 소자의 세대별 분류
• 1세대 – 진공관
• 2세대 – 트랜지스터
• 3세대 – 집적회로
• 4세대 – 고밀도집적회로
• 5세대 – 초고밀도집적회로

**08** 정답 ①
주기억장치(Main Memory Unit)
프로그램이 실행될 시에 보조기억장치로부터 프로그램 및 자료를 이동시켜 실행시킬 수 있는 기억장치를 의미한다.

**09** 정답 ③
모니터는 출력장치에 해당한다.

10 **정답** ④

예비조사 시의 필요 정보에는 관련 법규, 작업의 내용, 기업 구조, 시장과 경쟁력, 업무량 등이 있다.

11 **정답** ①

**시스템 실현 가능성에 대한 4가지 영역**
- 기술적인 실현 가능성
- 조직적인 실현 가능성
- 운영적인 실현 가능성
- 경제적인 실현 가능성

12 **정답** ③

파일처리는 특정한 활용을 위한 파일들을 따로 정의하고 구현한다.

13 **정답** ②

**수행기능에 따른 파일의 분류**
- 작업파일(Work File)
- 마스터파일(Master File)
- 보고서파일(Report File)
- 프로그램파일(Program File)
- 트랜잭션파일(Transaction File)

14 **정답** ④

데이터베이스는 어떠한 일이나 집단을 유지·관리하는 데 필요한 데이터들의 집합으로 서로 관련 있는 데이터들을 효율적으로 관리하기 위해 수집된 데이터들의 집합체를 의미한다.

15 **정답** ①

데이터베이스 관리시스템은 응용 프로그램과 데이터의 중재자로서 모든 응용 프로그램들이 데이터베이스를 공용할 수 있도록 관리해 주는 소프트웨어시스템이다.

16 **정답** ③

SQL은 구조화된 질의어로 데이터 정의어 및 데이터 조작어를 포함한 데이터베이스용 질의 언어의 하나이다.

17 **정답** ②

의사결정지원시스템은 효율적인 모델 구축을 위해서 기술 전문 인력이 필요하다.

18 **정답** ④

**분석적 모델링 대안**
- What-If 분석
- 민감도 분석
- 목표추구(Goal-Seeking) 분석
- 최적화 분석

19 **정답** ①

전문가시스템은 전문가가 가지고 있는 노하우 또는 지식 등을 컴퓨터에 넣어 전문가와 같은 추론 및 판단을 컴퓨터가 행하도록 하는 것을 의미한다.

20 **정답** ①

회선교환 방식은 단시간 전송인 경우 고가이다.

21 **정답** ④

데이터를 전송함에 있어 전송방법은 여러 가지가 있는데, 전송방향에 따라 단방향(Simplex)통신, 반이중(Half-duplex)통신, 전이중(Fullduplex)통신이 있다.

**22** 정답 ③

메시지 교환은 전송 지연 시간이 매우 크다는 단점이 있다.

**23** 정답 ②

적절한 수의 계층을 두어 시스템의 복잡도를 최소화한다.

**24** 정답 ③

전자상거래는 세분화된 소비자전략 수립이 가능하다.

**25** 정답 ③

CRM은 기업들이 소비자들의 성향 및 욕구를 미리 파악해서 이를 충족시켜 주고 기업들이 목표로 하는 수익 및 광고효과 등의 원하는 바를 얻어내는 기법을 말한다.

**26** 정답 ②

패킷 필터링 방식은 OSI 7계층 구조의 전송 계층과 네트워크 계층에서 동작하며, 지나가는 패킷의 헤더 안의 IP Address 및 Port Address만을 단순 검색해서 통제한다.

**27** 정답 ②

정보시스템의 변천사
• 1950~1960년 : 전자적 자료 프로세싱
• 1960~1970년 : 관리정보시스템
• 1970~1980년 : 의사결정지원시스템
• 1980~1990년 : 전문가시스템, 전략정보시스템
• 1990~2000년 : E-비즈니스, 전자상거래

**28** 정답 ②

운영통제시스템은 업무와 관련된 의사결정의 지원에 있어서 대부분이 하위관리층이다.

**29** 정답 ④

④ 컴퓨터 산업의 제4세대에 대한 설명이다.

**30** 정답 ③

일반적으로 고급언어는 절차지향언어와 객체지향 언어가 있다. ①·②·④는 절차지향언어에 해당한다.

**31** 정답 ③

• 1세대 언어 : 기계어
• 2세대 언어 : 어셈블리어
• 5세대 언어 : 함수 언어, 논리 언어

**32** 정답 ②

비주얼 베이직은 마이크로소프트사에서 만든 베이직 프로그래밍 언어의 일종으로 DB 연계가 쉬워 주로 사무용 프로그램 개발에 사용된다.

**33** 정답 ①

시스템 개발 수명주기 단계와 산출물
• 1단계 시스템 조사의 산출물 : 실현가능성 조사
• 2단계 시스템 분석의 산출물 : 기능 요구사항
• 3단계 시스템 설계의 산출물 : 시스템 명세서
• 4단계 시스템 구현의 산출물 : 작동하는 시스템
• 5단계 시스템 유지보수의 산출물 : 개선된 시스템

**34** 정답 ④

테스트는 개별적인 테스트를 하고 이후 전체적인 테스트를 해야 한다. 이를 시스템 테스트라 하는데, 프로그램의 실행결과를 위한 테스트뿐만 아니라 사용자가 직접 시스템을 이용하는 부분까지도 테스트하여 사용자를 위한 편의성이 제공되는지도 검사해야 한다.

**35** 정답 ②

워드(Word)는 컴퓨터가 한 번에 처리 가능한 명령 단위를 말한다. 반 워드(Half Word)는 2바이트, 전 워드(Full Word)는 4바이트, 더블워드(Double Word)는 8바이트에 해당한다.

**36** 정답 ③

① 생성된 데이터를 임시로 보관하기 위한 파일
② 데이터 처리 작업에 있어 중심이 되는 데이터 파일
④ 마스터 파일의 내용 갱신을 위한 데이터 파일

**37** 정답 ①

데이터베이스 관리 시스템은 파일 시스템에서 야기되는 데이터 종속성 및 데이터 중복성의 문제를 해결하기 위한 방법으로 제안되었다. 전산화 비용의 증가, 시스템의 복잡화, 파일의 예비·회복의 어려움 등의 단점이 있다.

**38** 정답 ①

데이터베이스에 들어 있는 데이터를 조회하거나 검색하기 위한 명령어는 SELECT로, RETRIEVE 라고도 한다. 이 명령어는 데이터 조작어(DML)에 속한다.

**39** 정답 ③

중역정보시스템의 주목적은 현황의 파악이다. 분석 및 의사결정지원을 주목적으로 하는 시스템은 의사결정지원시스템이다.

**40** 정답 ①

전문가시스템은 전문가의 경험 및 지식을 컴퓨터에 저장시켜 컴퓨터를 통해서 전문가의 능력을 빌릴 수 있도록 만든 시스템이다. 상식적 지식의 활용능력 및 거시적 판단능력이 부족하다는 단점이 있다.

# 부록

# 빨리보는 간단한 키워드

시/험/전/에/ 보/는/ 핵/심/요/약/ 키/워/드/

나는 내가 더 노력할수록 운이 더 좋아진다는 걸 발견했다.

-토마스 제퍼슨-

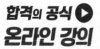
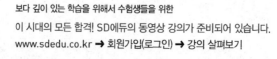

## 제1장　경영정보시스템의 소개

### 제1절 정보의 개념

#### 1 정보의 개념

**(1) 정보**

① 어떠한 사물이나 상태 등을 의미 있는 형태로 설명하고 불확실성을 감소시키고, 수신자가 의사결정, 선택의 목적에 효과적으로 사용될 수 있도록 하는 데이터 집합

② 사람이 판단하고 이에 따른 의사결정을 내리고, 행동으로 옮길 때 해당 방향을 정할 수 있도록 해주는 역할

③ 개인 또는 조직이 효과적인 의사결정을 하는 데 의미가 있으며 유용한 형태로 처리된 자료

**(2) 자료**

① 어떠한 현상이 일어난 사건·사실 등을 있는 그대로 기록한 것

② 주로 기호·숫자·음성·문자·그림·비디오 등의 형태로 표현

　㉠ 1차 자료 : 조사자가 현재 수행 중인 조사목적을 달성하기 위해 조사자가 직접 수집한 자료

　㉡ 2차 자료 : 현재의 조사목적에 맞게 활용하기 위해 수집한 기존의 모든 자료

**(3) 지식**

① 정보가 누적되고 체계화됨으로써 더 넓은 시간과 내용의 관계를 나타내는 것

② 데이터 및 정보에 비해 좀 더 상위수준의 개념이며 데이터와 정보를 처리하는 방법 또는 어떠한 근거에 의한 판단을 내리는 데 필요한 분석과 판단에 관한 법칙을 포함하는 개념

#### 2 정보의 특성

**(1) 정확성(Accuracy)** : 정확성을 갖춘 정보는 실수 및 오류가 개입되지 않은 정보이다. 정보는 데이터의 의미를 명확히 하고, 편견의 개입이나 왜곡 없이 정확하게 전달해야 한다.

**(2) 완전성(Completion)** : 중요한 정보가 충분히 내포되어 있을 때 비로소 완전한 정보라 할 수 있다.

**(3) 경제성(Economical)** : 필요한 정보를 산출하기 위해서는 경제성이 있어야 한다.

(4) **신뢰성(Reliability)** : 신뢰할 수 있는 정보는 그 원천자료 및 수집방법과 관련이 있다.

(5) **관련성(Relevancy)** : 양질의 정보를 취사선택하는 최적의 기준은 관련성이다. 그러므로 관련성 있는 정보는 의사결정자에게 매우 중요하다.

(6) **단순성(Simplicity)** : 정보는 단순해야 하고 지나치게 복잡해서는 안 된다. 또한, 지나치게 정교하거나 자세한 내용은 경우에 따라 의사결정자에게 불필요할 수도 있다.

(7) **적시성(Timeliness)** : 양질의 정보라도 필요한 시간대에 사용자에게 전달되지 않으면 가치를 상실한다.

(8) **입증가능성(Verifiability)** : 정보는 입증 가능해야 한다.

(9) **통합성(Combination)** : 개별적인 정보는 많은 관련 정보들과 통합됨으로써 재생산되는 등의 상승효과를 가져온다.

(10) **적절성(Felicity)** : 정보는 적절하게 사용되어야 유용한 정보로서의 가치를 가진다.

(11) **누적가치성** : 정보는 생산·축적될수록 가치가 커진다.

(12) **매체의존성** : 정보가 전달되기 위해서는 어떤 전달매체(신문·방송·컴퓨터)가 필요하다.

(13) **결과지향성** : 정보는 결과를 지향한다.

(14) **형태성** : 의사결정자의 요구에 정보가 얼마나 부합하는 형태로 제공되는지에 대한 정도를 의미한다.

## 3 정보의 가치 및 중요성

(1) 정보의 가치는 시간의 흐름에 따라 상대적 또는 절대적으로 변화할 수 있다.

(2) 정보를 바탕으로 한 삶을 살아갈 수 있는 기반이 구축되었기 때문에 정보의 중요성이 더해지고 있다.

## 4 정보의 유형

### (1) 자연적인 정보

① 내적인 정보

㉠ 생체적인 정보 : 소화계·신경계 등 생물체의 활동과정에서 발생, 전달되는 정보
㉡ 유전적인 정보 : 혈액형, 유전자 등
㉢ 직감적인 정보 : 생물체가 느끼는 각종 영감 및 육감
㉣ 본능적인 정보 : 반사신경 및 운동신경 등

② **외적인 정보** : 날씨 및 기후 등의 상황에 따른 정보

### (2) 인공적인 정보

① **기록정보** : 기록의 형태로 되어 전달되는 정보
② **행위정보** : 몸짓 및 손짓 등의 비언어적으로 전달되는 정보
③ **구술정보** : 강의 및 강연 등 입을 통해서 전달되는 정보
④ **기기적인 정보** : 기구 및 기계의 도움으로 전달되는 정보

## 5 정보관리의 필요성

**(1)** 산업화 이후 대량생산체제로의 전환으로 인해 여러 회사 간의 치열한 경쟁이 심화됨으로써 정보는 중점적으로 다루어져야 하는 자원으로 인식된다.

**(2)** 기업 내의 정보자원 관리가 중요해짐에 따라 정보시스템의 구축은 제조·생산에서 제품의 소비 및 유통과 서비스의 제공까지 포함한다.

## 제2절 정보와 시스템

## 1 시스템의 개념 및 정의

**(1)** 조직·체계·제도 등 요소들의 집합 또는 요소와 요소 간의 유기적인 집합을 말한다.

**(2)** 지정된 정보처리 기능을 수행하기 위해 조직화되고 규칙적으로 상호 작용하는 방법과 절차와 함께 경우에 따라 인간(사용자)도 포함된 구성요소의 집합을 의미한다.

### (3) 시스템의 특징

① 개개요소가 아닌 하나의 전체로 인지되어야 한다.

② 상승효과를 동반한다.

③ 계층적 구조의 성격을 지닌다.

④ 통제되어야 한다.

⑤ 투입물을 입력받아서 처리과정을 거친 후에 그로 인한 출력물을 밖으로 내보낸다.

## 2 시스템의 구성요소

**(1)** 입력(Input)은 기계적 또는 전기적인 에너지를 발생하거나 변환하는 기계에 어떠한 시간 내에 들어온 에너지의 양이나 정보・신호 등을 의미한다.

**(2)** 처리(Process)는 일정한 결과를 얻기 위해 진행 중인 과정을 나타낸다.

**(3)** 출력(Output)은 일정한 입력이 기계적으로 처리되어 정보로서 나타나는 일, 또는 처리되어 나타난 정보를 말한다.

## 3 시스템의 종류

### (1) 유형에 따른 분류

① **사람의 개입에 따른 시스템 유형**

㉠ 인위적인 시스템 : 어느 특정한 목적을 이루기 위해 사람들에 의해서 만들어진 시스템

㉡ 자연적인 시스템 : 사람들의 어떠한 개입이 없이 자체적으로 존재하는 시스템

② **상호작용에 따른 시스템 유형**

㉠ 개방적 시스템 : 입력 및 출력을 통해 환경과 서로 상호작용하는 시스템

㉡ 폐쇄적 시스템 : 에너지・정보 또는 물적 자원을 외부 환경과는 상호작용이 없이 스스로 운영하는 시스템

③ **확실성에 따른 시스템 유형**

㉠ 확률적 시스템 : 시스템 구성요소의 상호관계를 파악함에 있어 확률적으로만 알 수가 있는 경우에 일정 정도의 에러 또는 오류 등을 반영해서 이를 확률로 설명하는 시스템

㉡ 확정적 시스템 : 시스템 구성요소의 상호관계의 명확한 예측이 가능한 불확실성이 없는 시스템

### (2) 목적에 따른 시스템의 구분

① **정보시스템(Information System)** : 개인 또는 집단에게 효과적인 정보를 제공하는 시스템으로, 주로 사람・사물・장소에 대한 정보를 지니고 있다. 또한, 자료를 효과적으로 처리해서 의사결정에 유용한 정보를 얻을 수 있다.

② **경영시스템(Management System)** : 기업의 경영과정에서 발생하는 상호작용의 관계에 있는 각 기능으로 이루어진 하나의 체계를 말하며, 환경에서 물자·자금·정보·인력을 입력해서 이를 출력으로 전환하는 과정이다.

③ **제조시스템(Manufacturing System)** : 자원을 가지고 제품화되기까지의 과정을 설계 및 관리하는 시스템이다.

④ **서비스시스템(Service System)** : 판매를 목적으로 제공하거나 제품의 판매와 연동해서 제공되는 일련의 활동들을 관리하는 시스템이다.

## 4 정보시스템

**(1)** 개인 또는 집단에게 효과적인 정보를 제공하는 시스템으로, 이에는 주로 사람·사물·장소에 대한 정보가 속한다.

### (2) 운영지원시스템

기업의 내·외부적으로 관리를 하기 위해 여러 가지의 정보를 생산하는 시스템이다(예 처리제어시스템, 기업협력시스템, 거래처리시스템).

### (3) 관리지원시스템

기업의 경영자가 효율적인 의사결정이 가능하도록 정보를 제공 및 지원하는 시스템이다(예 관리정보시스템, 의사결정지원시스템, 중역정보시스템).

### (4) 기타의 경영정보시스템

① **전략정보시스템** : 자사의 제품, 서비스 및 비즈니스 처리과정에서 정보기술 등이 타사에 비해 전략적 우위를 취할 수 있도록 도움을 제공하는 시스템이다.

② **지식경영시스템** : 전사적 차원에서 구성원과 관리자에게 사업 지식에 대한 생성, 조직 및 정보의 유포 등을 지원하기 위한 지식 기반의 정보시스템이다.

③ **전문가시스템** : 능력진단과 같은 운영업무를 위해 전문가의 조언을 제공하거나 관리적인 의사결정을 위한 전문가의 조언을 제공하는 시스템이다.

## 제3절 경영과 정보시스템

### 1 기업경영을 위한 정보시스템

**(1)** 기업 경영에서 의사결정의 유효성을 높이기 위하여, 경영 내·외부의 관련된 정보들을 필요에 따라서 적시에 대량으로 수집·전달·처리·저장 및 활용할 수 있도록 구성된 인간(사용자)과 컴퓨터(기계) 간의 결합시스템이다.

**(2)** 축적된 DB를 기반으로 의사결정모형을 활용해서 조직의 의사결정업무를 수행하고, 경영자에게 의사결정에 도움을 줄 수 있는 대안을 제시한다.

### 2 경영정보시스템의 종류

**(1) 정보보고시스템(IRS ; Information Reporting System)**
　① 관리활동에 필요한 정보를 제공해주는 시스템을 말한다.
　② 기업의 경우 거래자료처리시스템을 통해서 기업 활동에 대한 기초적인 자료를 확보하며, 이러한 자료를 사용하고자 하는 새로운 시도로 정보보고시스템이 등장하게 되었다.
　③ **일반적인 특성**
　　㉠ 자료의 통합저장
　　㉡ 관리정보의 제공
　　㉢ 사용자의 개발참여
　　㉣ 요약된 정보의 제공

**(2) 경영지원시스템(MSS ; Management Support System)**
　① 관리자에게 보고서를 제공하거나 기업이 보유하고 있는 과거 자료 및 현 상태에 대한 온라인 정보를 제공하는 시스템이다.
　② 주로 생산·재무·마케팅 등의 기능적 활동을 수행하는 중간 관리자의 계획·통제활동 및 그와 관련된 의사결정을 도와주는 시스템으로서 공통 DB에 연결된다.

**(3) 전략정보시스템(SIS ; Strategic Information System)**
　① 의사결정과정에서 정보기술을 조직의 전략수행이나 경쟁우위 확보를 위해 활용하고자 하는 정보시스템을 의미한다.
　② 사업차원의 경우에는 가치사슬 분석을 통해 전략적 영향을 가지는 활동에 주목해서 정보시스템에 투자한다.
　③ 기업차원의 경우에는 정보시스템을 보다 고차원의 효율화 및 서비스 향상에 활용한다.
　④ 업계차원의 경우에는 네트워크 경제의 개념을 활용해서 업종 내, 업종 간의 협조를 촉진해서 업계 전체의 유효성을 높인다.

**(4) 거래처리시스템(TPS ; Transaction Processing System / Transaction Processing Reporting System)**

① 컴퓨터를 활용해서 업무처리 및 거래 등을 자동화하기 위해 개발된 것으로, 기업의 경영활동에 있어 상당 부분 단순작업을 자동화하여 업무수행에 있어 효율적으로 처리하도록 한다.

② 기업 조직의 부서에서 서로 다른 시스템이 존재하면서 각 정보시스템 간의 효율적인 정보교환이 어려워짐과 동시에 중복 투자되는 등의 문제가 발생하였다.

## 3 경영활동과 정보시스템

**(1)** 업무운영에 대한 지원, 의사결정의 지원, 전략적인 경쟁우위 확보에 대한 지원을 통해서 기업에 대한 가치를 창출하기 위해서이다.

**(2)** 정보시스템에 대한 활용을 타사에 비해 전략적 우위를 점하기 위해 사용된다.

**(3)** 기업의 관리자가 더 나은 의사결정을 하도록 하며, 동시에 전략적인 경쟁우위를 점하기 위한 수단으로서의 지원을 하는 것이 정보시스템이다.

## 제2장　경영정보시스템의 구조

### 제1절 경영계층별 정보시스템의 구조

## 1 거래처리시스템(TPS ; Transaction Processing System)

**(1) 거래처리시스템의 개념**

① 기업 조직에서 일상적이면서 반복적으로 수행되는 거래를 쉽게 기록・처리하는 정보시스템으로서 기업 활동의 가장 기본적인 역할을 지원한다.

② 컴퓨터를 활용해서 제품의 판매 및 구매와 예금의 입・출금, 급여계산, 물품선적, 항공예약과 같은 가장 일상적이면서 반복적인 기본적 업무를 처리해서 DB에 필요한 정보를 제공해 주는 역할을 한다.

③ 온라인 처리방식(On-line Processing) 또는 일괄처리방식(Batch Processing)으로 거래데이터를 처리한다.

### (2) 거래처리시스템의 목적

다량의 데이터를 신속하고도 정확하게 처리하는 것이다.

### (3) 거래처리시스템의 특징

① 반복되는 일상적인 거래를 처리한다.
② 타 유형의 정보시스템을 위한 데이터를 제공한다.
③ 다량의 자세한 데이터를 정형화된 형식에 따라 처리한다.
④ 데이터의 정확성 및 현재성을 유지하기 위해 지속적인 갱신이 요구된다.

## 2 운영통제시스템

### (1) 운영통제시스템의 개념

① 기업 조직의 하부에서 이루어지는 각종 거래처리 업무가 효율적으로 운용될 수 있도록 이를 통제하는 활동을 한다.
② 이루어지는 대부분의 업무가 정형화되어 있다.

### (2) 운영통제시스템의 특징

① 업무와 관련된 의사결정의 지원을 목적으로 하며, 지원대상은 대부분이 하위관리층이다.
② 거래 처리에 있어 관련된 데이터의 구성은 데이터베이스이다.
③ 대부분 기업 내부의 데이터를 사용한다.

## 3 관리통제시스템

### (1) 관리통제시스템의 개념

① 부서원 업무수행규칙의 결정, 조직 내 각각의 부서 또는 사업부 단위 수준에서의 성과측정 및 통제 등을 지원한다.
② 자료를 실제적인 성과와 비교해서 나타나는 문제점을 발견하고 분석하여 문제를 해결하는 데 도움이 되어야 한다.

### (2) 관리통제시스템의 특징

주로 중간관리층의 의사결정을 지원하며, 기업의 내·외부 데이터를 사용한다.

## 4 전략계획시스템

### (1) 전략계획시스템의 개념

기업 조직의 목표수립, 장기적 전략을 수립하는 활동을 전반적으로 지원하는 정보시스템이다.

### (2) 전략계획시스템의 특징

① 내부 및 외부 데이터가 다양하게 활용된다.
② 의사결정을 지원하는 부문은 최고경영층이다.

### (3) 전략계획시스템의 주요 요소

기업 조직의 내부능력 평가, 경영자들의 기업 경영활동에 대한 조회, 조직이 지니고 있는 자원 요약 및 보고, 환경변화에 대한 예측 모형


## 제2절 경영기능별 정보시스템의 구조

## 1 생산정보시스템

**(1)** 생산기능을 구성하는 생산기획·작업관리·공정의 운영 및 통제·생산실적 관리 등과 연관된 활동을 지원하는 정보시스템이다.

**(2)** 경영정보시스템의 하위이며, 투입된 자원으로 제품 및 서비스를 생산하는 데 있어 이에 필요한 각종 데이터들을 투입하고 가공해서 생산관리자에게 적절한 정보를 주는 시스템이다.

① CIM(Computer Integrated Manufacturing)
　㉠ 컴퓨터 통합생산시스템으로서 제품의 제조, 개발 및 판매로 이루어지는 일련의 정보흐름 과정을 정보시스템으로 통합한 종합적인 생산관리시스템이다.
　㉡ 제품의 설계로부터 제품이 소비자에게 전달되기까지 제조 기업에서의 모든 기업 활동을 기획 및 관리하고 통제하는 시스템이다.
　㉢ 구축(절차) : 주요 성공요인에 대한 분석 → 기존의 시스템 현상 및 추후 시스템의 요구사항에 대한 조사·분석 → CIM 아키텍처의 설정 및 범위, 우선순위에 대한 결정 → 프로젝트의 범위, 우선순위, 조직 및 계획의 작성 → 프로젝트의 수행 → 사후 평가 프로젝트의 수행
② CAM(Computer Aided Manufacturing)
　컴퓨터 활용생산의 약자로서, 컴퓨터시스템을 활용해서 제품에 대한 생산의 기획·관리 및 통제를 하는 시스템을 말한다.
③ CAD(Computer Aided Design)
　컴퓨터 지원설계의 약자로서, 컴퓨터에 저장되어 있는 설계정보를 그래픽 디스플레이 장치로 추출해서 화면을 보면서 설계하는 시스템을 말한다.

④ MRP(Material Requirement Planning)

ㄱ 자재소요계획이라고 하며, 이는 컴퓨터를 활용해서 최종적인 제품의 생산계획에 의해 필요한 부품 소요량의 흐름을 종합적으로 관리하는 생산관리시스템을 말한다.

ㄴ 주 생산일정계획에 의해 완제품의 조립에 필요한 자재 및 부품의 주문량, 주문시점 등에 관한 정보를 얻기 위해 총 소요량과 실 소요량을 결정하기 위함이다.

ㄷ 기능 : 우선순위의 관리기능 – 재고관리의 기능 – 생산능력의 관리기능

⑤ CAPP(Computer Aided Processing Planning)

용량계획 및 자재 소요계획과 같은 공정기획업무 등을 지원하는 정보시스템이다.

## 2 마케팅 정보시스템

(1) 마케팅 활동을 수행하는 과정에 필요한 정보의 흐름을 통합하는 기능을 가진 시스템이다.

(2) 마케팅 의사결정자에게 필요한 정보를 수집 및 분석해서 이를 적시에 제공하는 시스템이다.

(3) 마케팅의사결정에 있어서 도움을 주는 정보를 용이하게 유통시키기 위하여 설치된 자료·모델·시스템의 복합체이다.

(4) 마케팅 믹스(4P's)와 연관된 의사결정이 효과적으로 이루어질 수 있도록 지원한다.

① **내부정보시스템** : 마케팅·영업·생산·회계 부서로부터 제공하는 보고서들은 마케팅 의사결정자에게 가치 있는 정보가 된다.

② **고객정보시스템** : 고객들에 대한 라이프스타일, 고객들에 대한 인구 통계적 특성, 고객들이 추구하는 혜택 및 고객들의 구매행동 등에 대한 정보를 포함한다. 고객의 정보를 활용해서 그들의 행동을 파악하고, 고객들이 원하는 혜택을 파악해서 제공하고 고객과의 관계를 구축하려는 노력을 기울이는데 이를 CRM(Customer Relationship Management, 고객관계관리)이라고 한다.

③ **마케팅 인텔리전스 시스템** : 기업 조직을 둘러싸고 있는 마케팅 환경 하에서 일어나는 각종 일상적인 정보를 수집하기 위해서 기업이 활용하는 절차 및 정보원의 집합을 말한다.

④ **마케팅 조사시스템** : 기업 조직이 당면한 마케팅 문제의 해결에 있어 직접적으로 연관된 1차 자료를 얻기 위해 도입한 것이다.

⑤ **마케팅 의사결정지원시스템** : 마케팅 환경 하에서 수집된 정보들을 취합하여 해석하고 마케팅 의사 결정의 결과를 예측하기 위해서 활용하는 관련자료·분석도구·지원 S/W 및 H/W를 통합한 것이다.

## 3  인사정보시스템

**(1)** 기업 조직에서 경영자가 인사관리 및 관련된 업무의 처리 또는 의사결정 시에 유용한 정보를 제공할 수 있도록 설계된 시스템을 의미한다.

**(2) 인사정보시스템의 활용**

① 정보검색시스템(Information Retrieval)
② 인사 시뮬레이션(Simulation)
③ 인사정보 데이터베이스(Data Base)

**(3) 인사정보시스템의 구축효과**

① 인사업무의 질적인 변화
② 기업문화 및 조직 관리의 변화
③ 인사담당 관리자 역할의 변화
④ 타 업무와 연계 및 경영층의 의사결정에 있어 필요한 정보의 제공

## 4  재무 및 회계정보시스템

**(1)** 재무정보시스템(Financial Information System)은 재무 관리자들이 기업 조직의 자금조달과 기업내부에서의 재무자원 할당 및 관리 등과 연관된 의사결정을 행할 시에 활용 가능한 시스템을 말한다.

**(2)** 재무정보시스템의 하위시스템은 재무계획시스템, 자본예산수립시스템, 현금·유가증권관리시스템으로 구성되어 있다.

① **재무계획시스템** : 기업 조직의 현 재무성과와 추후에 기대되는 재무성과 등을 평가하고, 기업 조직의 자금조달 여부를 결정, 평가, 분석하는 시스템
② **자본예산수립시스템** : 재무효과에 대한 평가 및 자본지출의 수익성을 기반으로 예상되는 위험의 확률분석 및 현금흐름의 현재 가치분석
③ **현금·유가증권관리시스템** : 기업 조직 내 현금수령 및 지급 등에 관한 정보 수집

**(3)** 회계정보시스템(Accounting Information System)은 기업의 재무에 관한 자료를 수집·기록·정리하여 경영자 및 외부의 이용자가 의사결정을 하는 데 유용한 회계정보를 제공하는 시스템이다.

① 외상매입금·외상매출금·임금, 그 외 다른 많은 기능을 가진 종합된 정보를 제공하고 조직 내 자금흐름을 기록하며 대차대조표 및 손익계산서와 같은 주요 재무제표를 작성하여 미래상황을 예측해서 기업의 재무성과를 측정한다.
② 회계정보시스템은 역사적으로 가장 먼저 기업 경영에 도입된 정보시스템이며, 재무정보시스템과의 연결도 강조된다.

       ⊙ 급여처리시스템 : 급료계산 및 직원의 은행구좌로의 입금 등과 같은 업무를 처리하는 시스템이다.

       ⓛ 외상매출금시스템 : 소비자별 외상매출금 현황 및 신용관리보고서 등과 같은 보고서를 통해서 빠른 대금지급을 촉진하는 시스템이다.

       ⓒ 외상매입금시스템 : 결제되지 않은 송장에 대한 지불을 준비하며, 자금관리와 현금운용에 대한 정보를 제공한다.

       ⓔ 총 계정원장 시스템 : 데이터를 취합해 매 회기 말에 경영 관리자에게 여러 수익비용에 관련한 보고 자료를 제공한다.

---

## 제3장    정보시스템과 컴퓨터 하드웨어 / 소프트웨어

## 제1절 컴퓨터의 발전과 역사

### 1 컴퓨터의 유래

(1) 컴퓨터란 "계산하다(Compute)"라는 말에서 유래되어, 전자회로를 이용해서 복잡한 계산 또는 다량의 자료를 자동적으로 신속·정확하게 처리하는 기계이다.

(2) 베비지(C. Babbage)가 자동으로 계산을 하는 기계를 최초로 고안하였다.

### 2 계산도구의 발달

(1) 기원전 3000년경 고대 메소포타미아인들이 주판을 사용했고, 17세기에 성능이 우수한 기계식 계산도구가 발명되기 시작했다. 1880년대 미국의 통계학자 홀러리스(Herman Hollerith)는 인구 통계국에서 10년마다 실시하는 국세 조사 자료 처리에 천공카드시스템(PCS ; Punched Card System)을 사용했다.

(2) 전자식 계산기

    ① 아타나소프-베리 컴퓨터(ABC ; Atanasoff-Berry Computer)는 1939년 진공관을 활용해 디지털 로직과 메모리를 만들고 천공카드를 활용한 입력을 사용한 전자식 디지털 컴퓨터의 효시이다.

    ② ENIAC(Electronic Numerical Integrator and Computer)은 1946년 최초의 대형 전자식 디지털 컴퓨터이며, 18,000여 개의 진공관과 6,000개의 스위치를 조절해서 수행되었다. 프로그램이 바뀔 때마다 전선 연결을 전부 다시 해야 했다.

### (3) 프로그램 내장 방식

① 존 폰 노이만(John Von Neumann)이 1945년에 발표한 보고서 「에드박에 관한 보고서」에는 프로그램을 컴퓨터 내부의 메모리에 저장해 놓고 프로그램 명령어를 순서대로 실행하는 현대의 컴퓨터에서 적용되는 원리가 담겨있다.

② 1949년 윌키스(M. Wilkes) 등이 최초의 프로그램 내장 방식 컴퓨터인 에드삭(EDSAC ; Electronic Delay Storage Automatic Calculator), 1950년에는 존 폰 노이만의 개발팀이 에드박(EDVAC ; Electronic Discrete Variable Automatic Computer)을 개발하였다.

③ 1951년에는 자기테이프를 보조기억장치로 이용한 상업용 컴퓨터 유니박-I(UNIVAC-I ; Universal Automatic Computer 1)을 개발하고, 대통령 선거의 결과 예측 등에서 사용되었다.

## 3 컴퓨터 하드웨어의 진화

### (1) 컴퓨터 산업의 1세대(1946~1957)

본 회로 소자로 진공관(Vacuum Tube)을 사용했다. 크기는 매우 크고 많은 열을 발생시켰으며, 진공관은 빈번한 고장을 일으켰다. 에니악, 에드삭, 에드박, 유니박-I 등이 과학용 또는 공학적 응용분야에서 활용되었다.

### (2) 컴퓨터 산업의 2세대(1958~1964)

기본 회로 소자로 트랜지스터(Transistor)를 사용했다. 이전보다 속도가 빠를 뿐만 아니라, 크기도 훨씬 작아졌고 비용도 내려가게 되어 상업용으로 사용하게 되었다. 주기억장치로는 페라이트 자기코어 기억소자, 채널 또는 입·출력 프로세서를 사용했으며, 하드웨어도 사용하였다(예 유니박-II, TRADIC 개발, IBM 7090, IBM 7070).

### (3) 컴퓨터 산업의 3세대(1964~1971)

기본 회로 소자로 실리콘칩 위에 많은 트랜지스터들과 전자회로들을 결합한 집적회로(IC ; Integrated Circuit)를 사용했다. 오랜 시간 동안 고장이 없으며, 컴퓨터 내부의 속도를 상당히 높였을 뿐만 아니라 부품을 저가로 대량 생산이 가능하도록 하였다. 이 시기부터 코어 메모리 대신 반도체 메모리가 사용되기 시작하였고, 프로세서 설계에 마이크로 프로그래밍(Micro Programming) 기법을 사용했으며, 캐시 메모리(Cache Memory), 다중프로그래밍·다중처리·병렬처리 등이 발달하게 되며, 운영체제(OS)가 활용되기 시작하였다.

### (4) 컴퓨터 산업의 4세대(1972~1989)

하나의 칩에 수천 또는 수백만 개의 전자회로 소자를 집적시킨 고밀도 집적회로(LSI ; Large Scale Integrated Circuit)와 초고밀도 집적회로(VLSI ; Very Large Scale Integrated Circuit)를 사용했다. 연산처리속도 및 저장 능력의 향상, 입·출력 장치들의 다양화와 고급화 등 컴퓨터의 사용 방법이 크게 변화된 시기이다. 마이크로프로세서의 개발은 개인용 컴퓨터를 대량으로 생산하는 계기가 되었다. 개인용 컴퓨터, 지능적 터미널, 데이터통신, 분산 데이터처리 데이터베이스 등의 개념이 확립되며, 운영체제는 가상기억장치를 활용하는 시분할시스템(Time-Sharing System)을 사용하기 시작하였고, 또 다른 특징은 네트워크의 발전이다.

### (5) 컴퓨터 산업의 5세대(1990년대 이후)

사용자 중심의 시대로 자료 처리의 수준을 벗어나 경영정보시스템(MIS ; Management Information System), 의사결정지원시스템(DSS ; Decision Support System), 텔레커뮤니케이션의 활용과 분산처리시스템, 가정정보시스템 그리고 여러 CPU를 결합해 동시에 작업을 실행하는 병렬 컴퓨팅 등의 특징을 지닌다.

## 제2절 컴퓨터시스템의 구성요소

### 1 중앙처리장치(CPU ; Central Processing Unit)

**(1)** 기억장치에서 읽어 온 데이터에 대해서 연산처리 · 비교처리 · 데이터 전송 · 편집 · 변환 · 테스트와 분기 · 연산제어 등의 조작을 수행하고, 데이터 처리 순서를 표시하는 프로그램을 기억장치로부터 인출하여, 여러 가지의 장치를 구동 · 조작한다.

### (2) 중앙처리장치의 구성요소

① 연산장치(ALU ; Arithmetic and Logic Unit)
  ㉠ 컴퓨터의 처리가 이루어지는 곳으로 연산에 필요한 데이터를 입력받아 제어장치가 지시하는 순서에 따라 연산을 수행하는 장치이다.
  ㉡ 연산장치는 자료의 비교 · 판단 · 이동 · 숫자를 활용한 산술 · 관계 · 참과 거짓의 논리를 처리하는 논리연산 등을 수행한다.
② 제어장치(CU ; Control Unit)는 데이터 처리시스템에서 하나 이상의 주변장치를 제어하는 기능 단위로서 각 장치에 필요한 지령 신호를 주고, 장치 간의 정보 조작을 제어하는 역할을 수행한다.

### 2 보조기억장치

### (1) 주기억장치(Main Memory Unit) - 메인메모리

① 프로그램이 실행될 시에 보조기억장치로부터 프로그램 및 자료를 이동시켜 실행시킬 수 있는 기억장치를 말한다.
② 기억된 내용이 보존되는 롬(ROM)과 전원이 꺼지면 모든 내용이 지워지는 휘발성 메모리 타입의 램(RAM)이 있다.

**(2) 보조기억장치(Secondary Memory Unit)**

① 주기억장치에 기억시킬 수 없는 많은 양의 프로그램 및 데이터 등을 필요할 시에 사용하는 장치를 말한다.

② 종류

  ㉠ 자기디스크 기억장치(Magnetic Disk Memory) : 디스크의 양면이 자성재료로 피복되어 있는 평탄한 원판으로 되어 있는 기록 장치를 말한다.

  ㉡ 하드 디스크(Hard Disk) : 알루미늄이나 세라믹 등과 같이 강성의 재료로 된 원통에 자기재료를 바른 자기 기억장치를 말한다.

  ㉢ 플로피 디스크(Floppy Disk) : 자성의 물질로 입혀진 얇고 유연한 플로피 디스크 장치에 정보의 저장 수단으로 사용되는 매체로 디스켓 또는 플랙시블 디스크라고도 한다.

  ㉣ 자기테이프 기억장치 : 정보가 기억 매체상에 순차대로 저장되어, 기억된 정보의 전부를 원하든지 또는 일부를 원하든지 간에 기억된 순서대로 접근이 가능한 보조기억장치를 말한다. 정보를 판독 및 기록하는 데 많은 시간이 소요된다.

  ㉤ 광디스크 : 디스크에 반복적으로 쓰고 지우기가 가능한지를 기준으로 RW, ROM, WORM 등으로 나뉜다.

  ㉥ 플래시 메모리 : USB포트나 자기디스크 인터페이스에 연결하여 자기디스크의 역할을 대신하는 저장 매체이다.

## 3 입력장치

**(1)** 컴퓨터시스템에 데이터 입력을 위해 사용되는 장치를 말한다.

**(2)** 마우스, 키보드, 스캐너, 터치스크린, 라이트 펜, PC카메라 등이 여기에 포함된다.

## 4 출력장치

**(1)** 컴퓨터에서 정보를 처리한 후에 해당 결과를 기계로부터 인간이 인지할 수 있는 언어로 변환하는 장치를 말한다.

**(2)** 모니터, 스피커, 프린터 등이 여기에 포함된다.

## 제3절 컴퓨터 소프트웨어

### 1 소프트웨어의 종류

**(1)** 소프트웨어는 프로그램과 절차 및 컴퓨터시스템의 운영에 관계하는 루틴(Routine)으로 이루어진 것으로, 컴퓨터 하드웨어에 어떤 과제를 실행하도록 지시하는 일련의 명령을 프로그램 또는 소프트웨어 프로그램이라 부른다.

**(2)** 시스템과 관련된 프로그램과 처리 절차에 관련된 문서들을 총칭하고, 일반적으로는 컴파일러 · 어셈블러 · 라이브러리 · 운영체제 · 응용 소프트웨어 등의 하드웨어 동작을 지시 · 제어하는 모든 종류의 프로그램을 의미한다. 크게 시스템 소프트웨어와 응용 소프트웨어로 분리된다.

**(3) 시스템 소프트웨어**

　① **운영체제(OS ; Operating System)**

　　컴퓨터를 작동시켜 컴퓨터가 중앙처리장치, 주기억장치, 키보드, 모니터, 입 · 출력 장치 등 하드웨어 시스템을 인식하고, 응용프로그램을 실행시키며 통신을 할 수 있는 기반을 제공하는 프로그램이다.

　② **언어번역기**

　　㉠ 컴파일러(Compiler) : 고급언어로 쓰인 프로그램을 그와 의미적으로 동등하면서도 컴퓨터에서 즉시 실행이 가능한 형태의 목적 프로그램으로 바꾸어 주는 번역 프로그램을 말한다.

　　㉡ 인터프리터(Interpreter) : 소스 코드를 직접 실행하거나 소스 코드를 효율적인 다른 중간 코드로 변환하고 이를 바로 실행하는 방식이다.

　　㉢ 어셈블러(Assembler) : 어셈블리 언어를 기계어로 번역해주는 시스템 프로그램을 말한다.

　　㉣ 고급언어 : 기계어에 비해서 사람이 일상적으로 쓰는 자연언어에 보다 가까운 컴퓨터 언어를 말한다.

　　㉤ 기계어(Machine Language) : 컴퓨터가 직접 읽어 들일 수 있는 2진 숫자로 이루어진 언어를 말한다.

　③ 유틸리티 프로그램은 업무처리, 과학 계산, 통계 분야의 소프트웨어 등 여러 종류 프로그램을 집합적으로 일컫는 말이다.

**(4) 응용 소프트웨어**

　① 특정 분야의 응용을 목적으로 실제 업무 처리를 위해 제작된 프로그램으로 프로그래머나 회사에서 제품으로 만들어진 프로그램이다.

　② 일반 업무지원을 위해 상품화되어 있는 패키지형 소프트웨어와 특정 사용자의 요구에 맞게 주문 제작된 주문형 소프트웨어로 분류할 수 있다.

　③ 사용자 프로그램은 주문형 소프트웨어라고도 하며, 특정 업무를 수행하는 조직에서 전용으로 사용하기 위해 개발한 소프트웨어로 일반적으로 대형 조직에서 자체적으로 개발하거나 외부에 개발을 의뢰한 프로그램이다.

④ 응용패키지 프로그램 또는 패키지형 소프트웨어는 여러 사용자 요구에 맞게 개발한 프로그램으로 사용자들이 쉽게 활용하도록 소프트웨어 개발회사에서 제작된 프로그램이다.

## 2 프로그래밍 언어의 종류 및 세대별 구분

(1) 프로그래밍 언어는 기계 중심 여부에 따라 저급언어와 고급언어로 구분할 수 있다.

① 저급언어

㉠ 컴퓨터 개발 초기에 사용되었던 프로그래밍 언어로 주로 시스템 프로그래밍에 사용되었다. 기계어, 어셈블리어 등이 해당된다. 어셈블리어와 기계어는 기종마다 표준이 되어 있지 않다.

㉡ 기계어는 제1세대 언어로 컴퓨터를 효율적으로 활용하는 면에서 상당히 유리하지만, 언어 자체가 복잡하고 어려우며 에러가 많다.

㉢ 제2세대인 어셈블리어(Assembly Language)는 기계어의 명령들을 알기 쉬운 언어로 표시해서 사용한 것이다. 실행을 하기 위해서는 어셈블러(Assembler)라는 번역 프로그램에 의해서 기계어로 번역되어야 실행이 가능하다.

㉣ 어셈블리어는 프로그램의 수행시간이 빠르며, 주기억장치의 효율적 사용이 가능하지만, 언어의 호환성이 부족하며, 고급언어로 작성하는 경우보다 작성 방법과 읽고, 쓰고, 관리하는 면에서 어렵다.

② 고급언어

㉠ 고급언어로 작성된 프로그램은 컴파일러나 인터프리터에 의해 기계어로 번역되어야 한다.

㉡ 일반적으로 고급언어는 절차지향언어(Procedural Language)와 객체지향언어(Object-Oriented Programming Language)로 구분할 수 있으며, 절차지향 여부에 따라 제3세대와 제4세대 언어로 나누기도 한다.

㉢ 제3세대 언어
• 일반적으로 절차지향언어를 3세대 언어로 설명하는 경우가 많으며, 프로그래머가 기능 구현을 순서에 맞게 코드화하고 순차적으로 명령이 실행되어 문제를 해결하는 방식이다.
• 순차적으로 실행된다는 점에서 사람의 언어와 유사하다고 할 수 있다.
• 예 코볼(Cobol), 포트란(Fortran), 파스칼(Pascal), C, 베이식(Basic) 등
• 일부 3세대 언어는 4세대 언어의 특성을 일부 가지고 있는 경우도 있다.

㉣ 제4세대 언어
• 객체지향언어는 객체·클래스·상속의 개념을 기본으로 가지고 있으며, 절차지향언어와 달리 어떠한 결과를 내기 위해 순서대로 프로그래밍하는 것이 아니라, 데이터와 기능을 포함하는 객체들을 필요한 역할별로 이어가면서 프로그램을 완성한다.
• 이러한 특성 때문에 일반적으로 객체지향언어를 본격적인 제4세대 언어 또는 비절차형 언어로 설명하며, 대표적인 예로는 C++, Java, C#, Smalltalk, Powerbuilder 등이 있다.
• 비절차형 언어 중 하나인 SQL(Structured Query Language)은 프로그래밍 기술을 거의 갖지 못한 경영자와 실무자들이 DB에 저장된 데이터를 액세스할 수 있도록 개발된 언어이다. SQL과 QBE(Query By Example)는 사용자가 질의어를 사용하여 DB에서 정보 검색, 보고서 및 그래픽 생성, 데이터를 처리하기 위한 원시코드를 만들 수 있는 대표적인 DB 관리 언어이다.

ⓜ 제5세대 언어
- 함수 언어 또는 논리 언어라고 정의하기도 하며, 인공지능 분야에서 다양하게 사용되어 온 LISP는 대표적인 함수 기반의 언어이다.
- 또 다른 대표적인 논리 언어인 Prolog는 논리적이면서 자연적인 구성으로 이루어진 특성을 가지고 있으며, 다양한 응용 프로그램의 작성이 가능할 수 있는 언어이다.

## (2) 고급언어의 종류별 특성

① **비주얼 베이직(Visual Basic)** : 마이크로소프트사에서 만든 빠른 프로그래밍을 돕는 RAD(Rapid Application Development) 도구이다.

② **C언어** : 벨 연구소의 데니스 리치가 1972년에 UNIX 운영체제의 작성을 위한 시스템 프로그래밍 언어로 설계하였으며, 간결하면서도 강력한 프로그램을 작성하기에 적합한 프로그래밍 언어로 구조지향언어라고 할 수 있다.

③ **비주얼 C++(Visual C++)** : C++ 언어를 IDE(Integrated Developed Environment)라고 부르는 통합 개발 환경이다.

④ **자바(Java)** : 객체지향 프로그래밍 기법을 따르고, 자바의 문법적인 특성은 C언어와 비슷한데 다른 컴파일 언어와 구분되는 가장 큰 특징은 JVM(Java Virtual Machine)을 통해 실행되기 때문에 플랫폼에 독립성을 띠고 있다는 점이다.

---

## 제4장　정보시스템의 계획과 개발

## 제1절 시스템 개발 수명주기

### 1 시스템 개발 수명주기(SDLC ; System Development Life Cycle)

(1) 시스템 개발의 방법에는 여러 가지가 있지만 정보시스템의 개발을 위해서 공통적으로 거치는 단계인 SDLC(System Development Life Cycle)를 거친다.

(2) 보통 시스템 개발 수명주기는 5단계 접근을 활용하고 있다. 시스템 개발 수명주기에서의 각 단계는 한 개 이상의 전달 가능한 요소를 산출한다.

(3) 시스템 조사 → 시스템 분석 → 시스템 설계 → 시스템 구현 → 시스템 실행 및 유지보수

## 2 시스템 개발 수명주기(SDLC)의 특징

**(1)** 각 단계별로 수행해야 하는 활동들이 존재한다.

**(2)** 각 단계별로 필요로 하는 결과물들이 있다.

**(3)** 각 단계별 활동 과정에 참여하는 조직들이 동일하다.

〈SDLC(System Development Life Cycle) 단계〉

| 단계 | SDLC 단계 | 산출물 |
|---|---|---|
| 1단계 | 시스템 조사(Investigation) | 실현가능성 조사(Feasibility Study) |
| 2단계 | 시스템 분석(Analysis) | 기능 요구사항(Functional Requirements) |
| 3단계 | 시스템 설계(Design) | 시스템 명세서(Systems Specifications) |
| 4단계 | 시스템 구현(Implementation) | 작동하는 시스템(Operational System) |
| 5단계 | 시스템 유지보수(Maintenance) | 개선된 시스템(Improved System) |

## 제2절 예비조사

**(1)** 예비조사는 잠재적인 사용자 및 최종 사용자의 자원 및 정보의 요구, 비용, 이익, 제안 프로젝트에 있어 서의 실현가능성 등을 결정하게 되며, 정보시스템을 개발하는 과정에서 타당성을 검토하는 단계이다.

**(2)** '데이터 수집 → 정보시스템에 대한 예비명세서 및 개발계획에 따른 보고서 작성 → 승인을 한 경영진에 게로의 제출 → 경영진의 승인 후 시스템 분석의 실행' 단계를 거치며, 관련 법규, 작업의 내용, 기업 구조, 시장과 경쟁력, 업무량 등의 정보를 필요로 한다.

**(3)** 기술적·조직적·운영적·경제적 실현가능성의 4가지 영역을 검토한다.

## 제3절 요구사항 분석

## 1 개념

시스템 및 소프트웨어의 요구사항을 정의하기 위해 사용자의 요구사항을 조사하고 이를 확인하는 과정이다. 소프트웨어 개발에 있어 실질적인 첫 단계로서 사용자들의 요구를 정확하게 추출해서 목표를 정하고 어떠한 방식으로 해결할 것인지를 결정하는 과정이다. 소프트웨어 분석가에 의해 요구사항 분석이 수행된다.

## 2 요구사항의 분석작업

(1) **문제에 대한 인식** : 사용자의 요구사항을 찾아내는 과정

(2) **평가 및 종합** : 요구사항에 대한 대안을 종합하는 과정

(3) **모델의 제작** : 자료 및 제어의 흐름, 동작 행위, 기능의 처리, 정보의 내용 등을 이해하기 쉽게 모델의 형태로서 작성하는 과정

(4) **문서화와 검토** : 요구사항 분석에 대한 명세서를 구성하고, S/W의 성능·기능 등에 대해 기술하고 평가 및 검토하는 과정

## 3 요구사항 분석의 어려움

(1) **요구의 변경** : 수정요구와 상반된 요구들에 대한 수용 기술이 필요

(2) **대화 장벽** : 개발자와 사용자 의사소통을 위해 프로토타입 및 다이어그램 활용

(3) **요구 명세화의 어려움** : 제도적 요구분석 기술이 필요

(4) **시스템의 복잡도** : 시스템의 규모 및 대상으로 난이도 증가할 경우 객체지향 분석 및 구조적 분석 이용

## 제4절 시스템 설계

### 1 개요

요구 분석 명세서를 통해 일부 또는 전체를 기존 시스템과 비교되도록 고안해 내는 창조적 활동 단계로, 시스템 설계의 목표는 새로운 형태의 정보시스템을 구성하는 것이라 할 수 있다. 이 과정의 산출물은 전산화 시스템 명세서와 시스템 개발 지침서이다.

### 2 시스템 명세서

(1) 시스템 사용자 인터페이스, DB 구조, 처리 및 통제에 대한 설계를 정형화해 놓은 것을 말한다.

(2) S/W자원, H/W자원, 인적자원, Network 자원을 명세서에 기술한다.

## 3 사용자 인터페이스 설계

간략하면서도 논리적으로 구성하며, 이 단계에서의 산출물로는 디스플레이 화면, 입력양식, 각종 보고서 등이 있다.

## 4 시스템 설계

### (1) 코드 설계

주민등록번호나 학번처럼 어떠한 명칭 또는 개념에 대응되어 사용되는 체계적인 부호·약호·암호를 말한다.

① 자료를 조합·분류하고 집계를 편리하게 할 수 있고, 특정 자료의 선택 및 추출을 쉽게 하기 위해 코드가 필요하다.

② 어떠한 단위별 수치를 알거나 파일을 체계화하기 위해서도 필요하다.

③ 표현 방법을 표준화하고 단순화하여 분류·조합 및 집계를 용이하게 해주며, 개별적인 정보 구분이 가능해져서 데이터 처리를 코드에 의해서 구분해 줄 수 있다.

④ **주의사항**: 컴퓨터 처리에 적합, 쉬운 취급, 공통성, 체계성, 확장성, 간결성 등

⑤ 종류
　　㉠ 순서코드(Sequence Code) : 코드와 대상 항목을 어떤 일정한 배열로 하는 가장 간단한 방법
　　㉡ 블록코드(Block Code) : 코드화의 대상이 되는 것들 중 공통성이 있는 것끼리 임의의 크기를 가지는 블록으로 구분하고 각 블록(구분) 내에서 순서대로 번호를 붙이는 방법
　　㉢ 그룹분류코드(Group Classification Code) : 코드와 대상 항목을 소정의 기준에 따라 대분류, 중분류, 소분류로 구분하고 각 그룹 내에서 순서대로 번호를 붙이는 코드
　　㉣ 표의코드(Significant Code) : 코드를 보고 크기나 중량을 가늠할 수 있음
　　㉤ 기호코드(Symbol Code) : 명칭과 약호를 조립하여 대상 품목을 연상하기 쉽게 나타내는 코드

### (2) 출력 설계

사용자와 경영층에 적합하도록 출력이 설계되어야 한다.

### (3) 입력 설계

데이터의 저장 매체와 입력방법, 데이터의 크기와 입력량, 데이터의 유효성 확인 방법, 거래지향처리 시 필요한 하드웨어 장비 등을 질문해야 한다.

### (4) 파일 및 데이터베이스 설계

보조기억장치에 어떤 데이터(각 항목의 길이, 특성, 사용도, 예상 이용량 등 포함)를 저장할 것인가를 결정해야 한다.

## 제5절 시스템 개발

### 1 개요

목표는 컴퓨터를 이용한 업무처리 시스템을 완성하는 것이다. 이 단계는 프로젝트 전체 과정 중 많은 시간이나 인력 등의 비용이 요구되는 단계이다. 세부 프로그램을 작성 및 코딩하고 테스트하여 전산화된 시스템이라는 산출물이 나오게 된다.

### 2 프로그래밍 설명서

시스템 개요, 시스템 흐름도, 데이터 흐름도, 입·출력 및 제작되고 처리되어야 할 파일의 형태, 프로그램에서 사용될 데이터베이스의 형태 및 내용, 자세한 프로그램의 처리과정을 포함하게 된다.

### 3 프로그램 개발

(1) 소프트웨어의 유용성 및 프로그래머들의 수준, 데이터의 처리 수행상의 표준화 달성 등을 고려해서 언어를 선택한다.

(2) 프로그램의 작성은 컴퓨터의 처리를 위한 구체적인 내용의 명시적 표현이다.

### 4 프로그램 테스트

(1) 데이터 처리가 정확하게 이루어져서 요구된 출력이 나올 수 있는지 프로그램에 대해 검사하는 작업이 필요하다.

(2) 이때 프로그래밍 언어 사용에서 오류가 생기면 원시프로그램을 교정해야 한다.

(3) 교정하고 나면 프로그램을 테스트한다. 테스트는 개별적인 테스트를 하고 이후 전체적인 테스트를 해야 한다. 실행결과뿐 아니라 사용자 편의성 제공도 검사한다.

### 5 프로그램의 문서화

새로운 시스템에 대한 내역 및 새로운 시스템에 들인 비용, 새로운 시스템의 장점 등에 대한 최종 보고서를 준비해서 경영자에게 보고한다.

## 제6절 시스템 구현

### 1 직접 교체

기존 시스템의 가동을 지정된 시각에 중지하고, 새로운 시스템을 바로 사용하는 방법으로 많은 위험을 수반하게 된다. 에러가 발생해도 큰 위험이 없는 간단한 시스템에서만 실행하는 것이 좋다.

### 2 병행 교체

새로운 시스템과 예전 시스템을 동시에 활용해서 해당 결과를 서로 비교한다.

## 제7절 시스템 유지 및 보수

새로운 시스템이 구축된 후에 해당 시스템을 운영하는 것을 유지·보수라 한다. 현재 운영 중인 시스템의 프로그램을 갱신하거나 확장하는 등의 작업이라 할 수 있다.

## 제5장　데이터베이스

### 제1절 파일처리의 개념과 문제점

### 1 자료의 표현

#### (1) 자료(Data)

사실을 소리·문자·이미지·화상 등의 기호로 표현한 것으로 자료는 가공되지 않은 상태의 것을 의미하며, 정보는 특정 목적을 위해 자료를 가공한 것을 말한다.

#### (2) 자료 구성의 단위

① 비트(Bit, Binary Digit) : 자료표현의 최소 단위이다.
② 니블(Nibble) : 4개의 비트가 모여서 1개의 니블을 구성한다.
③ 바이트(Byte) : 문자를 표현하는 최소 단위로, 8비트가 모여 1바이트를 구성한다.
④ 워드(Word) : 컴퓨터가 한 번에 처리 가능한 명령 단위를 말한다.
　　㉠ 반 워드(Half Word) : 2Byte
　　㉡ 전 워드(Full Word) : 4Byte
　　㉢ 더블워드(Double Word) : 8Byte

⑤ **필드(Field)** : 파일 구성에서의 최소 단위이다.

⑥ **레코드(Record)** : 하나 이상의 관련된 필드가 모여서 구성된 자료의 단위이다.

⑦ **파일(File)** : 프로그램 구성에 있어서의 기본 단위이며, 같은 종류의 여러 레코드가 모여서 구성된다.

⑧ **데이터베이스(Database)** : 여러 개의 관련된 파일의 집합이다.

## 2  파일처리의 개념

### (1) 파일처리(File Processing)

다량의 데이터를 컴퓨터로 기억하고 관리하며, 그중 필요로 하는 데이터를 검색해서 요구하는 방식으로 출력하는 등 다량의 기록을 여러 가지로 처리하는 것이다.

### (2) 파일의 분류

① 접근목적에 따라 입력 파일, 출력 파일, 입·출력 파일로 분류한다.

② 수행기능에 따라 작업 파일, 마스터 파일, 보고서 파일, 프로그램 파일, 트랜잭션 파일로 분류한다.

## 3  파일의 구성

**(1)** 파일은 데이터 파일과 프로그램 파일로 나뉘며, OS에 따라 카탈로그, 디렉터리 폴더 등에 저장된다.

**(2)** 주기억장치를 더 경제적으로 활용하고 다량의 데이터를 저장할 공간이 필요하기 때문에 파일이 필요하다.

### (3) 조직 방법에 따른 파일의 분류

① **파일(File)** : 분류 및 분석, 표준화 과정 등을 거치지 않은 데이터 저장

② **직접파일(Direct File)** : 해싱에 의한 주소로 레코드 접근

③ **순차파일(Sequential File)** : 레코드 타입의 정의, 같은 구조의 레코드 저장

④ **다중 키 파일(Multi-Key File)** : 1개 이상의 인덱스로 구성

⑤ **다중 링 파일(Multi-Ring File)** : 관련된 레코드들을 포인터로 연결

⑥ **인덱스된 순차파일(Indexed Sequential File)** : 인덱스를 활용해서 레코드 접근

### (4) 파일시스템의 기본적 요건

① 신뢰성

② 보안능력

③ 데이터 무결성에 대한 유지능력

④ 편리한 자료의 갱신

⑤ 빠른 자료의 검색
⑥ 저장 공간의 경제성
⑦ 현실 세계의 구조표현 능력

## 4 파일처리방식의 문제점

**(1)** 자료의 비통합화

**(2)** 자료 및 프로그램 간의 상호 종속성

**(3)** 자료에 대한 통제 부족

**(4) 자료의 중복성**
① **일관성** : 데이터 중복의 문제
② **보안성** : 중복된 데이터의 보안 유지 문제
③ **경제성** : 데이터 중복에 따른 추가 비용
④ **무결성** : 데이터의 정확성 유지

## 제2절 데이터베이스의 개념과 응용

### 1 데이터베이스의 개념

**(1)** 데이터베이스는 어느 특정 조직의 응용업무를 처리하는 다수의 응용 시스템들을 사용하기 위해, 서로 관련 있는 데이터들을 효율적으로 관리하기 위해 수집된 데이터들의 집합체이다.

**(2)** 통합된 데이터(Integrated Data)이자, 저장된 데이터(Stored Data), 운영 데이터(Operational Data)이면서 공용데이터(Shared Data)이다.

**(3) 특징**
실시간 접근성, 계속적 변화, 동시 공용, 내용에 의한 참조

### 2  데이터베이스의 구성요소

**(1) 구성요소**

① **데이터베이스 관리자(DBA ; Data Base Administrator)** : 데이터베이스의 설계 정의, 효과적인 관리 운영 등의 데이터베이스 시스템을 전반적으로 총괄 관리·제어하는 역할

② **응용 프로그래머(Application Programmer)** : 데이터베이스 관리자가 정리한 자료들을 토대로 최종사용자들의 요구에 맞는 인터페이스 및 응용 프로그램 등을 개발

③ **최종 사용자(End User)** : 관리자 및 프로그래머가 만들어준 것을 기반으로 작업을 사용하는 사람

**(2) 데이터 언어**

① **데이터 정의어(DDL ; Data Definition Language)** : 데이터베이스 관리자 또는 응용 프로그래머가 DB의 논리적 구조를 정의하기 위한 언어

② **데이터 조작어(DML ; Data Manipulation Language)** : DB에 저장된 데이터를 조작하기 위해 사용하는 언어

③ **데이터 질의어(DQL ; Data Query Language)** : 응용 프로그램의 도움 없이 DB를 빠르고 쉽게 활용이 가능하도록 만든 고급수준의 언어

## 제3절 데이터베이스의 설계

### 1  개념

데이터베이스의 설계는 사용자의 요구사항에 대응하는 데이터베이스 논리적·물리적 구조의 개발 과정 단계이다.

### 2  데이터베이스의 설계

**(1) 요구조건 분석**

사용자가 원하는 용도를 파악하는 것이다.

**(2) 개념적 설계**

사용자들의 요구사항을 이해하기 쉽게 개체관계모델을 사용하여 트랜잭션 모델링(처리 중심), 개념 스키마 모델링(데이터 중심)을 병행한다.

**(3) 논리적 설계**

데이터베이스 관리를 위해 선택한 DBMS의 데이터 모델을 사용하여 논리적 스키마로 변환한다.

### (4) 물리적 설계

논리적 DB 구조로부터 효과적이면서 구현이 가능한 물리적 DB 구조를 설계하는 과정이다.

## 제4절 데이터베이스 관리시스템

### 1 데이터베이스 관리시스템의 구조

#### (1) 개념

① 응용 프로그램과 데이터의 중재자로서 모든 응용 프로그램들이 데이터베이스를 공용할 수 있도록 관리해 주는 소프트웨어 시스템이다.

② 데이터베이스 내의 정보를 검색하거나, 데이터베이스에 정보를 저장하기 편리하고 효과적인 환경을 제공하며, 수록한 다량의 자료들을 쉽고 빠르게 추가·수정 및 삭제할 수 있도록 하는 소프트웨어이다.

#### (2) DBMS의 필수기능

① **정의** : 응용 프로그램과 데이터베이스 간 상호작용의 수단을 제공

② **조작** : 사용자와 데이터베이스 간의 상호작용 수단을 제공

③ **제어** : 데이터베이스의 내용을 항상 정확하게 유지할 수 있도록 관리

#### (3) DBMS의 장점과 단점

① **장점** : 데이터 중복 최소화, 데이터의 공용성·일관성·무결성의 유지, 데이터 보안의 보장 및 표준화의 유지

② **단점** : 운영비의 과다 발생, 자료처리방법의 복잡화, 예비조치 및 회복기법의 어려움, 공용 사용으로 시스템 취약성 내포

#### (4) DBMS의 기능

① 빠른 데이터의 검색지원

② 데이터의 독립성 유지

③ 데이터 공유 및 다수 사용자의 동시 실행 제어의 지원

④ 데이터의 빠르고 안전한 저장 및 파손에 따른 회복능력

⑤ 표준적인 질의 언어 사용

⑥ 잘못된 사용자들로부터의 데이터 보안 기능

## 2 관계형 데이터베이스

### (1) 개념

① 정규화를 통한 합리적인 테이블 모델링을 통해 이상(ANOMALY) 현상을 제거하고 데이터 중복을 피할 수 있다.

② 동시성 관리, 병행 제어를 통해 많은 사용자들이 동시에 데이터를 공유 및 조작할 수 있는 기능을 제공하고 있다.

③ 데이터의 성격·속성 또는 표현 방법 등의 체계화가 가능하다.

④ 관계형 모델은 서로 관련이 있는 개체들을 한 테이블에 저장한다.

⑤ 대부분의 관계형 DBMS는 구조적 질의 언어인 SQL을 제공하고 있다.

⑥ 논리적으로 연결된 2차원 관계의 분석형태이다.

### (2) 관계형 데이터베이스의 특징

① 각 테이블들은 고유한 이름을 가짐

② 각 행은 일련의 값들 사이의 관계

③ **데이터 조작 언어의 발달** : SQL

④ **중복된 문제에 대한 해결기법의 제공** : 정규형

⑤ **데이터의 독립성 보장** : 개념화 기법의 발달

⑥ 관계형 데이터베이스는 테이블들의 모임으로 구성

## 3 SQL

### (1) 개념

① 데이터 정의어 및 데이터 조작어를 포함한 데이터베이스용 질의 언어의 하나이다.

② 단순 질의기능뿐만 아니라 완전한 조작기능 및 데이터 정의기능을 갖추고 있다.

③ 장치 독립적이면서 액세스 경로에 대해 어떠한 참조를 하지 않고, 각각의 레코드보다는 레코드의 집합인 테이블을 단위로 연산을 수행한다.

## 제6장 의사결정지원시스템

### 제1절 의사결정지원시스템의 배경

(1) 지식과 정보를 기초로 한 의사결정의 경우에는 그에 따르는 시기적절한 정보를 찾아내는 것이 중요한 일이다.

(2) 컴퓨터가 기업 등에 도입된 것은 통상적인 데이터의 처리 등을 위해서였지만 시간의 흐름에 따라 데이터 검색·요약·보고의 기능으로 옮겨지게 되었다.

### 제2절 의사결정지원시스템의 정의

#### 1 의사결정(Decision Making)의 개념

기업의 경영에 있어 기업목적을 효과적으로 달성하기 위해 두 가지 이상의 대체가능한 방법들 중에 한 가지 방향을 조직적·과학적 및 효과적으로 결정하는 것이다.

#### 2 의사결정지원시스템

(1) 경영층의 의사결정자의 계산 부담을 덜어주며, 정보를 도식화해서 분석모형 및 그에 따르는 데이터를 제공함으로써 의사결정이 보다 효율적으로 이루어지게 해준다.

(2) 기업의 경영에 당면하는 갖가지 문제를 해결하기 위해 여러 개의 대안을 개발하고, 비교 평가함으로써 최적안을 선택하는 의사결정과정을 지원하는 정보시스템이다.

#### 3 의사결정지원시스템의 특성

(1) 대화식의 정보처리

(2) 그래픽 활용 결과 출력

(3) 여러 가지 원천으로부터 데이터를 획득

(4) 환경의 변화를 반영할 수 있도록 유연하게 설계

## 제3절 의사결정지원시스템의 구성요소

### 1 의사결정지원시스템의 유형

**(1) 의사결정지원시스템의 구성**

① **데이터베이스**
　㉠ 의사결정에 필요한 각종 데이터를 저장 및 관리, 제공
　㉡ 외부 데이터베이스, 내부 데이터베이스, 경영관리자의 개인 데이터베이스가 있음

② **모델베이스**
　의사결정에 필요한 모델을 개발·수정 및 통제하는 기능을 제공

③ **지식베이스**
　모델과 데이터를 활용하여 사용자의 의사결정을 위한 지식을 생성, 저장, 관리, 제공하는 기능을 담당

④ **사용자 인터페이스**
　그래픽처리 형식 및 메뉴방식을 활용해서 사용자들이 쉽게 이해하고 사용할 수 있는 대화기능을 제공하므로, 대화생성 관리시스템이라고도 함

⑤ **사용자**
　㉠ 기업 경영의 주된 의사결정을 수행하는 경영관리자들
　㉡ 가장 적정한 모델을 모델베이스에서 선정하며, 필요로 하는 데이터를 DB로부터 받거나, 또는 직접 입력해서 대안들을 분석하고 평가하며 가장 최적의 대안을 선택

**(2) 의사결정지원시스템의 유형**

① **모형중심의 의사결정지원시스템** : 결과물을 제시하여 의사결정자에게 대안 제시 또는 계획업무를 돕는 시스템
　㉠ 모의실험모형 : 시뮬레이션 또는 위험분석모형 등을 통해 현 행동에 대한 미래 결과 예측을 지원하는 시스템
　㉡ 제안모형 : 내부적으로 결정된 규칙 등에 의해서 필요로 하는 계산을 진행해서 해당 결과를 나타내는 시스템
　㉢ 통계모형 : 예측목적 및 통계분석에 활용되는 시스템
　㉣ 최적화모형 : 주어진 제약 하에서 수리모형을 활용해서 특정 문제에 대한 최적의 대안을 산출하는 시스템
　㉤ 회계모형 : 계획된 수행결과를 회계모델 등을 활용하고 계산함으로써 의사결정자의 의사결정을 지원하는 시스템

② **자료중심의 의사결정지원시스템** : 자료 등의 제공을 통해 사용자들에 대한 의사결정지원을 하는 것으로 이는 DB 및 기업 조직의 외부 및 내부의 파일로부터 필요로 하는 적절한 자료를 찾고 이를 요약해서 지원하는 것
　㉠ 분석정보시스템 : 의사결정을 하기 위해 계량적인 모형을 통해 DB에서 정보를 얻는 시스템
　㉡ 자료열람시스템 : 의사결정을 지원하기 위해 DB에 저장되어 있는 자료를 검색하는 시스템

ⓒ 자료분석시스템 : DB에서 검색된 자료를 특정한 업무에 적합한 분석기법을 활용해서 분석하는 시스템

## 제4절 집단의사결정지원시스템

### 1 집단의사결정지원시스템(Group Decision Support System)의 개념

**(1)** 집단의사결정지원시스템은 여러 사람들에 의해 결정되는 의사결정을 도와주기 위해 개발된 시스템이다.

**(2)** 집단의 의사소통 및 의사결정을 보다 효율적으로 지원하기 위해 구축되는 시스템이다.

### 2 집단의사결정지원시스템의 특징

**(1)** 간편한 사용

**(2)** 일반적·특정적 문제 지원

**(3)** 특수설계

**(4)** 긍정적인 그룹형태의 지원

**(5)** 부정적인 그룹형태의 지원

### 3 집단의사결정지원시스템의 구성요소 및 유형

**(1) 집단의사결정지원시스템의 구성요소**
　① 데이터베이스 관리시스템(DBMS)
　② 사용자 인터페이스
　③ 모델베이스
　④ GDSS 소프트웨어(그룹웨어, CSCW)

**(2) 집단의사결정지원시스템의 유형**
　① 컴퓨터 회의
　② 의사결정실
　③ 원격의사결정실

## 제5절 중역정보시스템

### 1 중역정보시스템(Executive Information System)의 배경

**(1)** 기업 조직에 있어 중요한 의사결정을 하는 최고경영층은 기업 조직의 목표 및 전략, 그에 따르는 계획을 수립 하는 등의 조직 활동의 방향을 제시하는 의사결정을 한다.

**(2)** 필요로 하는 정보를 적절하게 제공하며 의사결정을 지원하는 시스템의 개념인 중역정보시스템이 나타나게 되었다.

### 2 중역정보시스템의 개념 및 특성

**(1) 중역정보시스템의 개념**

① 기업 조직의 중역들이 조직의 내·외부 정보에 쉽게 접근할 수 있도록 해주는 컴퓨터 기반의 시스템이다.
② Frolick은 "최고경영자가 경영의 관리적 계획·감독, 그리고 분석 등을 증진할 수 있도록 정보를 제공하기 위해 설계된 데이터 지향 시스템"으로 정의했다.
③ Turban과 Schaeffer는 "중간매개자의 필요 없이 최고 중역의 필요에 맞도록 구체적으로 설계된 컴퓨터 기반의 시스템"이라 정의했다.
④ Paller와 Laska는 "최고경영자들을 위한 컴퓨터 기반의 정보전달 및 통제시스템"이라고 정의했다.
⑤ 기업 조직의 중역 또는 최고경영자들이 조직의 성공적 경영을 위해 필요로 하는 조직 내·외부의 정보를 효율적으로 제공할 수 있는 컴퓨터 기반 정보시스템이다.
⑥ 요구되는 사용자 인터페이스, 정보의 질, 정보 기술적 능력 등에서 다른 정보시스템과는 차별화된 특징을 가진다.

**(2) 중역정보시스템의 특성**

① 편리한 사용자 인터페이스
② 분석적인 모델링의 가능
③ 별도의 데이터베이스
④ 외부의 데이터베이스와 연결

### 3 중역정보시스템의 활용

경고정보, 상황정보, 요약정보, 주요지표, 외부정보, 가십

## 제7장  인공지능과 전문가시스템

### 제1절 인공지능의 개념과 응용

#### 1  인공지능의 개념

(1) 인간의 추론능력과 학습능력, 지각능력, 자연언어의 이해능력 등을 컴퓨터 프로그램으로 실현한 기술이다.

(2) 컴퓨터가 인간의 지능적인 행동을 모방하고, 인간의 지각 및 뇌의 정보처리 등을 컴퓨터로 응용할 수 있도록 이를 모델화시킨 소프트웨어 시스템이다.

#### 2  인공지능의 응용분야

(1) 지식베이스의 구축 및 관리

(2) 지각의 연구(외부환경과 컴퓨터 간의 상호작용을 쉽게 하려는 연구)

(3) 기계학습

(4) 로봇화

(5) 자연어 처리

(6) 논리적 문제 해결과 추론 시스템

### 제2절 전문가시스템의 개념과 응용

#### 1  전문가시스템(Expert System)의 개념

(1) 전문가의 경험 및 지식을 컴퓨터에 저장시켜 컴퓨터를 통해서 전문가의 능력을 빌릴 수 있도록 만든 시스템이다.

(2) 기존의 컴퓨터시스템이 단순 자료만을 처리하는 데 비해 전문가시스템은 지식을 처리한다.

**(3)** 인간이 특정분야에 대해서 가지고 있는 전문적인 지식을 정리하고 표현하여 컴퓨터에 기억시킴으로써 일반인들도 전문지식을 이용할 수 있도록 한 시스템이다.

**(4)** '지식기반시스템'이라고도 하며, 입력된 지식만큼 더욱 다양한 관점에서 문제에 접근이 가능하고, 또는 불완전한 정보를 가지고도 추론을 통해 의사결정에 있어 필요한 정보를 제공하고, 의사결정을 하기 위한 다양한 논리적 접근 방법 및 가능한 대안을 제시한다.

**(5)** 복잡한 현실 또는 해결책에 대한 합의가 이루어지지 못한 분야는 활용이 어렵다는 문제점이 있다.

## 2 전문가시스템의 특성

**(1) 전문가시스템의 특성**
  ① 연역적인 추론방식
  ② 실용성
  ③ 전문가의 지식으로 이루어진 지식베이스의 사용

**(2) 전문가시스템의 장점**
  ① 지식을 문서화하기가 쉽다.
  ② 인간과는 다르게 영구적인 사용과 일관성의 유지가 가능하다.
  ③ 일관적 문제풀이의 과정의 유지가 가능하다.
  ④ 의사결정 및 업무수행의 질을 높임으로써 기업 조직의 경쟁력에 도움을 줄 수 있다.
  ⑤ 많은 사용자가 사용할 수 있으며, 대량 복사본을 쉽게 만들 수 있다.

**(3) 전문가시스템의 단점**
  ① 상식적 지식의 활용능력 및 거시적 판단능력이 부족하다.
  ② 새로운 시스템의 개발 및 사용 시 과다 비용이 소요될 수 있다.
  ③ 다양한 형태의 입력을 받아들일 수 없으므로 기호화된 형태로 변환해서 입력해야 한다.
  ④ 상황발생 시 경험 및 대처를 기반으로 새로운 지식을 축적할 수 있는 능력이 부족하다.
  ⑤ 창조적인 능력의 부족으로 인한 전문적 지식의 습득이 어렵다.

## 3 전문가시스템의 주요 구성요소

  ① **지식베이스** : 추출한 지식을 보관하는 곳이다.
  ② **추론기관** : 지식베이스에 규칙 및 사실의 형태로 저장되어 있는 지식 및 데이터를 사용해서 추론함으로써 문제의 해결을 위한 결과를 얻어내는 컴퓨터 프로그램이다.

③ **설명기관** : 결과가 어떻게 또는 왜 나타났는지를 설명해 준다.

④ **사용자 인터페이스** : 사용자가 시스템과 직접적으로 접하는 부분을 말한다.

⑤ **블랙보드** : 당면한 현재의 문제를 설명하기 위해 따로 분리된 작업메모리 장소를 말한다.

⑥ **하드웨어** : 미니나 대형 등에 연결된 마이크로컴퓨터 및 단말기, 따로 작동하는 마이크로컴퓨터 등이 사용자 워크스테이션으로 활용될 수 있다.

⑦ **소프트웨어** : 사용자들과의 인터페이스를 위한 프로그램 및 추론엔진 등 여러 가지가 존재한다.

⑧ **입력** : 지식 등을 수집해서 주어진 지식표현에 맞게 지식베이스에 입력시키는 활동이다.

## 4 전문가시스템의 활용

### (1) 통상적인 전문가시스템의 활용분야

① **의사결정의 관리** : 상황의 평가에 대한 대안 찾기 및 추천 등을 행한다.

② **진단 및 문제점 등의 제거** : 과거 기록 및 보고된 징후로부터 원인을 추측하는 것이다.

③ **유지보수 및 일정의 계획** : 시간이 결정적으로 중요성을 가지는 문제 및 제한된 자원의 할당 문제 등을 지원하는 것이다.

④ **지능 텍스트 및 문서화** : 과거의 정책, 법령, 절차 등에 따른 지식베이스를 구축해서 이를 사용자에게 제공한다.

⑤ **설계 및 설비 구성** : 주어진 조건하에서 바람직한 설비구성안을 제시한다.

⑥ **선택 및 분류** : 너무나 많은 대안들이 있을 때, 어떠한 대안을 선택할지 지원한다.

⑦ **공정감시 및 제어** : 절차 및 공정 제어 및 감시에 관한 것이다.

### (2) 전문가시스템은 전통적인 SDLC에 준하여 '문제의 정의 → 시스템의 설계 → 프로토 타입의 개발 → 시스템의 인도 → 구현 및 설치 → 유지·보수'의 과정을 통해 개발된다.

---

## 제8장 정보통신

## 제1절 컴퓨터통신의 개념

## 1 컴퓨터통신의 배경

**(1)** 정보 및 데이터를 통신회선을 사용해서 하나의 컴퓨터에서 다른 컴퓨터로 전송하는 것을 말한다.

**(2)** 데이터통신이라고도 한다. 전달하고자 하는 내용을 오류가 없이 수신인에게 전달하는 것에서 더 발전하여 내용물의 가공 및 변형도 포함한 유연성 있는 통신이다.

## 2 컴퓨터통신의 기본개념

### (1) 컴퓨터통신의 개념
① 컴퓨터에 의한 데이터 전송 기술 및 정보처리 기술이 통합된 형태이다.
② 원격지의 컴퓨터 상호 간의 전기 통신 매체를 통해서 데이터를 송·수신한다.
③ 일반인들을 위해 통신 서비스 회사가 통신망을 설치해서 가입한 사람들에게 여러 가지의 정보서비스를 제공하는 형태를 취하는 것이 일반적이다.
④ 인터넷을 통해 정보가 검색 가능하며, 가입자들과의 전자우편을 통해 정보교환도 가능하게 된다.
⑤ 최근의 통신 서비스는 인터넷망 연결을 함께 제공하는 경향이 있다.

### (2) 컴퓨터통신망의 유형
① 버스(Bus)형
　㉠ 하나의 통신회선에 여러 대의 단말기를 접속하는 방식
　㉡ 각 컴퓨터는 동등하며 단방향 통신 가능
　㉢ 단말기가 타 노드에 영향을 주지 않으므로 단말기의 증설 및 삭제 용이
　㉣ 회선의 끝에는 종단장치 필요
　㉤ 거리가 멀어지면 중계기가 필요하며 보안 측면에서 취약하다는 단점 있음

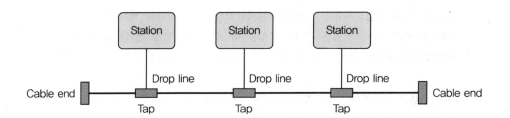

② 트리(Tree)형
　㉠ 중앙에 있는 컴퓨터에 여러 대의 단말기가 연결되고 각각의 단말기들은 일정 지역에 설치된 단말기와 다시 접속하는 방식으로 계층화되어 있음
　㉡ 분산처리시스템에 주로 사용
　㉢ 한 컴퓨터가 고장 나더라도 나머지 컴퓨터의 통신이 가능

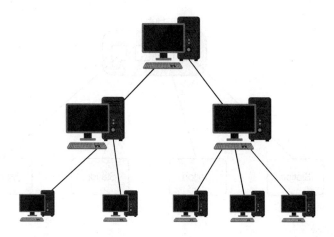

③ 링(Ring)형

　㉠ 이웃한 것들끼리만 연결된 형태로 원 모양을 형성하는 방식으로 근거리 통신망(LAN)에 사용
　㉡ 양방향 통신이 가능
　㉢ 장치가 단순하고, 분산제어 및 검사・회복 등이 가능
　㉣ 같은 링에 있는 컴퓨터에 오류가 생기면 전체 네트워크에 통신을 할 수 없으므로 2중화 대책이
　　　필요
　㉤ 링형의 단점은 단말기의 추가 시 회선을 절단해야 하고, 기밀 보안이 어려우며, 전체적인 통신량
　　　이 증가한다는 것

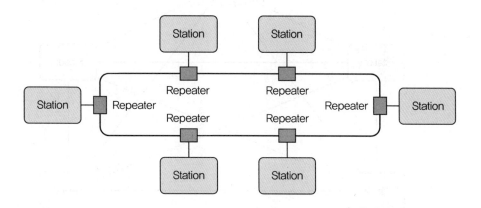

④ 성(Star)형

　㉠ 중앙에 컴퓨터를 위치시키고 그 주위에 단말기들이 분산되어 중앙컴퓨터와 1:1로 연결된 중앙집
　　　중식으로, 장애가 발생할 때 장애 발생의 지점을 발견하기 쉬워 보수 및 관리가 용이
　㉡ 하나의 단말기가 고장 나더라도 타 단말기에 영향을 주지 않음
　㉢ 회선이 많이 필요하고, 복잡하며, 중앙컴퓨터 고장 시 전체에 문제 발생
　㉣ 큰 네트워크나 네트워크 확장이 예상될 때, 또는 문제발생 시 해결방법이 쉬워야 할 때, 컴퓨터
　　　를 추가・제거하는 것이 쉬워야 할 때 구성

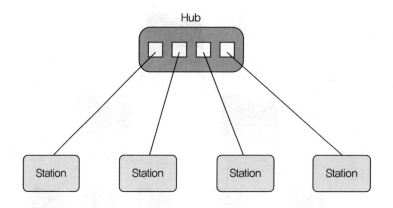

⑤ **망(Mesh)형**
  ㉠ 성형과 링형이 결합된 형태로, 모든 단말기들이 각각 연결되어 있어 전체적으로 그물과 같은 형태를 이루는 구조
  ㉡ 신뢰성이 있고, 집중 및 분산 제어가 가능
  ㉢ 하나의 컴퓨터가 고장 나더라도 타 시스템에 영향 적음
  ㉣ 많은 회선이 요구되며, 시스템을 구축하기까지 많은 비용이 소요되기 때문에 주로 백본(Backbone) 망 구성에 사용

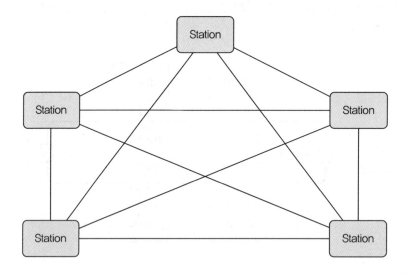

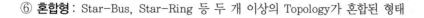

⑥ **혼합형** : Star-Bus, Star-Ring 등 두 개 이상의 Topology가 혼합된 형태

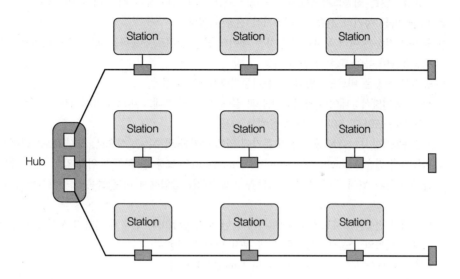

## 3 데이터의 전송

### (1) 개념

한 컴퓨터 내 어떠한 장치에서 또 다른 장치로 데이터를 이동하거나 다른 외부장치로 데이터를 이동하는 것

### (2) 전송방식

① 전송방향에 따라 단방향(Simplex)통신, 반이중(Half-duplex)통신, 전이중(Full-duplex)통신이 있다.
  ㉠ 단방향통신 : 일정하게 정해진 방향으로만 통신이 가능
  ㉡ 반이중통신 : 시스템 모두 데이터의 양방향 통신이 가능하지만 동시 사용은 불가능
  ㉢ 전이중통신 : 시스템 모두 양방향으로 동시에 통신이 가능
② 전송방식에 따른 직렬전송, 병렬전송이 있다.
  ㉠ 직렬전송
    • 하나의 문자를 구성하는 각 비트들이 하나의 전송선을 통해 순서적으로 전송하는 것
    • 전송시간은 느리지만 원거리 전송의 경우에는 전송매체의 비용이 적게 소요
    • 장점 : 전송대역을 유효하게 사용, 대부분의 데이터통신시스템에서 사용
    • 단점 : 전송시간이 많이 소요
  ㉡ 병렬전송
    • 하나의 문자를 구성하는 각 비트들이 여러 개의 전송선을 통해 동시에 전송
    • 직렬전송에 비해 단위 시간당 더욱 많은 데이터의 전송이 가능

- 장점 : 동시 전송이 가능하므로 전송속도가 빠르며, 대량의 정보 전송이 가능
- 단점 : 많은 전송로가 필요하므로 송·수신 간의 거리 증가 시 비용 많이 소요

③ 동기성에 따른 동기식 전송 및 비동기식 전송이 있다.

  ⊙ 동기식 전송은 여러 문자를 수용하는 데이터 블록 단위로 전송하는데, 반드시 버퍼가 필요하고 전송효율이 높아 고속 전송에 사용

  ⓒ 동기식 전송은 비트동기방식 및 문자동기방식으로 분류

- 비트동기방식 : 데이터 블록의 처음과 끝에 8비트의 플래그 비트를 표시해서 동기를 맞추는 방식으로, HDLC, SDLC 프로토콜에서 사용
- 문자동기방식 : SYN 등의 동기 문자에 의해 동기를 맞추는 방식으로, BSC 프로토콜에서 사용

  ⓒ 비동기식 전송(Asynchronization Transmission)은 보통 한 문자 단위와 같이 매우 작은 비트 블록의 앞과 뒤에 각각 스타트 비트와 스톱비트를 삽입해서 비트 블록의 동기화를 취해 주는 방식

  ⓔ 비동기식 전송은 5비트에서 8비트까지의 한 문자 단위마다 전후에 문자의 시작과 끝을 알리는 스타트 비트와 스톱 비트를 두고 매 문자 단위로 전송

- 문자와 문자 사이의 휴지 시간(Idle Time)이 불규칙
- 단순하고 저렴함
- 오버헤드를 요구하므로 전송효율이 매우 낮아 저속전송에 사용

## 4 데이터 교환방식(Data Switching System)

### (1) 회선교환방식(Circuit Switching System)

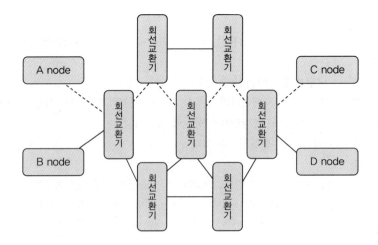

① 통신장치 간 교환기를 통해 송・수신자 사이에 통신이 끝날 때까지 통신회선을 계속 연결된 상태로 유지하는 방식(전화시스템)이다. 송・수신자와의 회선이 독점적으로 설정되고, 접속이 이루어지면 일정한 속도로 데이터가 전송된다.

② **특징**

　㉠ 전송 중 항상 동일한 경로를 가진다.

　㉡ 고정적인 대역폭을 사용한다.

　㉢ 전송량이 많지 않을 경우에는 경제적 속도이지만 코드의 변환이 불가능하다.

　㉣ 길이가 긴 연속적 데이터 전송에 적합하다.

　㉤ 실시간 대화용으로 응용이 가능하다.

　㉥ 접속시간은 많이 소요되지만, 전송지연은 거의 없다.

③ **장점**

　㉠ 전송량이 많을 경우에 경제적이다.

　㉡ 대규모의 트래픽 처리가 가능하다.

　㉢ 물리적 회선 제공이 가능하다.

　㉣ 사용자 데이터를 프로토콜 처리 없이 고속전송이 가능하다.

④ **단점**

　㉠ 과부하 시 접속이 어렵다.

　㉡ 전송품질이 양호하지 못하다.

　㉢ 접속시간의 지연으로 인해 즉시성이 결여된다.

　㉣ 데이터를 전송하지 않을 시에도 회선이 점유되므로 네트워크 자원이 낭비된다.

　㉤ 단시간 전송인 경우 고가이다.

　㉥ 다수의 상대방과 동시에 통신하고자 하는 경우 필요한 수만큼의 물리적인 회선으로 보유해야 하므로 회선공유가 불가능하다.

## (2) 패킷교환방식

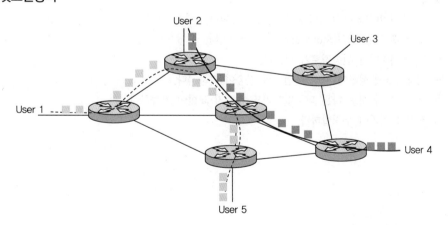

① 전송되는 자료를 일정한 크기 및 형식의 패킷으로 나누어서 각각의 패킷을 독립적으로 전송하는 방식이다.

② **특징**

　㉠ 빠른 응답시간이 요구되는 응용에 활용한다.

　㉡ 데이터 전송을 하기 위해 추가적인 데이터를 필요로 한다.

　㉢ 메시지 교환방식과 동일한 축적 후 교환방식의 일종이다.

　㉣ 회선 이용 효율이 극대화된다.

　㉤ 트래픽 용량이 큰 경우에 유리하다.

　㉥ 전송품질 및 신뢰성이 높지만, 데이터 단위(패킷) 길이가 제한된다.

**(3) 메시지교환방식(Message Switching System)**

① 메시지를 받아서 알맞은 송신 회로를 사용할 수 있을 때까지 저장했다가 다시 전송하는 방식이다.

② 교환기로 전송할 때까지 일시적으로 저장되었다가 다시 전송해야 하므로 저장 후 전송이라고도 한다.

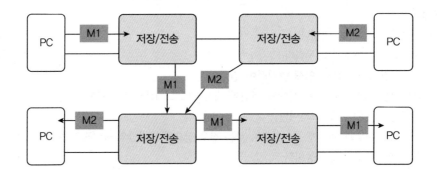

③ **특징**

　㉠ 각 메시지마다 수신 주소를 넣어서 전송한다.

　㉡ 저장 후 전송 방식(Store and Forward)이다.

　㉢ 각 메시지마다 전송경로가 다르다.

　㉣ 사용자들의 형편에 따라 우선순위 전송이 가능하다.

　㉤ 코드속도가 서로 다른 터미널끼리도 메시지 교환이 가능하다

　㉥ 실시간 처리에 부적합하다.

## 제2절 통신망의 구성과 프로토콜

### 1 컴퓨터통신망의 구성 형태

#### (1) 구성요소

① 데이터통신시스템의 4요소

ㄱ 컴퓨터 : 통신제어 프로그램이 CPU에 내장되어 통신제어장치로부터 데이터를 처리하고, 통신시스템 전체를 제어

ㄴ 단말장치 : 데이터처리시스템과 사용자가 서로 교신하기 위해 필요한 장치로서 기억기능, 입·출력기능, 전송제어기능으로 구성

ㄷ 데이터 전송회선 : 단말장치로부터 통신제어장치까지의 데이터 전송로

ㄹ 통신제어장치 : 단말장치와 통신에 있어서 여러 제어기능을 분담

#### (2) 통신 소프트웨어

① 조건

ㄱ 빠른 응답

ㄴ 비동기 처리

ㄷ 수시입력

ㄹ 자료의 다양성

② 통신 소프트웨어의 기능

ㄱ 사용자 접속의 제어

ㄴ 데이터의 송·수신

ㄷ 통신 하드웨어의 제어

### 2 프로토콜

#### (1) 개념

정보기기들 사이 서로 간의 정보교환이 필요한 경우 원활하게 하기 위해 정한 여러 가지 통신규칙 및 방법에 대한 약속, 통신의 규약을 의미한다.

#### (2) 기본 요소

① **구문** : 전송하고자 하는 데이터의 형식

② **의미** : 전송제어와 오류관리를 위한 제어정보

③ **시간** : 두 기기 간의 통신 속도

### (3) 기능

① **주소지정** : 한 개체가 다른 개체에 데이터를 전송할 경우에 상대의 이름을 알아야 함
② **순서지정** : 프로토콜 데이터 단위가 전송될 때 보내지는 순서를 명시하는 기능
③ **단편화와 재조합** : 개체 사이의 대용량 데이터를 교환하는 프로토콜의 경우 블록분할 전송
④ **데이터의 흐름제어** : 수신 측 시스템에서 받은 데이터의 양 또는 속도제어
⑤ **연결제어** : 프로토콜의 연결 설정에 있어서의 구문·의미·시간 등을 제어
⑥ **캡슐화** : 송신자의 수신자 주소, 프로토콜 제어정보, 오류검출코드 등을 덧붙임
⑦ **오류제어** : 데이터 교환 시의 오류 발견 기법
⑧ **동기화** : 양쪽 개체 간의 데이터 전송 시의 타이머 값, 윈도 크기 등의 인자 값
⑨ **멀티 플렉싱** : 한 개의 통신 선로에 다중의 시스템이 동시에 통신할 수 있는 기법
⑩ **전송 서비스** : 우선순위의 결정, 보안 요구 및 서비스 등급 등의 제어 서비스

### (4) RFID

① **개념**
  ㉠ 데이터 입력장치로 개발된 무선(RF ; Radio Frequency)으로 인식하는 기술이다.
  ㉡ 태그 안에 물체의 ID를 담아 놓고, 리더와 안테나를 이용해 태그를 판독·관리·추적할 수 있는 기술이다.
② **구성요소** : 태그(Tag), 안테나(Antenna), 리더(Reader), 호스트(Host)
③ **장점**
  ㉠ 직접 접촉을 하지 않아도 자료인식이 가능
  ㉡ 인식 방향에 관계없이 ID 및 정보 인식이 가능
  ㉢ 인식되는 시간이 짧음
  ㉣ 유지·보수가 간편하며, 바코드 시스템처럼 유지비가 들지 않음
  ㉤ 원하는 시스템이나 환경에 맞게 설계 및 제작이 가능
  ㉥ 재사용이 가능
④ **한계점**
  ㉠ 정보의 노출 위험성(보안)
  ㉡ 금속·액체 등의 전파장애 가능성
  ㉢ 인식의 한계(기술적 문제)
  ㉣ 전파가 인체에 미치는 영향(안정성)

### (5) OSI 계층 모델

① **개요**
  ㉠ 시스템 간의 원활한 통신을 위해 ISO(국제표준화기구)에서 개발한 모델로서, 컴퓨터 네트워크 프로토콜 디자인과 통신을 계층으로 나누어 설명한 것을 말한다. 통상적으로 OSI 7계층 모형이라 불린다.

ⓛ 통신망을 통해 상호접속에 있어 필요한 제반 통신절차를 정의하며, 통신기능을 7개의 수직계층으로 분할해서 각 계층마다 타 계층과는 관계없이 자신의 독립적인 기능을 지원하도록 구성된다.

② OSI 계층모델의 기본 요소

ㄱ 개방형 시스템 : 프로토콜에 따라 응용 프로세스 간의 통신을 수행할 수 있도록 하는 시스템

ㄴ 응용 실체/개체 : 응용 프로세스를 개방형 시스템상의 요소로서 모델화한 것

ㄷ 접속 : 동일한 계층의 개체 사이에 사용자의 정보를 교환하기 위한 논리적 통신회선

ㄹ 물리매체 : 시스템 간의 정보를 교환할 수 있도록 해주는 전기적 통신매체

③ OSI 7계층 모델의 구조

ㄱ 물리계층(Physical Layer) : 기계적·전기적·기능적·절차적 특징을 다루어 물리적 매체를 액세스하는 계층

ㄴ 데이터링크계층(Data Link Layer) : 물리적인 링크를 통해 신뢰성 있는 정보를 전송하는 기능을 제공하는 계층

ㄷ 네트워크계층(Network Layer) : 상위의 계층에게 시스템을 연결하는 데 필요한 데이터 전송 및 교환기능을 제공하는 계층으로서 연결을 설립, 이를 관리하고 종결하는 역할을 수행하는 계층

ㄹ 전송계층(Transport Layer) : 종단 간 신뢰성이 있고, 투명한 데이터 전송을 제공하는 계층으로서, 종단 간 에러복구 및 흐름 제어를 담당하는 계층

ㅁ 세션계층(Session Layer) : 각종 응용 간 통신에 대한 제어 구조를 제공하는 계층

ㅂ 표현계층(Presentation Layer) : 데이터의 표현, 즉 구문(Syntax)에 차이가 있는 응용프로세스들에게 그 차이에 관계하지 않도록 하는 계층

ㅅ 응용계층(Application Layer) : 사용자가 OSI 환경을 액세스할 수 있도록 해주며, 분산 정보서비스를 제공하는 계층

## (6) TCP/IP(Transmission Control Protocol/Internet Protocol)

① 개념 및 개요

ㄱ 네트워크 전송 프로토콜로, 서로 다른 운영체제를 쓰는 컴퓨터 간에도 데이터를 전송할 수 있어 인터넷에서 정보전송을 위한 표준 프로토콜로 쓰이고 있다.

ㄴ TCP는 전송 데이터를 일정 단위로 나누고 포장하는 것에 관한 규약이고, IP는 직접 데이터를 주고받는 것에 관한 규약이다.

② TCP/IP 구조의 목표

ㄱ 전 네트워크에 대해 보편적인 접속을 보장

ㄴ 응용 프로토콜의 표준화

ㄷ 하위 네트워크 기술과 호스트 컴퓨터 구조에 대해 독립적

③ IP는 신뢰성을 제공하지 않는 비연결형 데이터그램 프로토콜로 목적지까지 데이터의 전송이 정확하게 이루어질 수 있도록 노력하지만, 완벽하게 전송이 이루어진다는 보장은 없다.

[OSI 7계층과 TCP/IP계층의 비교]

TCP/IP 프로토콜은 물리계층·네트워크계층·인터넷계층·전송계층·응용계층으로 구성되어 있고, 이러한 응용계층은 세션계층·표현계층·응용계층을 합친 것과 같다.

## 제3절 컴퓨터통신망의 종류와 활용

### 1 근거리 통신망(LAN)

**(1) 개념**

① 다수의 독립적인 PC와 주변장치가 전용의 통신회선을 통해 연결된 소단위 정보통신망이다.

② 한 사무실, 한 건물, 한 학교 등과 같이 비교적 가까운 지역에 한정되어 설치한다.

③ 전송매체는 주요 동축케이블이나 광케이블 등이 사용되며, 제한된 지역·건물·학교·연구소·병원 등에서 컴퓨터나 OA 기기 등을 속도가 빠른 통신선로로 연결해서 기기 간에 통신이 가능하도록 한 것이다.

**(2) 효과**

① 하드웨어 및 주변장치의 공유

② 프로그램 및 파일의 공유

③ 효율적인 정보관리 가능

④ 데이터베이스의 공유 가능

⑤ 통제 및 관리가 용이한 관계로 여러 운영체제 사용

### (3) 특징

① 생산성의 향상을 위한 네트워크의 극대화
② 정보통신의 집중성 및 국부성
③ 용이한 자원공유를 위한 사용자의 손쉬운 접근 허용
④ 구성변화에 대한 신뢰성, 확장의 용이성, 높은 호환성, 적응성

## 2  원거리 통신망(WAN)

**(1)** 근거리 통신망 또는 중거리 통신망(MAN)을 다시 하나로 묶는 네트워크이다.

**(2)** 하나의 도시·국가·대륙과 같이 매우 넓은 지역에 설치된 컴퓨터들 간 정보 및 자원을 공유하기에 적합하도록 설계한 컴퓨터통신망이다.

**(3)** 불특정 다수의 사용자가 이용할 수 있는 관계로 정보의 보안 기술이 중요하다.

## 제9장  인터넷과 전자상거래

## 제1절 인터넷의 개요

## 1  인터넷의 개념

**(1)** 인터넷은 많은 컴퓨터 네트워크를 연결시키는 네트워크이다.

**(2)** 사용자들은 인터넷 서비스를 제공해주는 업체의 호스트 컴퓨터에 접속해서 인터넷을 사용할 수 있다.

## 2  인터넷의 기능

**(1) 신속성** : 사용자들이 필요로 하는 정보를 적은 비용으로도 빠르게 주고받을 수 있다.

**(2) 개방성** : LAN 및 컴퓨터시스템과 통합이 용이하다.

**(3) 무정부성** : 특정한 소유주 및 운영자가 따로 정해지지 않은 무정부 네트워크이다.

**(4) 상호작용성** : 컴퓨터 기종 및 지리적 위치 등과 관계없이 쌍방향 데이터의 송·수신이 가능하다.

**(5) 활용가능성** : 인터넷은 활용가능성이 무한한 네트워크이다.

## 제2절 전자상거래의 개요

### 1 전자상거래의 개념

**(1) 개념**

① 협의의 전자상거래는 인터넷상에 홈페이지로 개설된 상점을 통하여 실시간으로 제품을 거래하는 것을 의미한다.
② 광의의 전자상거래는 소비자와의 거래뿐만 아니라 거래와 관련되는 공급자·금융기관·운송기관·정부기관 등과 같이 거래에 관련되는 모든 기관과의 관련된 행위를 포함한다.
③ 전자상거래 시장은 생산자·중개인·소비자가 디지털 통신망을 활용해서 상호 거래하는 시장을 의미한다.

**(2) 배경**

① 전자상거래의 등장은 통상적으로 1970년대 미국에서 시작된 EDI(전자문서교환)로부터 시작되었다.
② 기업 사이에 컴퓨터를 통해서 표준화된 양식의 문서를 전자적으로 교환하는 정보전달방식이다.
③ EDI 이후로는 CALS로 확장되었다. CALS는 기술적 측면에서 기업의 설계·생산과정·보급·조달 등을 운영하는 운용지원 과정을 연결시키고, 이들 과정에서 사용되는 문자와 그래픽 정보를 표준을 통해 디지털화하여 종이 없이 자료와 정보를 통합하여 자동화시키는 개념이다.
④ 광속상거래 또는 초고속 경영통합 정보시스템의 개념으로 확대되고 있다.

### 2 전자상거래의 유형

**(1) 기업과 소비자 간의 전자상거래(B to C ; Business to Consumer)**

① 상품의 생산자나 판매자들이 소비자들을 상대로 가상의 공간인 인터넷에서 상점을 개설하고 상품을 판매하는 전자 소매에 해당하는 것이다.
② 인터넷상에서는 역경매가 이루어지는데, 역경매는 일반경매와는 달리 판매자들끼리 가격흥정을 붙여서 소비자가 가장 낮은 가격에 물품을 구입하는 소비자 중심의 전자상거래이다.

### (2) 기업과 기업 간의 전자상거래(B to B ; Business to Business)

① 기업이 기업을 상대로 해서 각종 서비스 및 물품을 판매하는 방식의 전자상거래이다.

② 기업 간의 전자상거래는 네트워크를 통해 연결된 2개 이상의 기업이 원자재, 부품의 조달 및 유통 등의 활동, 신제품의 공동개발, 생산의 전자적 방식으로 인한 효율을 높이고자 하는 것이다.

### (3) 기업과 정부 간의 전자상거래(B to G ; Business to Government)

인터넷상에서 이루어지는 기업과 정부 간의 전자상거래이다.

### (4) 소비자와 소비자 간의 전자상거래(C to C ; Consumer to Consumer)

소비자와 소비자 간의 전자상거래, 인터넷상에서 소비자들끼리 제품을 사고파는 것을 의미한다.

### (5) 정부와 소비자 간의 전자상거래(G to C ; Government to Consumer)

정부와 소비자 간의 전자상거래이다.

## 3 전자상거래의 활용현황

### (1) 전자문서교환(EDI ; Electronic Data Interchange)

① 전자문서교환이라고 하며, 기업 사이에 컴퓨터를 통해 표준화된 양식의 문서를 전자적으로 교환하는 정보전달방식이다.

② 기업 간 거래에 관한 데이터와 문서를 표준화해서 컴퓨터통신망으로 거래 당사자가 직접 전송·수신하는 정보전달 체계이다.

③ 처리시간 단축, 비용절감 등으로 제품의 주문·생산·납품·유통의 모든 단계에서 생산성이 획기적으로 향상된다.

### (2) 광속상거래(CALS ; Commerce at Light Speed)

컴퓨터에 의한 조달지원으로 각종 서식 및 문서 등을 표준화해서 정보의 통합과 교환을 용이하게 하고자 시작되어, 현재는 전자적인 수단에 의한 신속한 거래행위인 광속상거래의 개념으로 발전하였다.

### (3) 공급사슬망 관리(SCM ; Supply Chain Management)

① 기업에서 생산 및 유통 등 모든 공급망의 단계를 최적화하여 수요자가 원하는 제품을 원하는 시간과 장소에 제공하는 '공급망 관리'를 의미한다.

② 기존 기업 내 부문별 또는 개별기업 내부에 한정된 혁신 활동의 한계를 극복하기 위해서 원재료 공급업체에서 출발해서 최종 소비자에게로 제품이 전달되는 모든 과정이다.

③ 기업 내의 생산·물류·판매·구매·재고·재무 등의 모든 업무 기능 및 프로세스를 통합적으로 연동하여 관리해주며, 주위에서 발생하는 정보를 서로가 공유하고 새로운 정보의 생성 및 빠른 의사결정을 하기 위한 정보를 제공해주는 통합정보시스템이다.

④ 제품을 생산하는 기업이 부품의 구매·제조·판매까지의 모든 일정을 수립하고 소비자들의 수요계획 및 물류현황을 체계적으로 정리하며, 제품의 흐름을 원활하면서도 효율적으로 수행할 수 있게 한다.

### (4) 고객관계관리(CRM ; Customer Relationship Management)

① 소비자들에게 관련된 기업의 내·외부 자료를 분석하고, 이를 통합해서 소비자 특성에 기초한 마케팅 활동을 계획·지원·평가하는 일련의 과정이다.

② 기업들이 소비자들의 성향 및 욕구를 미리 파악해서 이를 충족시켜 주고 기업들이 목표로 하는 수익 및 광고효과 등의 원하는 바를 얻어내는 기법이다.

③ 신규 소비자들의 창출보다는 기존 고객의 관리에 초점을 맞추고 있다.

④ 고객들의 행동패턴, 소비패턴 등을 통해 고객들이 원하는 것을 알아내야 하는 경우가 많으므로 고도의 정보 분석기술을 필요로 한다.

---

## 제10장  정보시스템의 보안 · 통제 및 감사

### 제1절 정보시스템의 보안

### 1 정보시스템 보안의 필요성

#### (1) 자료보안

네트워크를 통해 전송 중인 자료의 보안 및 DB 안에 저장되어 있는 자료의 보안을 말한다.

#### (2) 시스템보안

컴퓨터시스템의 운영체제·서버·응용 프로그램 등의 약점을 활용해서 해커들이 컴퓨터시스템 내부로 침입해서 이를 임의로 사용 또는 해당 시스템의 기능을 마비 또는 파괴하는 것을 방지하는 것을 의미한다.

#### (3) 정보시스템 보안의 필요성

① 방화벽

  ㉠ 기업이나 조직의 모든 정보가 컴퓨터에 저장되면서, 컴퓨터의 정보 보안을 위해 외부에서 내부, 내부에서 외부의 정보통신망에 불법으로 접근하는 것을 차단하는 시스템이다.

  ㉡ 외부의 인터넷과 조직 내부의 전용통신망 경계에 건물의 방화벽과 같은 기능을 가진 시스템인 라우터 및 응용 게이트웨이 등을 설치해서 모든 정보의 흐름이 이들을 통해서만 이루어지는 방식이다.

  ㉢ 방화벽의 종류로는 서킷 게이트웨이(Circuit Gateway) 방식, 애플리케이션 게이트웨이(Application Gateway) 방식, 패킷 필터링(Packet Filtering) 방식, 하이브리드(Hybrid) 방식 등이 있다.

- 서킷 게이트웨이 방식은 OSI 7계층 구조의 세션계층과 애플리케이션계층 사이에서 접근제어를 실시하는 방화벽을 지칭한다.
- 애플리케이션 게이트웨어 방식은 OSI 7계층 모델 중 애플리케이션계층까지 동작하며 지나가는 패킷의 헤더 안의 데이터 영역까지도 체크하여 통제한다.
- 패킷 필터링 방식은 OSI 7계층 구조의 전송계층과 네트워크계층에서 동작하며, 지나가는 패킷의 헤더 안의 IP address 및 Port address만을 단순 검색해서 통제한다.
- 하이브리드 방식은 패킷 필터링의 단점을 보완하여 대부분의 방화벽이 채택하는 방식으로, 패킷 필터링 방식과 애플리케이션 게이트웨어 방식의 혼합이다.

② **암호화**
  ㉠ 수학적인 알고리즘을 활용해서 기록을 구성하는 디지털 숫자 열을 변형함으로써 암호를 풀 수 있는 인증키를 지닌 사람만이 해당 기록을 볼 수 있도록 변환하는 과정을 말한다.
  ㉡ 의미를 알 수 없는 형식으로 정보를 변환한다.
  ㉢ 암호문의 형태로서 정보를 기억 장치에 저장하거나 통신 회선을 통해 정보를 전송함으로써 정보의 보호가 가능하다.

## 2 정보시스템 보안의 주요 위험요소

### (1) 컴퓨터 범죄(Computer Crime)
  ① 컴퓨터시스템 또는 망을 활용해서 일으키는 범죄이다.
  ② **컴퓨터 범죄 유형**
    ㉠ 절취형 범죄 : 개인 및 집단 등이 자신들의 이익을 위해 불법적으로 하드웨어 및 소프트웨어시스템, 데이터 및 정보 등을 가져가는 형태의 범죄이다.
    ㉡ 인터넷을 활용한 범죄 : 타 기관이나 타인의 컴퓨터에 몰래 침입해서 해당 시스템의 정보를 꺼내어 이를 손상시키거나 활용하는 형태의 범죄이다.
    ㉢ 변조형 범죄 : 타인이나 타 기관에 피해를 주기 위해 정보 및 소프트웨어를 변조하는 형태의 범죄이다.

### (2) 외부환경의 위험
  자연적 원인인 태풍·홍수·지진 등에 의한 손상을 입을 수 있다.

### (3) 인간에 의한 오류 및 바이러스의 침투
  ① 바이러스는 다수의 시스템의 데이터를 삭제 또는 시스템의 동작을 중단시키고, 오류를 발생시키는 프로그램으로, 통상적으로 통신망 또는 저장매체 등을 통해 이동하는 형태를 취한다.
  ② 인간에 의한 오류를 악용하여 보안을 위협하는 것을 사회공학적 해킹이라고 칭하기도 한다.

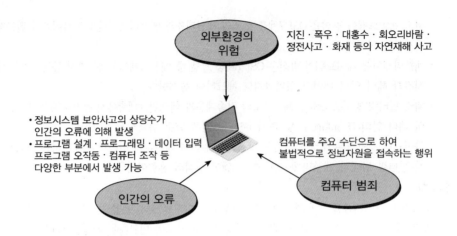

## 제2절 정보시스템의 통제

### 1 일반 통제(General Control)

(1) 컴퓨터 프로그램을 포함해서 여러 파일의 설계·보안 및 활용에 대한 사항을 조직의 전체적인 관점에서 통제하는 것을 말한다.

### (2) 종류

① 실행 통제
  ㉠ 보통 시스템 실행 통제에 있어 여러 가지의 활동 등이 포함된다.
  ㉡ 시스템 개발수명주기의 여러 시점에서 활동들이 명확하게 관리되었는지를 확인해야 한다.
  ㉢ 시스템 실행가능성을 확보하기 위해 비용−효과분석 등이 이루어져야 한다.

② S/W 통제
  ㉠ 소프트웨어 개발 과정이 능률적이거나 오류에 대한 수정은 완벽한지, 또는 효율적으로 유지·보수되는지를 확인함으로써 해당 시스템에서 활용되는 소프트웨어의 품질을 확보하기 위한 활동이다.
  ㉡ S/W의 변경 통제는 S/W의 품질을 유지하면서 시스템에 대해 허가되지 않은 자들에 대한 프로그램의 변경을 방지하는 데 그 목적이 있다.

③ 물리적 H/W 통제
  ㉠ 컴퓨터를 포함한 각종 통신장비들은 물리적으로 보호되어야 한다.
  ㉡ 다수의 컴퓨터 하드웨어는 설비고장 등의 점검을 수행하기 위한 자체적 수단을 지니고 있다.

④ 컴퓨터 운영 통제
  ㉠ 컴퓨터 부서의 작업수행과정에 따른 통제 활동과 연관된다.
  ㉡ 작업을 위한 준비, 실제적 운영, 백업 또는 비정상적으로 마무리된 작업에 대한 복구 등이 해당된다.

⑤ **자료 보안 통제**

자료들에 대해 허가받지 않은 접근, 파괴행위 및 변경 등이 발생하는 것을 막는 활동이다.

⑥ **관리적인 통제**

통제가 효과적으로 이루어지기 위해서는 공식화된 규칙·표준·절차 및 통제규율의 확립이 필수적이다.

## 2 응용 통제

(1) 급여, 판매 및 재고 등의 여러 개별적인 응용 업무들에 대해서 적용되는 통제를 의미한다.

(2) 해당 응용업무가 정확하면서도 완전하게 실행할 수 있도록 하기 위한 수작업 절차 및 자동화된 절차가 포함된다.

① 발생하는 모든 거래는 하나도 빠짐없이 입력 및 갱신되어야 한다.

② 입력 및 갱신은 명확하게 이루어져야 한다.

③ 해당 자료는 거래의 내용 등에 대비해서 타당성 검토 내지 승인을 받아야 한다.

④ 파일은 항상 정확한 최신의 상태를 유지해야 한다.

## 제3절 정보시스템의 감사

(1) 개념

① 적합한 관리규정 또는 보안대책이 마련되어 있는지, 명확하게 잘 지켜지고 있는지를 평가하는 것이다.

② 주로 활용 중인 S/W, 입·출력 데이터의 무결성 및 정확성 등을 검사한다.

(2) 감사의 방법

① **컴퓨터 주변감사**

입력을 처리하는 과정에 대한 평가는 포함하지 않고, 입력 및 출력의 정확성, 적절성의 여부만 확인하는 방법

② **컴퓨터를 통한 감사**

㉠ 입·출력은 물론 프로세싱에 대한 완전성 및 정확성까지 확인

㉡ 입력을 처리하는 S/W까지 조사하게 되므로 더 복잡함

㉢ 정보시스템이 보유하고 있는 자료의 질에 대한 분석 및 평가에 활용되는 방법

SD에듀와 함께, 합격을 향해 떠나는 여행

# 독학학위제 2단계 전공기초과정인정시험 답안지(객관식)

**컴퓨터용 사인펜만 사용**

★ 수험생은 수험번호와 응시과목 코드번호를 표기(마킹)한 후 일치여부를 반드시 확인할 것.

| 전공분야 | |
|---|---|
| 성명 | |

## 수험번호

| (1) | 2 | | | | | | |
|---|---|---|---|---|---|---|---|
| | | — | — | — | — | | |

(2) ① ● ③ ④

| 과목코드 | 응시과목 |
|---|---|
| | 1 ① ② ③ ④   21 ① ② ③ ④ |
| | 2 ① ② ③ ④   22 ① ② ③ ④ |
| | 3 ① ② ③ ④   23 ① ② ③ ④ |
| | 4 ① ② ③ ④   24 ① ② ③ ④ |
| | 5 ① ② ③ ④   25 ① ② ③ ④ |
| | 6 ① ② ③ ④   26 ① ② ③ ④ |
| | 7 ① ② ③ ④   27 ① ② ③ ④ |
| | 8 ① ② ③ ④   28 ① ② ③ ④ |
| 교시코드 | 9 ① ② ③ ④   29 ① ② ③ ④ |
| ① ② ③ ④ | 10 ① ② ③ ④   30 ① ② ③ ④ |
| | 11 ① ② ③ ④   31 ① ② ③ ④ |
| | 12 ① ② ③ ④   32 ① ② ③ ④ |
| | 13 ① ② ③ ④   33 ① ② ③ ④ |
| | 14 ① ② ③ ④   34 ① ② ③ ④ |
| | 15 ① ② ③ ④   35 ① ② ③ ④ |
| | 16 ① ② ③ ④   36 ① ② ③ ④ |
| | 17 ① ② ③ ④   37 ① ② ③ ④ |
| | 18 ① ② ③ ④   38 ① ② ③ ④ |
| | 19 ① ② ③ ④   39 ① ② ③ ④ |
| | 20 ① ② ③ ④   40 ① ② ③ ④ |

※ 감독관 확인란

㊞

| 관리번호 | |
|---|---|
| (연번) | |
| (응시자수) | |

## 답안지 작성시 유의사항

1. 답안지는 반드시 컴퓨터용 사인펜을 사용하여 다음 보기와 같이 표기할 것.
   보기  정답 표기: ● 잘못된 표기: ⊘ ⊗ ⊙ ◐ ○ ○ ◑
2. 수험번호 (1)에는 아라비아 숫자로 쓰고, (2)에는 "●"와 같이 표기할 것.
3. 과목코드는 뒷면 "과목코드번호"를 보고 해당과목의 코드번호를 찾아 표기하고,
   응시과목란에는 응시과목명을 한글로 기재할 것.
4. 교시코드는 문제지 전면 의 교시를 해당란에 "●"와 같이 표기할 것.
5. 한번 표기한 답은 긁거나 수정액 및 스티커 등 어떠한 방법으로도 고쳐서는
   아니되고, 고친 문항은 "0"점 처리함.

[이 답안지는 마킹연습용 모의답안지입니다.]

| 과목코드 | 응시과목 |
|---|---|
| | 1 ① ② ③ ④   21 ① ② ③ ④ |
| | 2 ① ② ③ ④   22 ① ② ③ ④ |
| | 3 ① ② ③ ④   23 ① ② ③ ④ |
| | 4 ① ② ③ ④   24 ① ② ③ ④ |
| | 5 ① ② ③ ④   25 ① ② ③ ④ |
| | 6 ① ② ③ ④   26 ① ② ③ ④ |
| | 7 ① ② ③ ④   27 ① ② ③ ④ |
| | 8 ① ② ③ ④   28 ① ② ③ ④ |
| 교시코드 | 9 ① ② ③ ④   29 ① ② ③ ④ |
| ① ② ③ ④ | 10 ① ② ③ ④   30 ① ② ③ ④ |
| | 11 ① ② ③ ④   31 ① ② ③ ④ |
| | 12 ① ② ③ ④   32 ① ② ③ ④ |
| | 13 ① ② ③ ④   33 ① ② ③ ④ |
| | 14 ① ② ③ ④   34 ① ② ③ ④ |
| | 15 ① ② ③ ④   35 ① ② ③ ④ |
| | 16 ① ② ③ ④   36 ① ② ③ ④ |
| | 17 ① ② ③ ④   37 ① ② ③ ④ |
| | 18 ① ② ③ ④   38 ① ② ③ ④ |
| | 19 ① ② ③ ④   39 ① ② ③ ④ |
| | 20 ① ② ③ ④   40 ① ② ③ ④ |

# 독학학위제 2단계 전공기초과정인정시험 답안지(객관식)

## 컴퓨터용 사인펜만 사용

★ 수험생은 수험번호와 응시과목 코드번호를 표기(마킹)한 후 일치여부를 반드시 확인할 것.

전공분야

성명

| | 수 | 험 | 번 | 호 | |
|---|---|---|---|---|---|
| (1) | 2 | | | | |
| (2) | ① ● ③ ④ | | | | |

응시과목

| 과목코드 | 응시과목 |
|---|---|
| | 1 ① ② ③ ④ |
| | 2 ① ② ③ ④ |
| | 3 ① ② ③ ④ |
| | 4 ① ② ③ ④ |
| | 5 ① ② ③ ④ |
| | 6 ① ② ③ ④ |
| | 7 ① ② ③ ④ |
| | 8 ① ② ③ ④ |
| | 9 ① ② ③ ④ |
| | 10 ① ② ③ ④ |
| | 11 ① ② ③ ④ |
| | 12 ① ② ③ ④ |
| | 13 ① ② ③ ④ |
| | 14 ① ② ③ ④ |
| | 15 ① ② ③ ④ |
| | 16 ① ② ③ ④ |
| | 17 ① ② ③ ④ |
| | 18 ① ② ③ ④ |
| | 19 ① ② ③ ④ |
| | 20 ① ② ③ ④ |
| | 21 ① ② ③ ④ |
| | 22 ① ② ③ ④ |
| | 23 ① ② ③ ④ |
| | 24 ① ② ③ ④ |
| | 25 ① ② ③ ④ |
| | 26 ① ② ③ ④ |
| | 27 ① ② ③ ④ |
| | 28 ① ② ③ ④ |
| | 29 ① ② ③ ④ |
| | 30 ① ② ③ ④ |
| | 31 ① ② ③ ④ |
| | 32 ① ② ③ ④ |
| | 33 ① ② ③ ④ |
| | 34 ① ② ③ ④ |
| | 35 ① ② ③ ④ |
| | 36 ① ② ③ ④ |
| | 37 ① ② ③ ④ |
| | 38 ① ② ③ ④ |
| | 39 ① ② ③ ④ |
| | 40 ① ② ③ ④ |

교시코드 ① ② ③ ④

## 답안지 작성시 유의사항

1. 답안지는 반드시 컴퓨터용 사인펜을 사용하여 다음 [보기]와 같이 표기할 것.
   [보기] 잘 된 표기: ● 잘못된 표기: ⊘ ⊗ ⊙ ◐ ○ ●

2. 수험번호 (1)에는 아라비아 숫자로 쓰고, (2)에는 "●"와 같이 표기할 것.

3. 과목코드는 "과목코드번호"를 보고 해당과목의 코드번호를 찾아 표기하고, 응시과목란에는 응시과목명을 한글로 기재할 것.

4. 교시코드는 문제지 전면의 교시를 해당란에 "●"와 같이 표기할 것.

5. 한번 표기한 답은 긁거나 수정액 및 스티커 등 어떠한 방법으로도 고쳐서는 아니되고, 고친 문항은 "0"점 처리함.

※ 감독관 확인란

(인)

| | 관 리 번 호 |
|---|---|
| | (응시자수) |
| (연번) | |

[이 답안지는 마킹연습용 모의답안지입니다.]

# 독학학위제 2단계 전공기초과정인정시험 답안지(객관식)

컴퓨터용 사인펜만 사용

★ 수험생은 수험번호와 응시과목 코드번호를 표기(마킹)한 후 일치여부를 반드시 확인할 것.

전공분야

성명

수험번호

(1)

(2)

과목코드

응시과목

교시코드

응시과목 (1~20, 21~40 번호별 ①②③④)

## 답안지 작성시 유의사항

1. 답안지는 반드시 컴퓨터용 사인펜을 사용하여 다음 보기와 같이 표기할 것.
   보기 잘된 표기: ● 잘못된 표기: ⊘ ⊗ ① ○ ◑ ●

2. 수험번호 (1)에는 아라비아 숫자로 쓰고, (2)에는 "●"와 같이 표기할 것.

3. 과목코드는 뒷면 "과목코드번호"를 보고 해당과목의 코드번호를 찾아 표기하고,
   응시과목란에는 응시과목명을 한글로 기재할 것.

4. 교시코드는 문제지 전면 의 교시를 해당란에 "●"와 같이 표기할 것.

5. 한번 표기한 답은 긁거나 수정액 및 스티커 등 어떠한 방법으로도 고쳐서는
   아니되고, 고친 문항은 "0"점 처리함.

※ 감독관 확인란

관 리 번 호

(연번)

(응시자수)

[이 답안지는 마킹연습용 모의답안지입니다.]

# 독학학위제 2단계 전공기초과정인정시험 답안지(객관식)

★ 수험생은 수험번호와 응시과목 코드번호를 표기(마킹)한 후 일치여부를 반드시 확인할 것.

## 컴퓨터용 사인펜만 사용

| 전공분야 | |
|---|---|
| 성명 | |

**수험번호**

| (1) | 2 | — | | — | | |
| --- | --- | --- | --- | --- | --- | --- |

**응시과목**

| 과목코드 | 응시과목 | | | | |
|---|---|---|---|---|---|
| | 1 | ① | ② | ③ | ④ |
| | 2 | ① | ② | ③ | ④ |
| | 3 | ① | ② | ③ | ④ |
| | 4 | ① | ② | ③ | ④ |
| | 5 | ① | ② | ③ | ④ |
| | 6 | ① | ② | ③ | ④ |
| | 7 | ① | ② | ③ | ④ |
| 교시코드 | 8 | ① | ② | ③ | ④ |
| ① ② ③ ④ | 9 | ① | ② | ③ | ④ |
| | 10 | ① | ② | ③ | ④ |
| | 11 | ① | ② | ③ | ④ |
| | 12 | ① | ② | ③ | ④ |
| | 13 | ① | ② | ③ | ④ |
| | 14 | ① | ② | ③ | ④ |
| | 15 | ① | ② | ③ | ④ |
| | 16 | ① | ② | ③ | ④ |
| | 17 | ① | ② | ③ | ④ |
| | 18 | ① | ② | ③ | ④ |
| | 19 | ① | ② | ③ | ④ |
| | 20 | ① | ② | ③ | ④ |

| 21 | ① | ② | ③ | ④ |
| 22 | ① | ② | ③ | ④ |
| 23 | ① | ② | ③ | ④ |
| 24 | ① | ② | ③ | ④ |
| 25 | ① | ② | ③ | ④ |
| 26 | ① | ② | ③ | ④ |
| 27 | ① | ② | ③ | ④ |
| 28 | ① | ② | ③ | ④ |
| 29 | ① | ② | ③ | ④ |
| 30 | ① | ② | ③ | ④ |
| 31 | ① | ② | ③ | ④ |
| 32 | ① | ② | ③ | ④ |
| 33 | ① | ② | ③ | ④ |
| 34 | ① | ② | ③ | ④ |
| 35 | ① | ② | ③ | ④ |
| 36 | ① | ② | ③ | ④ |
| 37 | ① | ② | ③ | ④ |
| 38 | ① | ② | ③ | ④ |
| 39 | ① | ② | ③ | ④ |
| 40 | ① | ② | ③ | ④ |

## 답안지 작성시 유의사항

1. 답안지는 반드시 컴퓨터용 사인펜을 사용하여 다음 보기와 같이 표기할 것.
   보기 잘된 표기: ●   잘못된 표기: ⊙ ⊗ ◑ ◐ ⊙ ◖ ○○ ●
2. 수험번호 (1)에는 아라비아 숫자로 쓰고, (2)에는 " " 와 같이 표기할 것.
3. 과목코드는 뒷면 "과목코드번호"를 보고 해당과목의 코드번호를 찾아 표기하고,
   응시과목란에는 응시과목명을 한글로 기재할 것.
4. 교시코드는 문제지 전면 의 교시를 해당란에 " " 와 같이 표기할 것.
5. 한번 표기한 답은 긁거나 수정액 및 스티커 등 어떠한 방법으로도 고쳐서는
   아니되고, 고친 문항은 "0"점 처리함.

[이 답안지는 마킹연습용 모의답안지입니다.]

※ 감독관 확인란

㊞

| 관 리 번 호 | |
|---|---|
| (련번) | (응시자수) |

# SD에듀 독학사 경영학과 2단계 경영정보론

| | |
|---|---|
| 개정11판1쇄 발행 | 2023년 04월 12일 (인쇄 2023년 02월 10일) |
| 초 판 발 행 | 2012년 03월 15일 (인쇄 2011년 12월 27일) |
| 발 행 인 | 박영일 |
| 책 임 편 집 | 이해욱 |
| 편 저 | 독학학위연구소 |
| 감 수 | 이종태 |
| 편 집 진 행 | 송영진 · 양희정 |
| 표지디자인 | 박종우 |
| 편집디자인 | 차성미 · 장성복 |
| 발 행 처 | (주)시대고시기획 |
| 출 판 등 록 | 제10-1521호 |
| 주 소 | 서울시 마포구 큰우물로 75 [도화동 538 성지 B/D] 9F |
| 전 화 | 1600-3600 |
| 팩 스 | 02-701-8823 |
| 홈 페 이 지 | www.sdedu.co.kr |

| | |
|---|---|
| I S B N | 979-11-383-4132-5 (13320) |
| 정 가 | 23,000원 |

# SD에듀 독학사
# 경영학과

*why*

## 왜? 독학사 경영학과인가?

4년제 경영학 학위를 최소 시간과 비용으로 **단 1년 만에 초고속 합격 가능!**

**1** 조직, 인사, 재무, 마케팅 등 기업 경영과 관련되어 기업체 취직에 가장 무난한 학과

**2** 감정평가사, 경영지도사, 공인노무사, 공인회계사, 관세사, 물류관리사 등 자격증과 연관

**3** 노무사, 무역 · 통상전문가, 증권분석가, 회계사 등의 취업 진출

## 경영학과 과정별 시험과목(2~4과정)

1~2과정 교양 및 전공기초과정은 객관식 40문제 구성

3~4과정 전공심화 및 학위취득과정은 객관식 24문제+**주관식 4문제** 구성

※ SD에듀에서 개설된 과목은 굵은 글씨로 표시하였습니다.

| 2과정(전공기초) | 3과정(전공심화) | 4과정(학위취득) |
|---|---|---|
| 회계원리 | 재무관리론 | 재무관리 |
| 인적자원관리 | 경영전략 | 마케팅관리 |
| 마케팅원론 | 노사관계론 | 회계학 |
| 조직행동론 | 소비자행동론 | 인사조직론 |
| 경영정보론 | 재무회계 | |
| 마케팅조사 | 경영분석 | |
| 원가관리회계 | 투자론 | |
| 생산운영관리 | 경영과학 | |

## SD에듀 경영학과 학습 커리큘럼

기본이론부터 실전문제풀이 훈련까지!

SD에듀가 제시하는 각 과정별 최적화된 커리큘럼에 따라 학습해보세요.

**STEP 01**
**기본이론**
핵심이론 분석으로
확실한 개념 이해

**STEP 02**
**문제풀이**
OX문제+실전예상문제를
통해 실전문제에 적용

**STEP 03**
**모의고사**
최종모의고사로
실전 감각 키우기

**STEP 04**
**핵심요약**
빨리보는 간단한 키워드로
중요 포인트 체크

# 독학사 경영학과 2~4과정 교재 시리즈

독학학위제 공식 평가영역을 100% 반영한 이론과 문제로 구성된 완벽한 최신 기본서 라인업!

**START**

**2과정**

▶ **전공 기본서** [전 7종]
- 경영정보론 / 마케팅원론 /
  조직행동론 / 원가관리회계 /
  인적자원관리 / 회계원리 /
  마케팅조사

▶ **경영학 벼락치기** [통합본 전 1종]
- 경영정보론+마케팅원론+
  조직행동론+인적자원관리+
  마케팅조사+회계원리

**3과정**

▶ **전공 기본서** [전 6종]
- 재무회계 / 경영분석 /
  소비자행동론 / 경영전략 /
  노사관계론 / 재무관리론

**4과정**

▶ **전공 기본서** [통합본 전 2종]
- 재무관리+마케팅관리 /
  회계학+인사조직론

※ 표지 이미지 및 구성은 변경될 수 있습니다.

**GOAL!**

➕ **독학사 전문컨설턴트가 개인별 맞춤형 학습플랜을 제공해 드립니다.**

SD에듀 홈페이지 **www.sdedu.co.kr**   상담문의 **1600-3600**   평일 9~18시 / 토요일 · 공휴일 휴무

# 나는 이렇게 합격했다

여러분의 힘든 노력이 기억될 수 있도록
**당신의 합격 스토리를 들려주세요.**

합격생 인터뷰
**상품권 증정**

추첨을 통해
**선물 증정**

베스트 리뷰자 1등
**아이패드 증정**

베스트 리뷰자 2등
**에어팟 증정**

## SD에듀 합격생이 전하는 합격 노하우

"기초 없는 저도 합격했어요
여러분도 가능해요."

검정고시 합격생 이*주

"불안하시다고요?
SD에듀와 나 자신을 믿으세요."

소방직 합격생 이*화

"강의를 듣다 보니
자연스럽게 합격했어요."

사회복지직 합격생 곽*수

"선생님 감사합니다.
제 인생의 최고의 선생님입니다."

G-TELP 합격생 김*진

"시험에 꼭 필요한 것만 딱딱!
SD에듀 인강 추천합니다."

물류관리사 합격생 이*환

"시작과 끝은 SD에듀와 함께!
SD에듀를 선택한 건 최고의 선택"

경비지도사 합격생 박*익

**합격을 진심으로 축하드립니다!**

# 합격수기 작성 / 인터뷰 신청

## QR코드 스캔하고 ▷ ▷ ▷ ▶
**이벤트 참여하여 푸짐한 경품받자!**

합격의 공식
**SD에듀**